西高東低型
地方財政構造研究

序説

青木一郎 著

学文社

序

　本論文は，筆者が大学院生時代から15年間にわたり続けてきた，西高東低型地方財政構造研究の成果の一部である．

　西高東低型地方財政構造は，駒澤大学名誉教授・西村紀三郎氏によって存在を指摘され，その後，西村紀三郎氏によって詳細な状況解明と特徴の解明が行われている．本書は，西高東低型地方財政構造が現在も継続していることを示し，特にこの構造の特徴をもっとも明確に示す民生費に注目して，構造をもたらす要因を追究するとともに，構造の妥当性を，パレート最適な水準，所得再分配による効用最大化，ナショナルミニマムの達成の視角から追究しようとするものである．

　筆者は，指導教授である西村紀三郎氏の下，西高東低型地方財政構造への理解を深める過程で，これらの追究の必要性を認識するに至った．西日本全般の一人当り水準が高く，東日本全般の一人当り水準が低いという特徴の西高東低格差が多数の項目に示される状況で，固定的に推移する地方財政構造は，その要因を容易には示し得ない性格である．そして，要因を明確にし得ないという現状が，この地方財政構造の妥当性を追究する意義を一層大きなものにしている．

　しかしながら，本論文は，要因の追究についても，妥当性の追究についても，明確な結論に至るものではない．むしろ結論へ向かうための第一歩を記すものである．けれどもいかなる到達点への歩みもこの一歩の上に築かれる．本論文は，遠き道のりへ向けての，最初の歩みを踏み出すことに意義を見出そうとするものである．

　本論文の刊行に際しては，多くの方々にお世話になった．とりわけ，大学院生時代から公私にわたり御指導を賜っている西村紀三郎駒澤大学名誉教授に

は，深甚なる御礼を申し上げたい．筆者が研究活動を進めるにあたって，多くの御指導，ご教示を賜り，筆舌には尽くせない学恩を頂戴してきた．また東京富士大学の速水昇教授にも，懇切丁寧な数々のご教示，御指導を頂戴した．ここに深甚なる心よりの謝意を表明する次第である．

　最後に，万般にわたるご配慮により本書を完成まで導いて下された学文社の田中千津子社長には心より御礼申し上げたい．社長の激励がなければ，おそらく本書は出せなかったものと思う．心より謝意を表したい．

2006年3月

青木一郎

目　次

序

序　章
本論文の意義と構成

第1節　本論文の意図 …………………………………………………………… 1

第2節　本論文の構成 …………………………………………………………… 11

第1章
西高東低型構造の存在と基本的性格

はじめに ……………………………………………………………………………… 15

第1節　国庫支出金総額 ………………………………………………………… 16

第2節　歳出総額 ………………………………………………………………… 21

第3節　国庫支出金以外の歳入 ………………………………………………… 24

　　　1．地方税総額 ……………………………………………………………… 24

　　　2．地方税総額・地方交付税 ……………………………………………… 25

　　　3．地方債 …………………………………………………………………… 27

第4節　国庫支出金の細目と歳出水準 ………………………………………… 28

　　　1．国庫支出金の細目構造 ………………………………………………… 28

　　　2．民生関係負担金と歳出細目 …………………………………………… 29

　　　　　ａ．生活保護費負担金と生活保護費 ………………………………… 29

           b．児童保護費負担金と児童福祉費……………………32
           c．老人保護費負担金と老人福祉費……………………34
       3．普通建設事業費支出金と補助事業費…………………37
       4．「その他」の国庫支出金…………………………………40
       5．義務教育費国庫負担金…………………………………42
　第5節　歳出各項目の概要……………………………………43
       1．民生費と扶助費…………………………………………43
       2．普通建設事業費…………………………………………47

第2章
西高東低型構造要因の性格と可能性

はじめに………………………………………………………………53
第1節　基準財政需要………………………………………………53
第2節　給料に対する共済組合負担金の地域状況………………64
第3節　委託料………………………………………………………68
第4節　格差要因特定の困難性……………………………………72
第5節　県民性の相違………………………………………………80

第3章
地方債残高格差の将来

はじめに………………………………………………………………87
第1節　公債累積モデル……………………………………………88
第2節　地方債残高の東西格差の将来……………………………93

目　次

第4章
効率性の視角

はじめに……………………………………………………………………… 103

第1節　基礎的視点 ………………………………………………………… 103

　　1．純粋公共財の最適水準 …………………………………………… 103

　　2．外部経済を有する財・サービスの最適水準 …………………… 108

　　3．準公共財と外部経済 ……………………………………………… 111

　　4．非競合性のある財について ……………………………………… 114

第2節　地方公共財とクラブ財 …………………………………………… 118

第3節　クラブ財理論 ……………………………………………………… 120

第4節　特定補助金と歳出の最適水準 …………………………………… 124

　　1．代替効果 …………………………………………………………… 124

　　2．スピルオーバー効果 ……………………………………………… 128

第5節　財政錯覚およびモラルハザード ………………………………… 130

　　1．財政錯覚 …………………………………………………………… 130

　　2．モラルハザード …………………………………………………… 134

第5章
再分配の視角

はじめに……………………………………………………………………… 137

第1節　所得再分配と社会的厚生関数 …………………………………… 138

　　1．パレート最適と市場による所得分配 …………………………… 138

　　2．天賦に基づく基準 ………………………………………………… 140

v

3．社会的厚生関数に基づく所得再分配……………………………141
　　　4．社会的厚生関数における再分配の指針……………………………141
　　　　　a．ベンサム的価値判断とロールズ的価値判断………………141
　　　　　b．社会的最適配分……………………………………………142

第2節　地方財政調整による特定水準達成……………………………149

　　　1．特定水準の達成による地域間の公平性確保と効率性…………149
　　　2．財政調整による特定水準達成の必要性と考察視角………………150
　　　3．財政調整とナショナルミニマム達成の方法………………………158

第6章
各視角からの考察の方向と留意点

はじめに……………………………………………………………………167

第1節　効率性と再分配の視角……………………………………………168

　　　1．効率性の視角……………………………………………………168
　　　2．再分配の視角……………………………………………………179
　　　　　a．考察の起点…………………………………………………179
　　　　　b．所得の再分配としては説明し得ない再分配への配慮………185
　　　3．生活保護費―具体的な考察の起点として―……………………193

第2節　県民性と西高東低型構造の妥当性………………………………199

　　　1．考察の方向性……………………………………………………199
　　　2．三位一体改革と東西格差の妥当性………………………………202

第3節　今後の考察課題と留意点―特に県民性について―……………205

　　　1．課題と留意点……………………………………………………205
　　　2．住民移動の可能性への配慮……………………………………210

第4節　東西格差の性格に見る三位一体改革の課題 …………………… 212

索　引 ……………………………………………………………………… 219

序 章

本論文の意義と構成

■第1節　本論文の意図■

　西高東低型地方財政構造（以下，西高東低型）とは，一言で示すならば，地方歳出およびそれを支える国庫支出金の「一人当り水準（以下水準）」が，東日本と西日本それぞれの全般的な状況としての明確な西高東低格差を示し，それが継続している（それを保つ地方財政構造が継続している）状況と表現できよう．特定の東の府県，市町村の歳出水準が低かったり，特定の西の府県，市町村の水準が高かったりすることによって格差が生じるのではなく，東の各地方公共団体（以下，地方団体）の水準が総じて低く，西の各地方団体の水準が総じて高い状況のことである．さらに付け加えるならば，一部の地域を例外とすると，西日本でもっとも水準の低い地域の水準が，東日本でもっとも水準の高い地域の水準を上回る傾向であり，まさに東日本と西日本それぞれの全般的な傾向としての，西高東低格差である．このことは東日本と西日本それぞれに共通の体質があって，財政運営にあたってそれが示されている可能性を示唆している．

　歳入の中で西高東低型の特徴をもっとも示すものは国庫支出金である．またこの東西格差（以下，格差と称する際は全て一人当り額の差を示す）は，同じ人口規模および行政事務配分の都市を東西に分けた時に，特に如実に示されると

いう点にも留意が必要である．この特徴は，格差の要因が，人口規模以外の要因に求められることを示している．さらに，あえて型と称した意味は，このような構造上の格差が，かなり固定的に継続して示されているためである．この型の存在をはじめて指摘したのは，駒澤大学名誉教授・西村紀三郎氏である．その指摘は，西村氏が駒澤大学経済学部の『研究紀要』『経済学論集』に，昭和54年以降，平成5年に至るまで，長期にわたって発表した多数の論文において行われている[1]．昭和61年度までの状況を要約した『地方財政構造分析—西高東低型構造の解明—』（白桃書房，昭和63年）においては，この型が，戦後から昭和47年までの高度経済成長過程で形成され，それ以降オイルショックを経て昭和60年代に至るまでに定着した点が明らかにされている．

　本論文では，西高東低型構造が，その後の平成景気，平成不況を経てなおもそれまでと同様の特徴で推移する傾向を示し，それを認識した上で，特に民生費とその財源である民生関係の負担金における西高東低格差（上述の特徴的な東西格差）の妥当性追究のための考察視点とその視点からの考察の方向性の整理および考察を進める上での留意点を示唆しようとするものである．

　なお，国庫支出金の格差は，国庫支出金以外の財源の地域状況によって説明される性格ではない．問題とする東西格差を，もっとも明確に示す民生関係の負担金を財源とする事業への支出には，負担金同様の東西格差が示されており，かつその格差における一人当り額の差は，負担金の一人当り額の差を上回る明確な格差である．この状況から，民生費の負担金の一人当り額の格差が，他の財源によって代替的な施策が実施されることにより，相殺されている可能性は極めて低いと言える．つまり一方が豊かな財源ゆえに負担金を必要とせず，他方が逆の理由から負担金を必要とするという状況ではない．民生関係の負担金の格差は，支出水準としてとらえても同様に生じる傾向にあり，財源状況の違いが，主要な格差要因となる状況にはないのである．この点は，普通建設事業費と普通建設事業費支出金の一時期における関係を例外とし，民生関係の負担金以外の国庫支出金とそれを財源とした事業への支出についてもおおむ

ね当てはまる．

　本論文において，民生費およびその負担金に注目する最大の理由は，上述の状況下，これらの項目が他の項目に比べて，西高東低型の東西格差の特徴を如実に反映しており，西高東低型構造の主因の一つとなっていて，それゆえにこの格差が，基準財政需要算定に用いられる地域状況を示す端的な指標の地域差によっては把握されない性格である点が（他の項目以上に）明らかだからである．

　しかし民生費とその負担金に注目する理由は，上記の点のみに限られるものではない．さらに，以下のような興味深い可能性が民生費とその負担金の格差要因について特に顕著に示されるからである．性質別分類における各歳出の状況を併せ見ることによって，その点はより一層明確となる．大半の目的別各歳出項目は，普通建設事業費という性質別分類による歳出を含んでいる．普通建設事業費は，近年は比率を下げる傾向にあるものの，分析期間を通して，歳出総額の20％から30％前後を占める最大級の項目である．これと並ぶのが人件費である．公債費以外では，これにさらに扶助費，物件費などが続いている．もとより，人件費の東西格差は，（問題の東西格差が示されてはいるが）扶助費ほど明確ではない．普通建設事業費については，格差が変動する状況にあり，一貫した明確性は見られない．もっとも明確で一貫して特徴的な東西格差を示すのは扶助費である．そしてこの扶助費のほとんどが民生費に含まれる．また，扶助費は，民生費に示されている地域間格差（西高東低格差）をさらに明確にした大きな格差を示している．つまり民生費と同傾向の地域間での高低関係で，さらに格差が明確となる状況にある．この明確な格差は，基準財政需要算定に用いられる指標はもちろんのこと，それ以外の指標によっても把握することができない性格である．例えば，県民所得の地域間格差は，東高西低ではあるが，これによって，民生費および民生費中の扶助費の地域間格差，特に大半が扶助費である生活保護費と生活保護費負担金の極端な西高東低格差を十分に説明し得ない状況である．もちろんのこと，県民所得格差の影響を完全に否

定し得るものではないが，県民所得の東西格差が，老年者あるいは老年者を扶養する世帯，若年者を扶養する世帯のどれかに片寄って生じている状況でなければ，県民所得の格差から，扶助費をはじめ老人保護費負担金，児童保護費負担金およびそれぞれに対応する地方支出の東西格差を説明できない可能性が高い状況である．もとより，所得格差に注目するまでもなく，常識的な見解として，東日本でもっとも高い水準の地域が西日本でもっとも低い水準の地域をさらに下回るほどの（所得格差も含む）状況差が，児童や老人に関して存在しているとは考え難い．

　本論文では，上記のように，民生費およびその扶助費における明確な西高東低格差が，地域状況の違いを示す端的な指標によっては説明し難い性格であることから，この格差が県民性の違いに影響を受け生じている可能性を持つと考えている．すなわち，既述の状況をはじめとする現状は，（詳細については第1章および第2章を参照）各地域間で，ある財・サービスの必要性に違いがあるがゆえに，この地域における，そのある財・サービスの供給が多くなっている，といった形で端的には説明され得ない地域間格差の存在を示すもので，そこに住む人々特有の考え方，その違いによって，必要であるか否かの基準が異なったり，財そのものの必要性とは一線を画した意識の違い（例えば政府に依存することが当りまえと思っている人とそれを普通ではないと考える人との違いといった政府に対する意識の違い等）のような，人々の考え方の違いが財政水準に影響を与えている可能性を示唆しているのである．すなわち，このような意識の違い，つまり，県民性の違いが格差に影響を与えているとしなければ，格差の要因を説明し得ない状況が，民生費および扶助費，そしてその負担金に生じていると考えられるのである．

　なお，この格差要因についての考え方は，以下の諸点によって，より一層裏付けられる．それは，民生費とはほとんど関係のない財政項目についても，民生費およびその中の扶助費と同様の特徴をもった西高東低格差が示されるという点である．このような項目が複数あり，しかも各項目ともに，同様の特徴の

東西格差が，長期間固定的な状況で続いている．項目によっては，その継続が30年近くにも及び，複数の項目に同様の西高東低格差が示されるこの状況を，偶然と考えることが難しい状況である．

本論文においては，このように，民生費の東西格差が県民性の違いに影響を受けて生じている可能性がある点を重視し，それを裏付ける状況を追究するとともに，さらに以下の視角から，歳出の中でも特に明確で特徴的な西高東低格差を示す民生費の東西格差の妥当性を追究する視点と考察の方向性を整理し，考察に際しての留意点を示しているのである．

妥当性追究は次の3つの視角から行われる．すなわち，資源配分におけるパレート最適の達成（効率性の視角），再分配による効用の最大化，およびナショナルミニマムあるいはナショナルスタンダードといった特定の行政水準を，地方財政調整によって，どの地域においても達成するという視角の3つである．そして，この3つの視角に共通するキーワードは，地方団体によって供給されるべき財・サービスの必要性である（なお本書での東西格差の妥当性に関する考察は，具体的に妥当な東西の水準を示すものではなく，あくまで東日本と西日本間での相対的な違いに注目して進められる点に留意されたし）．

それぞれの視角において，地方団体の供給する財・サービスの必要性の相違から，西高東低格差の妥当性を追究するということは，実はそれぞれの視角において西高東低格差の要因を追究することに等しい．すなわち，財・サービスの必要性を裏付ける状況について，東西間でそれが異なることが明らかであるならば，その状況差がそのまま問題の東西格差の要因であり，東西格差を妥当とする根拠となる可能性がある．それゆえ，妥当性の追究においては，東西間での状況差（格差の要因）を把握することが基本的なスタンスとなる．把握された状況差が，財・サービスの必要性を明確に西高東低にするものであれば，それは，西高東低格差の妥当性を裏付け得る西高東低格差の要因である．このような東西間での財・サービスの必要性の違いを，パレート最適の達成，再分配による効用の最大化，地域間でのナショナルミニマムあるいはナショナルス

タンダードの達成それぞれの視角から，多数指摘することができれば，格差が妥当である可能性が高まることになるが，追究の結果，そのような状況差を指摘することが困難な点が明らかとなる．そしてこの事実が，さらに県民性の違いが東西格差の要因である可能性を高めることにもなる．

そもそも，既述のような県民性によって，財・サービスの供給水準が異なる状況とは，そこに住む人々の主観によるものと表現し得るものである．ここで言う主観とは，客観的に把握可能な状況の違いによって裏付け難い，人々の考え方や感じ方などに基づくものである．例えばその地域が寒冷地である，といった客観的な状況を要因として，それに対応するための財・サービスの供給が増加するという状況は，万民が認め得る状況であるから，その結果として，財・サービスの供給水準が地域間で異なる状況は，客観的なものである．つまり財・サービスの供給水準が異なる状況に客観性がある，と表現し得る．本論文におけるパレート最適の達成，再分配による効用の最大化，地域間での特定水準の達成といった視角からの考察は，問題の西高東低型が，各考察視角において妥当性を持つという点を裏付ける客観性（つまり客観的に把握可能な格差要因）の存在を追究するという試みである．

なお，上記のように，主観と客観という形で格差要因を区分する方向で考察を進めるとしても，当然にその考察は，主観と客観を厳密に区別することを前提とするものではない．もとより，両者は厳密に分けられる性格ではないからである．主観の違いによって生まれた格差と一言に言うが，そもそも主観の違いとは，客観的に把握し得る状況の違いを，人々がどうとらえるかによって生じる性格と考えられる面を持っている．本論文が，格差要因として想定している，政府への依存に関する人々の考え方の違いとして表れる県民性の違いについても，このような県民性の違いをもたらす客観的に把握可能な状況が存在すると考えられる．（本稿では，この県民性の違いをもたらす状況差を，後述するように，各地域の歴史の違いに求めている）．このように，主観と客観の明確な区別は，極めて困難である．それゆえ，ここでは，東西格差要因として想定した

県民性の違いをもたらす状況差は，全て主観の違いであると考えることにしたい．つまりそれを（便宜上）主観と表現するのである．一方，上述の寒冷地であるか否かといった条件の違いや基準財政需要算定に用いられる指標の違いなど，より直接的に財政水準に影響を与える状況差は，相対的に，一般に認められやすい状況差であるので，客観的に把握可能な状況差と考えることにする．財政水準の格差要因としての，主観と客観の厳密な区別は困難であるが，本論文では，大枠としてこのような区分で（このような表現で）考察を進めていくことにしたい．

　本論文の構成では，上記3つの視角を提示する第4章，第5章に至っては，すでに，基準財政需要算定に用いられる各指標や県民所得といった，東西格差を裏付ける可能性のある主な客観的に把握可能な状況差について，把握を終えていることになるが，それらの考察を踏まえた上で，最終章にて，東西格差の妥当性を，既述の3つの視角から追究していく上での視点の整理と追究に際しての留意点を示し，同時に，東西格差が妥当であるか否かについても追究を進めていく．当然に，追究の結果として，格差の妥当性を指摘し得ない状況であればあるほど，問題の東西格差が，各地域の主観によって（その違いによって）もたらされたものである可能性が高まることになる．そして東西格差が，主観によってもたらされる傾向が強いほど，東西格差の要因が，既述のような県民性の違いにある可能性が高まることになる．

　なお，県民性の違いが格差要因である可能性は，すでに先行研究においても指摘されている[2]．本論文では，特に最終章において，3つの視角から東西格差の妥当性を追究する過程で，格差要因としての，政府への依存意識の違いといった県民性の相違の存在を，さらに裏付けるとともに，県民性以外に民間経済状況の違い等が東西格差の要因となっている可能性をも指摘し，これについての検証の必要性をも示している．その上で，既述の県民性，つまり主観による東西格差の（もしもその存在が明らかであるとした時の）妥当性を追究していく方向性の示唆も試みている．

なお，本論文において行われる主観の違いによって生じる格差の妥当性追究の方向性示唆においては，以下のような認識の重要性が指摘される．本論文で，東西格差要因の一つである可能性を指摘する民間経済状況の違い等については，その違いの存在が明らかとなった時点で，東西格差の妥当性を裏付ける一要因とし得る可能性があるが，主観の違いについては，必ずしもそう判断し得ない状況にある．なぜなら，主観の違いと各地域における財・サービスの妥当な必要性との関係を明確にすることが困難だからである．もとより把握し得る状況差全てが，財・サービスの必要性と関連のあるものであるとの保障はなく，たとえ状況差を把握したとしても，それと財・サービスの必要性との具体的な関連を明らかにし得ないものも多い．県民性の違いはまさにその性格である．

それゆえに，既述の3つの視角から，主観の違いによる地域間格差の妥当性を追究するプロセスは，端的には次のような方向で行われねばならないことが明らかとなる．まず，パレート最適および再分配による効用最大化の視角からは，主観の違いが，各モデルが示す状況下で各地域が達成する水準に，東西格差をもたらす性格のものであるか否かを追究することとなる．また，地域間でのナショナルミニマムといった特定水準達成の視角においても，限られた財源の下，効用の最大化をなすことを表す各モデルが示す状況下で，既述の主観の違いが，各地域が達成しようとする特定水準に東西格差をもたらす性格であるか否か，さらには，主観の違いによる格差が，地方財政調整によってそれが達成されている状況下，国民のコンセンサスを得られるか否か，を追究することとなる．

さらに，最終章では，上述の考察成果を踏まえ，昨今の三位一体改革に至るまで，長期的に提言されてきた，国庫支出金の削減についての留意点も示唆する．国庫支出金の削減は，補助率カットにせよ，項目の削減にせよ，国庫支出金への依存の大きい西日本の国庫支出金を東日本以上に削減する傾向となり，結果として，国庫支出金の東西格差が是正される傾向となる．このことによっ

序章　本論文の意義と構成

て起こり得る弊害と，それへの対応について示唆する．格差をもたらしている要因の性格によっては，国庫支出金による東西格差の是正が弊害をもたらす場合もあり得るのである．

　なお，本論文での考察の一貫した前提として，以下の点に留意して欲しい．すなわち，3つの視角が示す財・サービスの必要性の意味や性格を明らかにしていく場合でも，それぞれの視角からの財・サービスの必要性の違いをさらに詳細に追究していく上での留意点を示す上でも，地域間での住所変更による人口移動（住民の移動）状況については，常に頻繁ではない状況を前提として考察を進めている．つまり，最適な資源配分等3つの視角から，東西格差の妥当性を追究する際に，住民の移動可能性を配慮しなければならない場合でも，本稿では，その可能性への配慮をオミットしている．しかし，現実に分析期間における各地域の，対前年度社会人口増加率が1％を超えることはまれである．国土地理協会発行の『住民基本台帳人口要覧』（平成16年版）によれば，この率が1％を明確に超えて継続して推移したのは，昭和61年から平成元年度における埼玉，千葉のみであり，さらに平成6年度以降は，0.5％を超える地域を見つけることが難しい状況である．職業的，精神的な非金銭的理由から，住民移動が容易には生じない可能性もある．人口移動の可能性，およびその影響に配慮した考察は，本論文では行っていない．

　最後に，日本を東西に分けることの意義について説明を補捉しておきたい．冒頭でも述べた通り，その意義を一言で示すならば，東西間の格差が東日本，西日本それぞれの全般的な状況として西高東低を示しており，なおかつ，その格差は，西日本のもっとも水準の低い地域の水準が，東日本のもっとも水準の高い地域の水準を上回るといった明確で特徴的なものであるがゆえである．しかしながら，このことはもちろんのこと，東日本内の各地域がまったく同様の水準で低く，西日本の各地域がまったく同様の水準で高いという状況を意味するものではない．（西高東低格差は，全般に，東西それぞれの一般的状況として生じるものだが）項目によっては，東西それぞれの地域間での格差が相当に大き

いケースもある．例えば生活保護費負担金および生活保護費における北陸の水準の低さである．その低さは，東日本の中でも群を抜いている．このような地域があるにもかかわらず，東西間での格差を問題とする意味は，それでもなお，相対的に東日本に比べ西日本の水準が高くなる要因として，西日本の各地域に，東日本よりも高い水準をもたらす共通の要因が存在し，東日本の各地域に西日本よりも低い水準をもたらす共通の要因が存在しているとの可能性（仮説）を重視するからである．なにゆえこの仮説を重視するのか，その理由は以下の状況に基づいている．すなわち，既述の通り，問題の西高東低格差に対応して，財・サービスの必要性の違いを示す地域状況の違いを指摘することが困難な状況の中，唯一，説得的な国庫支出金および歳出水準の東西格差要因として，次のような東西それぞれにおいて共通する傾向のある歴史の違いを指摘し得るからである．その歴史の違いとは，一言で言うと，各時代の政府への依存傾向の違いである．この歴史の違いが，現在も人々の意識の根底にあり，それが，政府に依存するか否かといった判断に与える影響を通じて，現在の国庫支出金，歳出水準にも影響を与えている可能性に注目するのである．北海道を例外に，東日本はどの地域も，北陸の一向宗徒の時代に象徴されるような，時の中央政府からは独立的な歴史を持つ．それに対して，西日本の各地域は，時の中央政府とともに歩む傾向の強い歴史である．この東西それぞれに共通する歴史が，そこに住む人々の（政府への依存に関する）意識の違いを生んでいるという可能性を重視するのである．このような意識の違いは，まさに県民性の違いを表すものと解し得る．事実，（本論文で示されることとして）これ以外に，東日本全般が総じて低く，西日本全般が総じて高いという特徴の東西格差で，かつ西日本のもっとも水準が低い地域の水準が，東日本のもっとも水準の高い地域の水準を上回るといった極端な東西格差を説明する要因を見つけ難いという現状である．加えて，このような格差が，お互いの関連性の薄い複数の項目に生じ，固定的に推移しているのである．これらのことが，県民性の違いという格差要因が存在するという，上記の仮説を重視する必要性をさらに高め

ると同時に，県民性の違いという格差要因が，西日本の各地域の水準を東日本の各地域よりも高いものにするという性格（すなわち，西日本の各地域全般を，共通して相対的に高い水準とするという性格であり，同様に東日本の各地域全般を共通して相対的に低い水準とする性格）である可能性を高めている．

なお，日本を東西に分けて把握することの意義は，現状では仮説に根拠を置くものだが，もちろんのこと，ここで行われる各視角（パレート最適の達成，再分配による効用の最大化，ナショナルミニマム，あるいはナショナルスタンダードの達成の視角）からの東西格差妥当性追究は，十分に意義を持ち得ると考えている．なぜなら，東西間に，東西全般の状況として把握される明確な格差が存在することは事実だからである．

■第2節　本論文の構成■

以上のような意図と理解の下に論じる，本論文の順序と要領を見ておこう．この序章に続く第1章では，西高東低型構造の概要とその推移を把握するとともに，問題とする特徴的な東西格差の性格を指摘する．すなわち，オイルショックを経てわが国の地方財政に定着した西高東低型構造が，西村紀三郎氏が前掲『地方財政構造分析』において指摘した昭60年度までの状況に加え，その後の平成景気，平成不況を経てもなお保たれている点（つまり既述の特徴的な東西格差の固定的な性格）を確認することが主な目的である[3]．

そして第2章では，西高東低格差が，基準財政需要算定に用いられる指標といった地域状況の違いを示す端的な指標によって，その格差要因を説明することが困難な性格である点を指摘し，さらに，この格差が，県民性の違いによる主観が地域間で異なるがゆえに生じている可能性を，民生費によって供給される財・サービスの受益者とはまったく異なる人々に受益をもたらす項目にも，同様に特徴的な西高東低格差が示される点などから指摘していく．

続いて第3章では，地方債残高の東西格差が，西高東低型構造の特徴を前提

とすると，将来においても，その特徴的な東西格差に即す状況で西高東低となり，西日本の財政状況を東日本に比べて常に不安定にする傾向を，公債累積モデルを指針に示唆する．この点は，地方財政運営に多大な影響を及ぼす地方債残高状況に，西高東低型が及ぼす影響を把握する考察であるとともに，本論文が最終章で指摘しようとする，三位一体改革の流れの下での国庫支出金の削減が，弊害をもたらす可能性を示すための基礎となる考察である．

第4章では，東西格差の妥当性を追究していく視角の一つである，パレート最適の達成から見て，格差が妥当か否かを考察する際の基本的な分析視点を示している．

続いて第5章では，再分配の視角から格差の妥当性を追究する基本的視点を示し，各視点からの妥当性追究の意義を指摘している．特に，所得状況のみに注目していたのでは，明確な根拠を示しずらい財・サービスの供給による再分配（地方財政調整による地域間の再分配）による特定水準達成の必要性についても，それをなす根拠を示唆し，ナショナルミニマム（あるいはナショナルスタンダード）達成の視点から，東西格差の妥当性を追究する方向を示唆している．

第6章では，第4章と第5章の各視角から，民生費の東西格差の妥当性を，民生費に関する具体的な状況に配慮しながら追究するとともに，追究を進める上での留意点を指摘している．特に再分配については，地方財政調整によって達成しようとする特定水準と所得再分配との関係をも示し，両者の関係に配慮した上での格差の妥当性を追究する視点の整理を行っている．同時に，妥当性追究の結果，東西格差の妥当性を裏付ける客観的に把握可能な状況差の指摘が困難な現状が，第4章，第5章の各視点から指摘され，県民性の違いという格差要因の存在可能性を高めている点を示す．しかしながら，一方では，(格差の主因とはなり得ないが) 東西格差の妥当性を裏付ける可能性のある状況差として，民間経済状況の違いとともに，それと密接な関係があるクラブ財についての状況差を示唆している．その上で，主観の違いが格差要因であるという点

序章　本論文の意義と構成

を前提とした際の，東西格差の妥当性追究の留意点と方向性にも言及している．そして，第3章での考察を基に，現行の三位一体改革の流れが，東西格差の性格の下，弊害をもたらす可能性と，その弊害への対応についても言及している．

東西格差が，東西それぞれに共通する傾向で明確に生じている限り，その状況差を裏付ける要因が，主観の違い以外としては指摘され難いという現実がある．この事実がある限り，少なくとも具体的な把握が困難な何らかの格差要因がそこに存在する可能性は高く，本章における主観の違いによる格差の妥当性追究の留意点と追究の方向性の示唆は，有効であると考えている．

注

1）本論文作成に際し西高東低型構造についての基本認識を得るために参照した西村紀三郎氏の論文として，さらに以下がある．歳出状況をはじめとする地方財政構造のオイルショック以前の状況については，以下の論文を参照した．西村氏がはじめて，西高東低型構造の存在を指摘したものである「地方財政構造分析―西高東低型構造の解明―」駒澤大学『経済学部研究紀要』第37号，昭和54年3月，pp.1-155，および「地方財政構造分析(続)―西高東低型構造の解明―」同上書，第38号，昭和55年3月，pp.1-96.

　なお，市町村の詳細な状況については，特に以下の文献を参照されたし．「都市財政構造分析(1)(2)(3)(4)(5)(6)(7)―西高東低型構造の解明―」駒澤大学経済学会『経済学論集』第12巻第1号，第12巻第2，3合併号，第12巻第4号，第13巻第1号，第13巻第2号，第13巻第3号，第13巻第4号，昭和55年6月，昭和55年12月，昭和56年3月，昭和56年6月，昭和56年9月，昭和56年12月，昭和57年3月，pp.21-45，pp.27-65，pp.25-56，pp.29-73，pp.39-94，pp.29-100，pp.1-59.「大都市財政構造分析―西高東低型構造の解明―」前掲『経済学部研究紀要』第39号，昭和56年3月，pp.1-81.「町村財政構造分析(1)(2)―西高東低型構造の解明―」前掲『経済学論集』第14巻第2号，第14巻第3号，昭和57年9月，昭和57年12月，pp.1-35，pp.1-32.「都市財政構造分析―西高東低型構造形成過程の解明―」前掲『経済学部研究紀要』第40号，昭和57年7月，pp.1-102.

2）西村紀三郎『地方財政構造分析―西高東低型構造の解明―』白桃書房，昭和63

年，pp. 3-4. 本書によれば，西高東低型構造における東西格差は，各地域の人々の性格に根差し示されたものであり，その性格および財政の東西格差は，狭くとらえれば県民性の違いであり，さらに広くとらえれば地域の人々の社会性の違いであると指摘する．また，このような性格の違いの存在は，仮説であるが，これを想定することで，東西格差について合理的な説明が可能となると説く．

　なお，本論文「西高東低型地方財政構造研究序説」の，西村紀三郎氏の研究に対する主要なオリジナリティーの一つは，西高東低型構造の継続を指摘し，この構造の妥当性を公共経済の基礎理論の視点から考察する方向性を示すことに加えて，西村紀三郎氏によってなされた，上記の県民性の違いという格差要因の存在指摘を，基準財政需要細目の地域状況の考察等，および公共経済学の各視角からの考察の成果を用いてより一層裏付けるという点にある．また，前掲『地方財政構造分析』では，問題の西高東低格差の要因が県民性の違いにあると指摘するが，西高東低格差と県民性の違いとの関係についての具体的な説明は僅かであり，詳細かつ整理された地域状況を示す値から，東西格差と県民性の違いとの関係を読者が読み取らねばならない．ゆえに，本論文は，各財政項目の最近の状況に注目し，前掲『地方財政構造分析』にて読み取らねばならない説明を示す趣旨をも多分に有している．

3）この格差の固定的性格が，オイルショックによる低成長の下，定着した点については，西村紀三郎氏の次の論文を参照されたし．「地方財政構造分析（続）—オイルショック以降の西高東低型構造の展開—」前掲『経済学部研究紀要』第42号，昭和59年3月，pp. 1-87.「地方財政構造分析再論—オイルショック以降の西高東低型構造の展開—」同上書，第45号，昭和62年3月，pp. 1-118. なお，都市の状況については以下を参照．「都市財政構造分析（続）(1) (2)—西高東低型構造の性格展開—」前掲『経済学論集』第15巻第1号，第15巻第2号，昭和58年6月，昭和58年9月，pp. 1-26，pp. 63-96.「都市財政構造分析続論(1) (2) (3)—西高東低型構造の解明—」同上書，第21巻第1号，第21巻第4号，第22巻第1号，平成元年10月，平成2年3月，平成2年7月，pp. 1-66，pp. 1-60，pp. 1-70. また，町村の状況については，前掲「町村財政構造分析(1) (2)—西高東低型構造の解明—」を参照．

第1章 西高東低型構造の存在と基本的性格

■はじめに■

　本章では，まずは歳出総額と主要歳入項目の地域状況を分析することによって，西高東低型構造の概要を把握する．これによって，平成景気以前から，その後の平成不況にかけての歳出総額の東西格差が，特に主要歳入項目中の国庫支出金によってもたらされていることが明らかになる（分析期間は，昭和57年度から平成14年度までである）．

　続いて，国庫支出金の細目各項目の地域状況を示し，特徴的な東西格差が，各項目全般に示される傾向を把握する．それと同時に，国庫支出金の中でも，もっとも明確に東西格差を示す民生関係の負担金に対応する民生費各項目に注目し，それと民生関係の負担金との関係についても示し，民生費の特徴的な東西格差が，負担金の東西格差によってもたらされている状況を明示する．

　次に歳出中で，問題の特徴的な東西格差をもっとも明確に示し，本論文の主要な考察対象である民生費総額の地域状況を示す．その際に，民生費の性格を明らかにするために扶助費についても言及する．

　さらに普通建設事業費と扶助費，人件費，公債費の地域状況を把握し，分析期間中に示される歳出総額の東西格差の変動が，普通建設事業費を主因とした一時的で局地的な状況によるものであったことも明らかにしている．このこと

によって，特徴的な東西格差の重要な性格の一つである格差の固定性が，一層裏付けられることになる．

■第1節　国庫支出金総額■

表1-1には，国庫支出金総額の都道府県，市町村の単純合計の値が地域別に示されている．都道府県と市町村を分けて，地域間格差の分析を進めるということも，一つの方法ではあるが，その場合にはいくつかの問題点が生じる[1]．第1に，政令指定都市制度の問題である．これは政令で指定する，人口が50万人以上であり，社会福祉，保健・衛生，都市計画等の行政の実施が，都道府県から移譲されている都市についての制度である．この制度により，都道府県，市町村を分けた時，特に都道府県については，人口集中地域の都道府県の国庫支出金と歳出水準が相対的に低く示されることになる（類似の傾向が中核都市や特例市によってももたらされるが，本論文の分析期間においては，この影響は小さい）．第2に，都市では実行されているが，町村では都道府県が直接行ってしまう行政項目の存在である．代表的なものは，生活保護である．これは，生活保護法（昭和25年，法律144号）における，社会福祉事務所を管理する市町村において生活保護を行うという規定からも明らかであり，結果として，町村中心のあまり人口の過密でない地域ほど，市町村の歳出が小となり，都道府県の歳出が大となる．つまり人口集中地域の都道府県の国庫支出金，歳出水準が小さく示されることになり，地域間の相対的な格差把握に際し弊害が生じる．さらに留意すべきは特別区の存在である．特別区内における，一般廃棄物の最終処分，消防，下水道など，通常は市が行うべき行政を都が直接行っているのである．それゆえ，都道府県レベルで把握した場合，実際の水準よりも東京都が高い値となるのである．このような弊害に対処するために，本論文では，都道府県と市町村の単純合計額によって各地域の状況を把握し，その上で，上述の諸点に十分に配慮して，もっとも明確な東西格差を示す都市の状況を中心に，

第1章　西高東低型構造の存在と基本的性格

市町村の状況把握を試みている.

また純計額ではなく,単純合計額を用いることによって,いくつかの項目について,都道府県と市町村で,金額が二重に計上される部分があり,その分だけ金額が大きく示されることになる.特に特別区の問題についてはそれが顕著である.しかし基本的に,重複し加算された部分が,地域間格差の実態を大きく歪めるものではない.特に指摘しようとする東西格差は,この重複部分の条件を凌駕する明確で特徴的な格差である(詳細は第2節にて指摘する).

また,各地域の水準は全て一人当り額で示されている.人口数の多い地域の財政規模が大きくなるのは当然である.しかし,各地域の財政水準を財政規模そのものではなく,一人当り額によって示すならば,単純な人口の多少以外の要因によってもたらされる財政水準の高低を示すことができる.

まずは,西高東低型構造をもたらす構造上の主因である,国庫支出金総額を見よう(表1-1).なお分析期間は,昭和57年度から,平成14年度までであるが,その中でも提示年度を特定した意図は,歳入総額の東西格差が,主に地方税の変動に応じて,大きく変化した平成景気を経ても,以下で見る国庫支出金の地域間格差(つまり西高東低型構造)が,大きく変動することなく推移した点を示すためである.その点を明確にするために,有効な年度を選び提示している.

各地域の状況を見ても,気候条件等から見て,当然に歳出水準が高くなると考えられる北海道を除くならば,全体的な傾向として格差が西高東低である点を認識できる.二大人口集中圏を含み,財政規模が両者で全体の約3割に及ぶ東京圏と大阪圏およびそれらを含む関東と近畿では,明らかに明確な西高東低であり,東北,東海を四国,九州が明確に上回っている.さらに年度によって違いがあるが,近畿についで西日本において水準の低い中国が,東日本において北海道に続き水準の高い,東北,北陸とおおむね同水準となる状況が,昭和63,平成14年度において生じている.西高東低格差をもたらしている地域が局地的ではない点が示されている.

表1-1 国庫支出金総額一人当り水準地域状況（地方単純合計）

全国＝100：円

	昭和57	63	平成2	5	8	10	14年度
東日本	90.1	88.1	88.1	88.4	87.1	89.2	88.6
西日本	115.8	119.3	119.5	119.2	121.4	117.9	119.2
東京圏	56.7	57.9	57.6	55.8	56.7	61.3	65.3
大阪圏	79.5	82.0	83.9	83.5	102.8	90.0	92.8
東京圏以外の東日本	112.3	109.2	109.4	111.4	108.6	109.2	105.5
大阪圏以外の西日本	138.0	142.3	141.6	141.3	133.0	135.2	135.7
北海道	164.4	163.4	159.8	162.6	154.2	158.2	152.9
東 北	130.1	131.7	133.5	133.6	129.9	126.4	123.8
関 東	62.6	62.9	62.5	60.9	61.0	65.1	68.7
北 陸	127.6	126.5	128.1	134.8	140.3	139.8	125.4
東 海	87.7	81.6	82.5	85.2	82.7	84.5	82.2
近 畿	83.7	85.2	87.1	87.2	103.7	91.9	94.4
中 国	118.9	130.4	126.3	128.8	120.7	127.4	126.5
四 国	139.7	148.7	146.9	139.0	134.1	131.5	135.3
九 州	151.0	151.7	153.0	152.7	142.8	145.0	145.3
全 国	93,089	81,020	86,306	109,504	117,085	124,173	103,159

備考1：地方財政調査研究会編『地方財政統計年報』地方財務協会，各年度版より作成．
備考2：東日本は北海道，東北（青森，岩手，宮城，秋田，山形，福島），関東（茨城，栃木，群馬，埼玉，千葉，東京，神奈川），北陸（新潟，富山，石川，福井），東海（山梨，長野，岐阜，静岡，愛知，三重），西日本は近畿（滋賀，京都，大阪，兵庫，奈良，和歌山），中国（鳥取，島根，岡山，広島，山口），四国（徳島，香川，愛媛，高知），九州（福岡，佐賀，長崎，熊本，大分，宮崎，鹿児島，沖縄）である．
備考3：東京圏は埼玉，千葉，東京，神奈川，大阪圏は京都，大阪，兵庫，奈良である．
備考4：一人当り額を求める際の人口は，各年度末の住民基本台帳人口を用いている．

 さらに，西高東低格差がもっとも明確に示される都市の状況を見よう．表1－2，市町村グループ別国庫支出金総額水準には，グループ別都市および町村の東西格差が示されている．そこには，全てのグループにおいて，西日本が東日本を明確に上回る状況が指摘されている．さらに，それぞれのグループごとにおいて，各地域別（北海道，東北……）の状況を提示したいと考えられるが，西高東低型構造の特徴を示す上では，表1－2の提示で十分であろう．町村のより詳しい地域状況に課題を残すものの，西高東低型構造の特徴が，都市にもっとも明確に示されることを前提に[2]，東西格差が，東日本と西日本それぞれの全般的な状況として示される点は，表1－2から十分に確認できる．もとより，地域別の状況提示を求める主な理由は，特に都市の数が少ない20万以上の

第1章　西高東低型構造の存在と基本的性格

表1-2　市町村グループ別国庫支出金総額水準（平成5年度）

	一人当り額 全国(円)	指　数　全国＝100			
		東日本	西日本	東京圏	大阪圏
全都市	35,184	81.0	132.5	61.2	123.3
特別区	25,283				
指定都市	54,682	73.1	131.1	63.1	134.0
一般都市	31,087	85.0	124.0	59.4	91.7
50万以上	31,904	71.3	118.4	47.7	94.3
40－50	31,305	73.6	139.2	58.1	118.4
30－40	32,008	94.3	108.0	47.6	72.9
20－30	27,627	91.6	114.7	65.5	88.2
10－20	28,307	91.7	120.4	69.9	87.8
5－10	29,453	80.7	132.6	64.8	96.9
7－10	27,244	80.8	130.2	67.4	101.9
5－7	31,581	80.4	135.3	63.4	93.8
5万未満	42,149	86.1	117.1	57.7	108.1
4－5	39,547	87.9	116.7	57.6	94.5
3－4	36,938	86.9	117.5	62.5	153.5
3万未満	57,681	87.6	110.6	56.2	89.3
町村	34,985	83.7	123.6	46.9	81.5

備考：地方財政調査研究会編『市町村別決算状況調』地方財務協会，平成7年より作成．

表1-3　地方別，国庫支出金総額地域人口一人当り水準（平成5年度）

全国＝100：円

	区　分	小都市	中都市
東日本	北海道	179.7	181.4
	東北	107.3	121.1
	関東	62.1	66.1
	北陸	92.6	100.4
	東海	69.7	90.1
	計	82.0	86.8
西日本	近畿	94.6	95.7
	中国	118.3	122.5
	四国	133.8	127.8
	九州	158.8	176.7
	計	127.3	121.7
全国一人当り		33,773	29,748

備考：前掲『市町村別決算状況調』より作成．

表1-4　都市グループ別国庫支出金総額指数（平成5年度）

(全国一人当り額を1とした指数)

区分 地域	指定都市		50万以上		40-50		30-40		20-30		10-20		5-10		5万未満	
	東日本	西日本	東日本	西日本	東日本	西日本	東日本	西日本	東日本	西日本	東日本	西日本	東日本	西日本	東日本	西日本
市数	6	6	3	4	12	8	15	10	23	13	82	35	139	82	122	103
県数	5	5	3	4	9	6	10	7	14	9	21	16	24	22	22	22
3.0 以上						1										
2.0 以上							1	1			1	3		2		1
1.9 以上																
1.8 以上												1				2
1.7 以上							1							1		
1.6 以上										1		1	1	1		1
1.5 以上		1		1				1	1	2	1	1	1	3	1	
1.4 以上								1	1				1	2		1
1.3 以上		1				1				2		5	1		1	
1.2 以上		2		1			1			1	1		1	6		1
1.1 以上			1			1			4		3	1	2	3		4
1.0 以上	1	1		1	3	2	1	3	1		4	2	3	2	2	4
1.0 以下			1	1					1	1	2		4		2	2
0.9 以下					2		1		1	1	1	2	3	2	2	5
0.8 以下	1				1		1		2		2	1	3		5	1
0.7 以下	2								2						4	
0.6 以下	1				1		1				3		4		5	
0.5 以下							2		2							
平均以上	1	5	1	3	3	6	4	6	7	7	11	13	10	20	4	14
平均以下	4	0	2	1	6	0	6	1	7	2	10	3	14	2	18	8

備考：前掲『市町村別決算状況調』より作成．

　各グループにおける東西格差が，特定の地域によってもたらされているのではないかとの懸念から生じるものであろう．しかし現実に，20万以上の人口規模の都市はもちろんのこと，同じ人口規模の都市が，特定の地域に集中する傾向にはない．しかしながら，ここでは，このような懸念を取り除くために，表1-3を提示した（併せて，表1-4も参照されたし，東西格差が少数の地域によってもたらされたものではない点を認識できる）．そこには一般都市の中都市（人口10万以上の一般都市）と小都市（人口10万未満の一般都市）について，地域別の状況を示している．どちらのグループにおいても，明らかに東西それぞれの全

第1章　西高東低型構造の存在と基本的性格

般的な傾向としての西高東低格差を確認できる．抜きんでた人口集中地域を含む関東と近畿では，どちらも1.5倍近い格差である．また北海道を例外とし，東北，北陸，東海の中でもっとも高い水準の東北を，中国，四国，九州の中でもっとも低い水準の中国が上回る状況である（なお，程度の差こそあれ，表1-3と同様の傾向が，以下で見る国庫支出金各項目それぞれにも示される点に留意されたし）．

なお，同様の都市の状況が，昭和53年度から昭和60年度にかけても指摘されており[3]，本稿の分析から，平成景気を経ても，大きな変化が生じなかった点が明らかである．この点は以下で示す国庫支出金各項目の状況についても同様に言える．分析期間において，特に平成5年度を問題とした意図は，まさにこの点を示すためである．なお，平成5年度以降，おおむね同様の傾向が分析期間を通して継続している．

■第2節　歳出総額■

すでに都道府県と市町村の単純合計額によって地域状況を把握する意義は，前節の冒頭にて指摘されている．しかし，この時に，特に歳出水準について，次の点に留意する必要がある．それは純計による把握に比べ，単純合計においては，歳出水準が実際よりも高く示される状況がある点である．特にその影響が大きいのは，特別区を含む東京都のケースである．東京都は，特別区における，特別区財政調整交付金が都の支出としても特別区の支出としても二重に計上され合算されるために，純計よりも大きく示されることとなる．しかし，この点は，本論文において大きな問題とはならない．この重複部分があるにもかかわらず，単純合計によって示された東西格差は，明確な西高東低であるからである．重複部分を考慮したならば，東西間の格差はさらに拡大し，本論文で問題とする西高東低格差はさらに明確となる．

歳出総額の状況を見よう．最初に表1-5によって東西間の状況を見よう．

表1-5　歳出総額一人当り水準地域状況（地方単純合計）

全国=100：円

	昭和57	63	平成2	5	8	10	14年度
東日本	96.9	98.9	98.8	97.8	96.2	96.6	95.7
西日本	104.9	101.8	102.7	103.6	106.3	105.6	107.2
東京圏	83.5	93.4	92.6	88.6	84.1	80.9	80.6
大阪圏	92.6	91.6	88.6	92.5	98.3	93.5	95.6
東京圏以外の東日本	105.8	102.7	103.1	104.4	104.7	107.8	106.6
大阪圏以外の西日本	112.5	108.1	111.5	110.4	111.3	113.1	114.5
北海道	132.8	132.3	129.3	131.2	129.8	141.4	134.7
東北	112.3	108.2	109.9	111.7	113.6	117.3	117.1
関東	85.2	92.5	91.9	88.6	84.9	82.8	82.7
北陸	117.4	113.0	114.1	111.7	120.2	123.4	122.3
東海	93.8	92.1	92.6	93.3	93.0	93.3	92.8
近畿	94.8	93.1	94.5	94.4	99.6	95.2	97.0
中国	110.7	109.2	108.5	112.9	112.1	115.7	117.4
四国	118.6	116.6	116.2	117.9	121.5	123.4	124.5
九州	111.7	105.5	104.9	107.2	108.2	109.6	111.3
全国	459,749	579,463	683,004	801,722	847,292	862,788	810,743

備考：前掲『地方財政統計年報』各年度版より作成．

東日本と西日本間においては，東西格差の逆転こそ示さないものの，東日本は昭和63年度にかけて水準を上昇させ，特に平成4年度からそれ以降にかけて水準を低下させる状況にある．西日本の水準は東日本の水準の推移とは逆に，昭和63年度にかけて大きく水準を低下させ，西高東低格差を小さくしている．そしてまた，東日本，西日本の水準の変動におよそ即しそれ以上に両集中圏の変動が大きい状況から，特に東日本の水準の変動が主に集中圏の状況によってもたらされた点がわかる．実際に，両集中圏以外の東日本，西日本それぞれの水準には，両集中圏のような大きな変動は示されず推移している．

次に，東日本，西日本，両集中圏内における各地域の水準を示そう．北海道がもっとも高い水準を示し，おおむね四国，北陸の順で北海道に続き，高水準を示す．東北と中国がそれに続き，九州がその後を追う傾向である．歳出総額の各地域の水準は，関東，東京都を除きおおよそ一定に推移する傾向にある．つまり，水準の地域間における高低関係を大きく変動させることなく，ある程

第1章 西高東低型構造の存在と基本的性格

表1-6　市町村グループ別歳出総額水準（平成5年度）

	一人当り額	指　数　全国＝100			
	全国（円）	東日本	西日本	東京圏	大阪圏
全都市	282,502	96.2	106.2	109.0	133.6
特別区	344,427				
指定都市	507,504	86.8	115.2	84.5	123.7
一般都市	328,253	98.6	102.3	89.6	96.8
50万以上	323,554	95.9	102.6	81.6	100.4
40-50	331,610	97.3	104.0	93.3	107.2
30-40	310,112	101.8	97.5	86.5	91.5
20-30	302,112	100.0	100.1	95.6	95.8
10-20	315,260	100.3	99.2	95.0	94.3
5-10	325,645	97.0	105.1	90.4	103.0
7-10	316,869	97.5	104.0	92.6	102.3
5-7	334,095	96.4	106.5	88.3	105.1
5万未満	407,592	98.9	101.3	85.4	102.3
4-5	376,609	100.7	99.0	97.9	97.0
3-4	392,107	98.1	102.5	85.9	120.4
3万未満	498,979	101.6	98.6	72.2	95.7
町村	476,657	96.8	104.6	72.4	93.2

備考：前掲『市町村別決算状況調』より作成．

　度一定に推移する傾向にある．けれども，さらに詳細に見れば，両集中圏の各都府県の状況には，年度によっては，特に大阪圏内において水準の高低関係が変動する状況も見られる．しかし少なくとも，水準の高低関係について，東京都を除く両集中圏の各府県においては，常に東京圏でもっとも高水準の県の水準が，大阪圏でもっとも低水準の府県の水準を下回るという傾向は，分析期間を通して一貫している．さらにこの両集中圏の状況について示すと，東京都の突出水準を除くと，東京圏内の各県の水準は接近しているし，大阪圏内の各府県の水準も接近している状況で，東京圏と大阪圏の間には，明確な格差がある．

　人口規模グループ別都市および町村の状況についても（表1-6），おおむね国庫支出金と同方向の，西高東低格差を確認し得る．次節で分析している国庫支出金以外の主要歳入項目の地域状況から，西高東低型構造における国庫支出金の特徴的な東西格差が主因となり，歳出水準にも国庫支出金と同傾向の東西

格差がもたらされていることが明らかとなる．

■第3節　国庫支出金以外の歳入■

1．地方税総額

　国庫支出金以外の主要歳入の状況として，まずは地方税総額の地域状況を見よう（表1-7）．東西格差は，いずれの比較においても東高西低である．東西格差の動向は，両集中圏を主因として，63年度まで拡大傾向を示し，2年度にかけて縮小している．その後は，両集中圏およびそれ以外の地域ともに，おおむね同様の格差を保ち推移している．しかしここでは，一般に東が高く，西がなべて低いというような条件はなく，国庫支出金や歳出に示されるような東西格差の性格は見られない．

表1-7　地方税総額一人当り水準地域状況（地方単純合計）

全国＝100：円

	昭和57	63	平成2	5	8	10	14年度
東日本	106.1	108.5	107.9	107.3	107.0	106.4	107.2
西日本	90.3	86.1	87.1	87.9	88.5	89.3	87.9
東京圏	131.3	139.7	136.7	130.9	128.0	124.0	125.4
大阪圏	113.5	111.7	114.6	109.6	108.1	106.8	101.9
東京圏以外の東日本	89.2	86.9	87.7	90.7	92.1	93.9	93.9
大阪圏以外の西日本	76.2	70.3	70.0	74.4	76.3	78.5	79.2
北海道	83.1	76.3	74.8	79.2	81.3	81.5	83.2
東　北	69.4	66.4	65.4	72.4	76.0	78.2	78.1
関　東	123.4	130.0	128.2	123.8	121.4	118.5	119.7
北　陸	86.7	84.2	84.5	91.3	93.1	94.3	92.4
東　海	104.8	103.9	105.4	104.5	104.8	106.9	107.1
近　畿	110.6	108.3	111.2	106.8	105.6	104.4	100.0
中　国	88.8	82.1	81.6	86.2	87.2	87.8	87.3
四　国	72.7	67.6	66.9	71.5	74.7	77.3	78.7
九　州	68.6	63.1	62.4	67.3	69.4	72.6	74.0
全　国	157,069	246,183	271,608	270,194	280,174	285,414	263,469

備考：前掲『地方財政統計年報』各年度版より作成．

なお，本論文においては，地方税各項目の地域状況についての提示はないが，地方税も項目によっては，国庫支出金同様に，問題とする東西格差の特徴が明確に示されている点を付け加えておきたい．その項目とは，「自動車税」と「たばこ（消費）税（都道府県，市町村）」である．いずれも，本論文と同様の分析期間において，全体的な傾向として東全般が高く西全般が低いという西高東低型である．例えばたばこ税について，このような東西格差の要因を，たばこの普及状況といった課税標準の状況差に求めることは困難な可能性があり，国庫支出金の格差同様に興味深い状況である．[4)]

2．地方税総額・地方交付税

地方交付税は，地方税収入の格差を是正し，どの地域にも，標準的な行政レベルを実施できる財源を保障することを意図して交付される．地方税総額と地方交付税の合算額の地域間格差は，地方税総額の地域間格差に比べて，明らか

表1-8　地方税・地方交付税一人当り水準地域状況（地方単純合計）

全国=100：円

	昭和57	63	平成2	5	8	10	14年度
東日本	99.9	102.0	100.9	99.7	99.1	98.6	98.0
西日本	100.2	96.8	98.5	100.5	101.4	102.3	103.4
東京圏	96.5	106.4	100.4	94.7	92.9	89.6	87.9
大阪圏	93.6	93.8	93.2	90.1	92.4	90.8	92.6
東京圏以外の東日本	102.1	98.9	101.3	103.2	103.5	105.0	105.3
大阪圏以外の西日本	104.3	98.7	101.8	107.0	107.0	109.5	110.1
北海道	119.6	114.5	120.2	123.8	122.9	124.3	123.7
東北	106.8	101.6	106.4	112.2	111.3	114.1	115.0
関東	95.5	103.2	98.4	94.0	92.7	90.2	88.7
北陸	109.6	105.5	109.4	113.6	113.9	116.2	117.9
東海	95.1	94.1	94.2	93.1	94.2	95.0	95.3
近畿	95.2	94.5	94.5	92.0	94.2	92.9	94.5
中国	105.1	101.4	103.8	109.4	109.6	111.8	113.1
四国	109.9	104.6	108.3	114.8	115.8	118.4	119.1
九州	101.7	95.3	98.4	103.6	103.1	105.9	106.3
全国	250,310	337,820	387,948	394,348	415,009	428,818	417,745

備考：前掲『地方財政統計年報』各年度版より作成．

に小さく平準化されている．東西格差についてもその点は明確である．平準化の状況から，地方交付税が明確な西高東低で推移している点が明らかである．しかし，表1-8に見られるように，地方交付税が交付された結果，地方税総額と地方交付税の合算額の地域間格差が完全になくなる状況ではない．平準化された状況でも地域間格差は示され，それが変動している．注目すべき点として，平成景気から平成不況にかけて，東日本と西日本間での格差は逆転している．その原因は，両集中圏，両集中圏以外の地域の双方にある．両集中圏は，平成景気においては，明確な東高西低であるが，平成不況に入って格差を縮小し，平成10年度以降は西高東低に転じている．一方の集中圏以外の地域は，平成景気においては，東西格差がおおむね均衡する状況で推移するが，その後の不況期において，西高東低格差となっている．

　地方税・地方交付税合算額水準の格差およびその変動の要因は，次の2つに要約できる．基準財政需要の地域間格差が変動する場合と，基準財政収入によっては把握されない地方税が変動する場合である．分析期間において，基準財政需要の地域間格差は，おおむね西高東低で一定に推移している（第2章，表2-7参照）．一方の基準財政収入によって把握されない地方税収入は，それぞれの税の課税標準の性格から，基本的には地方税総額の動向に即して，東高西低で推移する傾向にあると考えられるが，さらにこの時，その水準の変動の程度は東西で異なる．好景気における伸びも，不景気における落ち込みも，東において大きいことが，基準財政需要の東西格差の動向から明らかである．さらに地域を細かく分けて見るならば，この変動をもたらした主な地域が，関東，東海といった，東日本の人口集中地域を含むエリアであることがわかる．[5]この地方税の状況から，分析期間後半にかけての西高東低への推移において，景気が低迷する状況下，東（表からわかるように特に関東）の税水準の低下が大きく影響したことがわかる．

　なお，格差変動の激しい状況ではあるが，地方税と地方交付税の西高東低が明確となる平成不況下における東西格差は小さく，地方税と地方交付税は，歳

出水準に見られる東西格差を支えた主財源とはなり難い．

3．地方債

　地方債を見よう（表1-9）．東西格差については，分析期間を通して東日本，西日本および両集中圏ともに西高東低で推移している．しかし，各地域の水準については，変動傾向が強い．おおよその傾向としては，北海道の水準がもっとも高く，意外にも九州が低い．もとより，地方債は他の歳入に比べ格差の変動が激しい財源である．これは制度上，地方債が政策に応じ頻繁に変動する普通建設事業費の財源となることによる．また，地方債が普通建設事業費の財源であるという点は，平成不況が深刻化した平成5年度に，各地域ともに全国水準に近くなる形で，東西格差が縮小する傾向からも理解できる．しかし総括的には，関東，近畿，東海といった地域は他の地域と比べて低水準で，関東が近畿，東海よりも確実に低い水準となる状況は定着している．

表1-9　地方債一人当り水準地域状況（地方単純合計）

全国=100：円

	昭和57	63	平成2	5	8	10	14年度
東日本	96.2	93.7	93.0	98.2	91.2	93.5	91.6
西日本	106.0	110.2	111.0	103.0	114.6	110.7	114.2
東京圏	77.3	57.4	60.4	90.9	70.7	63.8	57.5
大阪圏	93.0	77.6	83.7	93.2	115.1	95.1	89.1
東京圏以外の東日本	108.9	118.9	116.3	103.3	105.7	114.7	116.4
大阪圏以外の西日本	113.9	130.3	127.9	109.0	114.2	120.4	129.8
北海道	131.1	185.3	163.2	117.0	124.9	153.6	158.5
東北	116.4	143.4	138.6	115.6	120.6	132.9	130.0
関東	80.6	62.9	65.6	88.5	72.6	68.3	63.8
北陸	123.0	134.2	138.2	117.4	125.6	141.3	140.4
東海	97.3	89.6	91.5	97.7	94.4	93.7	96.9
近畿	95.3	81.3	88.4	95.4	114.7	96.7	91.5
中国	115.2	135.2	133.7	121.1	116.4	130.3	142.3
四国	115.1	129.5	130.1	109.0	120.3	128.0	140.7
九州	112.9	131.1	124.8	102.1	111.8	115.0	123.5
全国	42,405	47,025	52,098	108,512	125,487	120,983	105,634

備考：前掲『地方財政統計年報』各年度版より作成．

地方債の東西格差は，確かに西高東低であるが，国庫支出金に比べ，東日本，西日本内の各地域水準の変動は大きい．格差の程度およびその規模から見て，歳出水準に示されている特徴的で固定的な東西格差に財源として影響を与える程度は，国庫支出金の方が大きい．

■第4節　国庫支出金の細目と歳出水準■

1．国庫支出金の細目構造

本節では主要な国庫支出金細目の地域状況を見よう．ここで問題とする国庫支出金の細目は，生活保護費負担金，児童保護費負担金，老人保護費負担金，普通建設事業費支出金，「その他」国庫支出金，義務教育費国庫負担金である（表1-10）．国庫支出金総額の明確な東西格差は，総額の90％以上を占めるこれらの項目によってもたらされている．なお，平成11年度以前は，児童保護費負担金に続き主要な国庫支出金であった老人保護費負担金が，平成12年度以降

表1-10　国庫支出金各項目の推移（地方単純合計）

単位：％：億円

区　分	昭和57	平成2	5	8	14
義務教育費負担金	20.7	26.3	20.8	20.2	22.9
生活保護費負担金	9.8	9.5	7.6	7.9	12.8
児童保護費負担金	3.9	3.8	3.4	3.6	5.4
結核医療費負担金	0.4	0.3	0.2	0.1	0.1
精神衛生費負担金	0.7	0.4	0.3	0.2	0.3
老人保護費負担金	2.0	2.3	2.3	2.7	0.5
普通建設事業費支出金	41.1	33.4	44.4	43.0	31.4
災害復旧事業費支出金	5.6	4.3	3.0	3.2	1.6
失業対策事業費支出金	0.7	0.3	0.2	0.1	0.0
委託費	1.3	2.3	2.1	2.3	1.8
財政補給金	0.2	0.1	0.1	0.1	0.1
「その他」国庫支出金	9.8	16.3	15.0	15.9	22.1
総　額	110,405	106,292	136,138	146,657	130,690

備考1：前掲『地方財政統計年報』各年度版より作成．
備考2：「その他」国庫支出金の中に交付金は含まれない．

では，比率を急激に低下させている．これは介護保険の実施に伴う老人医療への負担金がはずれたためである．しかし，金額の低下にもかかわらず，この負担金は依然として西高東低型構造の性格を如実に示す状況にある．また，災害復旧事業費支出金の比率は決して低くはないが，これは災害に応じて生じる支出金であり，年度によって波があるため，分析の対象からは外している．しかし，常識的な認識から十分に理解できる通り，東日本よりも西日本の方が台風等災害が多い傾向があり，これも西高東低格差である．

2．民生関係負担金と歳出細目

a．生活保護費負担金と生活保護費

次に生活保護費負担金の状況を見よう．劇的ともいえる状況が表1-11に示されている．北海道を例外とするならば，東日本における，東北，関東，北陸，東海の水準全てが，西日本でもっとも低い水準を示す中国の水準を下回る

表1-11　生活保護費負担金一人当り水準地域状況（地方単純合計）

全国＝100：円

	昭和57	63	平成2	5	8	10	14年度
東日本	73.1	73.3	74.0	74.4	77.6	78.8	80.4
西日本	142.9	143.5	142.7	142.3	137.1	135.2	132.8
東京圏	77.6	78.6	78.2	81.3	90.7	94.0	99.1
大阪圏	138.3	151.7	153.7	160.6	158.1	157.1	171.2
東京圏以外の東日本	70.0	69.6	71.0	69.5	68.2	68.0	66.7
大阪圏以外の西日本	145.7	138.4	135.8	130.9	124.1	121.6	108.9
北海道	166.1	205.5	215.9	210.3	206.9	207.4	199.6
東　北	82.5	74.8	73.1	69.6	67.8	67.4	65.4
関　東	71.9	71.9	71.6	73.9	81.9	84.9	89.8
北　陸	44.7	39.9	41.7	40.0	38.6	37.7	34.8
東　海	47.5	42.5	43.5	44.9	43.9	43.2	43.8
近　畿	130.5	142.7	144.3	150.3	148.1	146.9	158.8
中　国	88.0	88.4	89.1	88.4	85.7	86.0	81.8
四　国	139.8	141.4	141.4	137.9	131.0	126.4	113.6
九　州	190.3	174.4	169.3	161.1	150.8	147.4	128.7
全　国	9,139	8,188	8,190	8,324	9,726	10,266	13,176

備考：前掲『地方財政統計年報』各年度版より作成．

表1-12 都市グループ別生活保護費負担金水準（平成5年度）

	一人当り額 全国(円)	指　数　全国=100			
		東日本	西日本	東京圏	大阪圏
全都市	7,056	75.9	139.8	93.1	181.7
特別区	11,732				
指定都市	15,660	66.4	138.9	52.2	160.9
一般都市	7,048	71.9	145.0	64.0	125.9
50万以上	9,467	37.1	140.2	41.3	132.5
40 - 50	8,219	66.2	150.1	61.5	153.5
30 - 40	8,660	76.6	132.7	47.3	100.4
20 - 30	6,861	71.3	150.0	59.6	116.8
10 - 20	6,768	83.8	139.7	71.6	119.5
5 - 10	5,506	67.4	155.1	75.9	119.2
5万未満	6,482	78.1	127.1	54.3	78.8

備考：前掲『市町村別決算状況調』より作成．

表1-13 生活保護費一人当り水準地域状況（地方単純合計）

全国=100：円

	昭和57	63	平成2	5	8	10	14年度
東日本	73.9	74.9	75.6	75.7	78.4	79.4	81.7
西日本	141.5	140.7	140.0	140.0	135.8	134.2	130.7
東京圏	79.9	83.1	82.9	85.1	93.5	96.3	103.2
大阪圏	138.2	150.3	151.9	160.0	157.1	157.2	168.4
東京圏以外の東日本	70.0	69.2	70.5	69.1	67.6	67.4	66.0
大阪圏以外の西日本	143.6	134.8	132.6	127.6	122.6	119.9	107.1
北海道	166.0	200.8	209.0	203.9	201.2	202.2	193.0
東北	81.0	73.2	71.9	68.6	66.3	65.8	64.1
関東	73.7	75.7	75.5	77.0	84.1	86.7	93.1
北陸	45.6	40.2	42.2	41.3	39.1	38.5	37.4
東海	48.1	44.0	44.9	46.4	45.0	44.1	44.0
近畿	130.4	141.4	142.7	149.8	147.2	146.9	156.1
中国	89.0	88.3	90.4	90.3	88.3	87.3	82.7
四国	135.4	136.2	134.3	131.2	127.9	123.6	110.3
九州	186.7	169.1	164.3	155.4	147.4	144.1	126.0
全国	12,471	12,839	12,269	12,635	14,082	15,499	19,551

備考：前掲『地方財政統計年報』各年度版より作成．

傾向にある．しかも東日本と西日本の格差は倍近いものである．もちろんのこと，人口規模グループ別都市における東西間の格差についても（表1-12），全てのグループにおいて，西日本が東日本を明確に上回る状況が指摘されてい

る．

　なお，このような明確なケースにおいては，表1-3に相当する地域状況を示す必要はないと言ってよいだろう．もとより表1-11の状況から，十分に東西格差が東西それぞれの全般的な状況として把握されることを理解できる（この点は以下で見る2つの負担金についても同じである）．もちろん生活保護費負担金をはじめ都道府県，市町村の双方に交付される負担金については，都道府県に交付される場合でも市町村に交付される場合でも，それを財源として行われる行政内容の方向性に大きな違いはない．

　さらに，生活保護費の地域状況を確認しておこう．生活保護費の財源となる主な国庫支出金は生活保護費負担金のみであり，生活保護費負担金によって供給される財・サービスと生活保護費によって供給される財・サービスとは一致している．さらにその財・サービスの内容や補助率も限られているので，両者の地域間格差は，他の福祉関係費とその国庫支出金に比べて，相当に一致する．

　生活保護費の状況を見よう（表1-13）．制度の前提が示す通り，生活保護費負担金とほぼ同様の格差が示されている．特に人口規模グループ別都市における東西格差については（表1-14），ほとんどのグループにおいて，西日本が東

表1-14　都市グループ別生活保護費水準（平成5年度）

	一人当り額	指　数　全国＝100			
	全国(円)	東日本	西日本	東京圏	大阪圏
全 都 市	10,399	76.6	138.7	94.7	182.4
特 別 区	17,754				
指定都市	23,232	66.3	139.0	52.9	162.7
一般都市	10,294	72.8	143.5	64.7	125.0
50万以上	13,731	39.2	138.9	41.9	135.3
40－50	11,879	67.1	148.8	62.0	152.6
30－40	12,519	77.0	132.0	47.7	101.5
20－30	9,907	71.7	149.4	59.6	115.6
10－20	9,848	84.5	137.9	72.7	118.9
5－10	8,123	69.2	152.0	78.1	117.9
5万未満	9,847	79.0	125.9	57.6	75.7

備考：前掲『市町村別決算状況調』より作成．

日本を明確に上回る状況が示されている．

なお，ここで留意しなければならない点として，現行の国庫支出金制度が，全国的な基準の下に実施される制度である，という点を示しておきたい．現行の国庫支出金制度では，生活保護関係のものはもちろんのこと，あらゆる国庫支出金の東西格差は，東西に公平な制度の下，主に西日本の東日本を上回る要望・申請によって生じている．つまり留意すべきは，この要望・申請が，東日本と西日本に対し同じ制度の下で実施されている，という点である．すなわちどちらか一方の要望や申請を規制するような制度ではないのである．

b．児童保護費負担金と児童福祉費

続いて児童保護費負担金と児童福祉費の状況を見よう．まずは負担金について見る．表1-15からわかるように，ここでも東西格差は明確である．また，各地域の状況を見るに及び，ここでは北海道を例外とする必要がない点に気付

表1-15 児童保護費負担金一人当り水準地域状況（地方単純合計）

全国=100：円

	昭和57	63	平成2	5	8	10	14年度
東日本	82.8	81.0	81.4	81.8	83.5	84.2	84.0
西日本	127.4	130.8	130.5	130.1	127.2	126.2	126.8
東京圏	57.4	62.2	65.9	67.8	74.4	75.5	66.2
大阪圏	90.2	94.5	95.5	98.6	98.0	95.5	102.6
東京圏以外の東日本	99.7	94.1	92.2	91.6	90.0	90.4	97.1
大阪圏以外の西日本	150.1	153.2	152.0	149.7	145.4	145.3	141.9
北海道	98.5	92.7	87.1	83.4	78.6	76.1	87.3
東北	112.8	106.5	103.6	101.2	94.3	93.4	105.7
関東	63.7	66.7	69.2	70.6	76.1	77.2	69.7
北陸	120.2	108.4	109.4	112.5	116.7	122.1	123.8
東海	88.3	85.4	84.8	85.4	85.3	85.5	91.3
近畿	91.6	95.7	96.6	98.8	98.1	96.0	102.5
中国	118.8	120.9	123.4	124.5	125.8	124.0	120.4
四国	162.2	162.7	160.3	159.2	152.1	155.6	153.3
九州	170.9	175.3	172.7	168.1	161.2	161.0	156.5
全国	3,668	2,796	3,250	3,756	4,215	4,707	5,595

備考：前掲『地方財政統計年報』各年度版より作成．

第1章　西高東低型構造の存在と基本的性格

表1-16　市町村グループ別児童保護費負担金水準（平成5年度）

	一人当り額	指　数　全国＝100			
	全国(円)	東日本	西日本	東京圏	大阪圏
全　都　市	1,883	79.8	133.4	71.2	137.2
特　別　区	1,711				
指定都市	3,198	69.5	135.2	48.6	140.6
一般都市	2,303	81.3	130.0	55.6	90.1
50万以上	2,137	58.8	126.3	52.1	97.1
40－50	2,134	87.5	118.5	60.1	97.0
30－40	2,063	81.0	126.6	49.4	88.6
20－30	2,371	92.8	112.6	53.9	78.4
10－20	2,052	85.3	136.0	61.9	99.7
5－10	2,260	75.5	141.5	63.0	101.0
5万未満	3,356	77.2	128.1	58.4	92.0
町　　村	2,712	76.1	134.6	50.2	79.7

備考：前掲『市町村別決算状況調』より作成．

表1-17　児童福祉費一人当り水準地域状況（地方単純合計）

全国＝100：円

	昭和57	63	平成2	5	8	10	14年度
東日本	97.2	96.4	96.2	95.6	96.2	95.6	95.6
西日本	104.5	105.8	106.2	107.3	106.2	107.3	107.4
東京圏	96.2	99.8	100.1	98.6	99.3	96.8	95.9
大阪圏	98.3	101.1	102.2	104.5	102.7	104.1	103.9
東京圏以外の東日本	97.9	94.1	93.5	93.4	94.1	94.7	95.4
大阪圏以外の西日本	108.2	108.8	108.6	109.1	108.4	109.3	109.6
北海道	84.4	85.0	83.4	83.6	82.3	83.7	82.0
東　北	94.6	93.4	92.2	94.0	93.7	93.4	97.1
関　東	93.4	96.1	96.5	94.9	96.1	94.4	94.7
北　陸	129.9	122.6	123.3	122.0	124.2	126.4	122.2
東　海	100.4	94.0	93.4	93.2	93.5	93.4	92.8
近　畿	98.3	100.7	101.9	104.1	102.5	103.5	103.6
中　国	103.2	103.7	104.2	105.9	105.7	106.9	107.3
四　国	118.0	117.7	115.8	115.7	115.2	119.8	111.8
九　州	109.6	110.7	110.4	110.1	109.3	109.3	111.6
全　国	15,891	19,215	21,907	26,342	29,235	31,612	37,620

備考：前掲『地方財政統計年報』各年度版より作成．

く．北海道は関東に続き低い傾向にある．おおむね，東日本の各地域は，近畿を除く西日本の各地域の中のもっとも低い水準である中国を下回る傾向が見ら

表 1-18 市町村グループ別児童福祉費水準（平成5年度）

	一人当り額 全国(円)	指　数　全国=100			
		東日本	西日本	東京圏	大阪圏
全 都 市	15,103	98.1	103.1	123.9	130.5
特 別 区	31,237				
指定都市	20,565	82.8	119.8	77.2	126.4
一般都市	17,859	95.1	107.8	90.9	111.9
50万以上	17,391	90.6	106.0	103.8	130.6
40-50	16,017	95.8	106.2	89.0	118.5
30-40	17,854	88.0	116.8	80.0	120.0
20-30	17,167	96.9	105.3	88.6	106.6
10-20	18,030	98.1	104.5	99.4	111.5
5-10	18,106	95.4	107.8	89.5	110.3
5万未満	20,152	93.8	107.7	90.4	90.5
町 村	19,739	95.1	107.2	70.9	99.2

備考：前掲『市町村別決算状況調』より作成．

れる．もちろん近畿は関東よりも常に明確に高い水準にある．さらに表1-16，市町村グループ別児童保護費負担金水準における人口規模グループ別都市および町村における東西格差についても，全てのグループにおいて，西日本が東日本を上回る状況である．

　児童福祉費についても，分析期間を通して西高東低の東西格差が示されている（表1-17）．また負担金同様にこの格差が，特定の地域の状況によるものではない点が明らかであり，東日本は北陸の突出を除き，おおむね全ての地域が西日本のもっとも低い水準の地域を下回る状況である．児童福祉費にも負担金同様の特徴的な東西格差は示されている．その点は表1-18，市町村グループ別児童福祉費水準によってさらに裏付けられる．ほとんどのグループにおいて東西格差は明確な西高東低である．

c．老人保護費負担金と老人福祉費

　続いて老人保護費負担金を見よう．表1-19に見られるように，ここでも東日本と西日本それぞれ全般の状況としての明確な西高東低格差を確認できる．東日本における東北，関東，北陸，東海の中でもっとも高い水準の東北が，西

第1章　西高東低型構造の存在と基本的性格

表1-19　老人保護費負担金一人当り水準地域状況（地方単純合計）

全国＝100：円

	昭和57	63	平成2	5	8	10	14年度
東日本	84.5	86.9	88.7	87.2	88.3	88.7	84.3
西日本	124.7	121.3	118.4	121.2	119.3	118.8	126.4
東京圏	61.2	64.5	68.8	63.7	65.8	68.3	56.3
大阪圏	65.9	67.7	66.2	74.0	82.0	85.9	63.1
東京圏以外の東日本	100.0	102.4	102.7	103.7	104.3	103.2	104.6
大阪圏以外の西日本	160.6	154.4	150.8	150.4	142.4	139.3	166.0
北海道	189.3	186.4	180.1	148.4	142.7	130.4	131.4
東　北	112.4	119.7	123.2	127.3	126.2	127.3	118.9
関　東	62.2	65.4	69.1	66.4	68.8	71.1	62.3
北　陸	91.3	102.5	104.7	111.2	113.9	113.5	91.4
東　海	77.9	77.6	77.7	83.4	85.0	85.1	97.8
近　畿	69.8	71.9	70.6	78.1	84.6	87.9	66.4
中　国	144.0	142.8	141.5	140.8	139.7	136.6	153.5
四　国	176.5	156.6	142.5	144.2	141.3	138.8	154.6
九　州	174.2	167.8	165.5	163.9	150.4	146.8	187.9
全　国	1,902	1,692	2,010	2,522	3,159	3,605	564

備考：前掲『地方財政統計年報』各年度版より作成．

表1-20　市町村グループ別老人保護費負担金水準（平成5年度）

	一人当り額	指　数　全国＝100			
	全国（円）	東日本	西日本	東京圏	大阪圏
全　都　市	1,564	93.7	110.5	89.4	96.2
特　別　区	2,009				
指定都市	1,874	87.4	114.6	72.6	111.4
一般都市	2,056	91.8	113.1	63.8	71.6
50万以上	1,721	78.8	113.5	53.8	97.2
40－50	1,600	92.0	111.8	74.0	100.0
30－40	1,561	99.6	100.5	65.8	69.1
20－30	1,718	98.9	102.0	65.9	65.9
10－20	1,914	97.6	105.9	75.5	64.3
5－10	2,127	87.7	120.8	70.0	80.5
5万未満	3,816	87.1	115.9	69.7	95.1
町　　村	3,975	80.6	128.2	52.4	86.4

備考：前掲『市町村別決算状況調』より作成．

日本における中国，四国，九州の中でもっとも低い水準の中国を大きく下回る状況が続いている．また，平成10年度以降は，北海道を含めて，その傾向と

表1-21 老人福祉費一人当り水準地域状況（地方単純合計）

全国=100：円

	昭和57	63	平成2	5	8	10	14年度
東日本	90.6	97.1	98.2	96.0	94.8	95.4	93.9
西日本	115.0	104.7	102.9	106.6	108.6	107.6	110.2
東京圏	83.2	105.7	106.1	97.1	92.3	91.7	83.7
大阪圏	105.7	95.8	93.6	96.6	98.5	98.5	97.7
東京圏以外の東日本	95.5	91.2	92.7	95.2	96.6	98.1	101.4
大阪圏以外の西日本	120.7	110.2	108.7	112.9	114.9	113.3	118.0
北海道	134.2	130.0	126.3	124.2	121.3	119.2	119.6
東　北	98.5	93.0	97.8	105.7	106.8	107.8	106.4
関　東	81.5	99.2	99.6	92.6	89.8	89.2	84.5
北　陸	102.3	97.2	100.1	108.2	110.1	114.3	119.4
東　海	86.5	83.8	85.6	84.9	85.9	89.0	92.4
近　畿	105.2	96.6	94.2	97.3	100.2	98.7	99.1
中　国	116.5	110.2	112.2	114.5	116.8	117.9	119.1
四　国	142.5	122.3	115.9	128.9	131.2	132.3	132.0
九　州	119.6	107.9	106.3	109.0	109.4	107.5	115.0
全　国	12,636	14,809	18,498	26,815	33,345	38,494	34,538

備考：前掲『地方財政統計年報』各年度版より作成.

なっている．つまり東日本（北海道，東北，関東，北陸，東海）の中でもっとも水準の高い北海道が，西日本における中国，四国，九州の中でもっとも低い水準の中国を下回る傾向が続いている．また，関東は全地域の中でもっとも低い水準であり，近畿を下回っている．もちろん，人口規模別都市および町村における東西格差についても（表1-20），ほとんどのグループにおいて，西日本が東日本を明確に上回る状況である．

続いて，老人福祉費を見よう（表1-21）．東日本，西日本それぞれに共通する状況としての東西格差の傾向はここでも見られる．格差は老人保護費負担金と同様の傾向を示し，北海道，近年の北陸を除けば，おおむね東日本の各地域全てが近畿以外の西日本でもっとも低い水準の地域を下回る傾向が見られる．

表1-22，市町村グループ別老人福祉費水準における人口規模グループ別都市および町村の状況においても，全体的な傾向としては，西高東低格差が示されている．しかし，老人福祉費については，他の社会福祉関係費に比べて，東

第1章　西高東低型構造の存在と基本的性格

表1-22　市町村グループ別老人福祉費水準（平成5年度）

	一人当り額	指　　数　　全国＝100			
	全国(円)	東日本	西日本	東京圏	大阪圏
全 都 市	12,891	101.1	98.1	132.7	121.2
特 別 区	33,418				
指定都市	17,828	83.1	119.6	78.9	139.0
一般都市	14,408	96.5	105.6	87.8	95.5
50万以上	12,569	79.1	113.3	71.3	119.2
40-50	12,095	93.9	109.0	88.5	117.6
30-40	13,093	101.4	98.1	91.3	99.6
20-30	13,016	100.0	100.0	92.9	86.5
10-20	14,161	98.1	104.8	95.3	93.0
5-10	14,611	96.4	106.1	98.1	100.1
5万未満	21,094	94.8	106.5	99.4	97.0
町　　村	25,279	89.5	115.3	55.2	93.5

備考：前掲『市町村別決算状況調』より作成．

高西低となるグループが若干多い状況である．東日本，西日本について，40万未満30万以上のグループでは東高西低であり，30万未満20万以上のグループでは東日本，西日本ともに全国水準で均衡している．しかし，他のグループはおおむね西高東低を示し，負担金に示される特徴的な東西格差の状況はここにも示されている．

3．普通建設事業費支出金と補助事業費

　さらに普通建設事業費支出金を見よう．表1-23において各地域の状況を確認すると，東西格差は西高東低であるが，その格差が東西各地域の全般的な状況によってもたらされる，という点は上述の各負担金ほど明確ではない．東日本においても，特に北海道は突出した水準を示し，北陸も西日本の各地域を上回る水準を示す．しかし，ここでも関東は近畿を大きく下回り，人口流出傾向の強い団体が比較的に多い東北，四国，九州においては，東北が四国，九州の水準を下回る状況が多い．また，表1-24，市町村グループ別普通建設事業費支出金水準においては，ほとんどのグループにおいて，西日本が東日本を明確に上回る状況であるが，唯一30万以上40万未満の都市グループにおいて東高西

表1-23 普通建設事業費支出金一人当り水準地域状況（地方単純合計）

全国＝100：円

	昭和57	63	平成2	5	8	10	14年度
東日本	91.9	88.6	87.7	89.4	87.0	88.7	86.2
西日本	112.9	118.5	120.1	117.4	121.6	118.8	123.2
東京圏	45.8	42.5	40.3	42.6	40.9	41.7	41.7
大阪圏	64.2	64.2	68.0	70.4	90.0	76.2	65.3
東京圏以外の東日本	122.7	120.6	121.0	122.5	119.6	122.2	118.6
大阪圏以外の西日本	142.6	152.0	152.3	146.6	141.1	145.2	159.3
北海道	189.3	181.5	176.6	177.4	179.2	196.1	193.9
東　北	140.6	148.6	153.0	153.8	149.6	145.0	139.2
関　東	53.8	49.9	47.9	49.9	47.4	47.4	47.8
北　陸	154.9	160.4	165.4	165.9	168.7	179.0	164.7
東　海	90.9	85.7	84.9	88.3	84.4	86.8	85.5
近　畿	72.6	71.0	74.5	76.8	93.6	80.3	71.7
中　国	124.3	135.7	129.0	125.9	117.7	129.5	134.1
四　国	151.9	172.1	172.7	150.7	152.2	142.4	162.3
九　州	150.4	159.3	163.2	159.8	153.6	159.8	178.1
全　国	38,273	28,468	28,801	48,652	50,307	50,086	32,442

備考：前掲『地方財政統計年報』各年度版より作成．

表1-24 市町村グループ別普通建設事業費支出金水準（平成5年度）

	一人当り額	指　数　全国＝100			
	全国（円）	東日本	西日本	東京圏	大阪圏
全 都 市	10,028	84.4	125.8	70.7	145.9
特 別 区	4,893				
指定都市	22,431	79.1	124.2	72.7	133.8
一般都市	11,298	90.3	115.4	54.6	84.1
50万以上	10,304	76.7	114.9	30.6	76.2
40-50	10,262	87.5	118.6	61.5	126.6
30-40	12,898	104.8	93.4	32.2	48.3
20-30	9,443	98.4	102.7	64.9	79.9
10-20	10,223	94.7	113.0	67.8	75.0
5-10	10,985	81.2	131.8	60.1	101.3
5万未満	16,160	88.1	114.7	63.9	126.2
町　　村	16,190	85.3	121.3	52.0	89.3

備考：前掲『市町村別決算状況調』より作成．

低格差となっている．しかし，このグループについては，この時期に集中して進められた長野冬期オリンピックのための設備投資が，東日本の水準の上昇に

第1章 西高東低型構造の存在と基本的性格

表1-25 補助事業費一人当り水準地域状況（地方単純合計）

全国=100：円

	昭和57	63	平成2	5	8	10	14年度
東日本	93.5	91.3	90.4	90.8	88.7	89.6	88.3
西日本	110.3	114.1	115.7	115.1	118.7	117.2	119.7
東京圏	49.6	43.0	41.9	45.0	43.8	44.0	44.8
大阪圏	67.3	67.2	70.8	72.7	89.5	79.7	66.5
東京圏以外の東日本	122.8	124.9	124.4	123.1	120.5	122.1	120.0
大阪圏以外の西日本	136.5	143.1	143.5	141.4	136.9	140.6	152.9
北海道	179.9	181.0	175.8	170.9	176.9	190.4	190.2
東　北	138.0	150.9	150.2	150.4	145.2	142.2	132.1
関　東	57.9	51.3	50.8	52.5	50.5	50.1	51.6
北　陸	154.4	164.8	166.3	164.4	168.7	177.9	168.3
東　海	94.1	92.1	91.9	93.1	88.1	88.6	90.2
近　畿	76.0	73.9	77.4	78.9	93.3	84.1	73.1
中　国	125.6	138.2	131.0	128.1	120.1	130.9	139.9
四　国	146.6	156.2	159.3	146.9	151.4	140.1	163.9
九　州	138.4	144.5	147.9	149.4	143.9	149.7	161.6
全　国	74,077	70,970	71,845	97,239	100,136	99,223	75,837

備考：前掲『地方財政統計年報』各年度版より作成．

表1-26 市町村グループ別補助事業費水準（平成5年度）

	一人当り額	指　数　全国=100			
	全国(円)	東日本	西日本	東京圏	大阪圏
全 都 市	22,392	87.4	120.7	71.1	135.9
特 別 区	10,748				
指定都市	47,278	80.4	122.6	76.4	128.9
一般都市	25,999	94.0	109.7	54.3	78.8
50万以上	22,157	85.8	109.1	35.4	80.9
40-50	23,555	92.6	111.0	66.7	113.9
30-40	27,517	111.6	83.3	35.7	47.3
20-30	21,351	99.9	100.2	63.7	78.9
10-20	22,817	95.7	110.6	65.1	73.0
5-10	25,820	85.6	124.4	58.3	93.1
5万未満	41,235	93.3	108.2	69.7	112.2
町　　村	55,282	87.5	118.1	47.5	86.3

備考：前掲『市町村別決算状況調』より作成．

貢献している．

　補助事業費は，普通建設事業費支出金を財源として支出された歳出である．

表1-25, 1-26に示されるように，各年度ごとに多少の差はあるが，東西格差は，各地域別およびグループ別の都市，町村においても，西高東低であり，補助事業費と普通建設事業費支出金の地域間格差の傾向はおおむね一致する状況にある．

また，このことは次の点において，東西格差の要因に重要な示唆を与える．すなわち，歳出の東西格差に，国庫支出金の補助率が大きな影響を与えていないという点である．もしも両者（補助事業費と普通建設事業費支出金）の地域間格差の相違が大きいならば，補助率の高い支出金を多く得ている地域と補助率の低い支出金を多く得ている地域が存在していることとなる．支出金水準が低い状況でそれを財源とした支出水準が高い地域は，補助率の低い支出金を多く得ている地域であり，逆の場合には，補助率の高い支出金を多く得ている地域である．場合によっては，歳出水準の地域間格差の妥当性を追究する際に，その状況差にも配慮しなければならない可能性があるが，普通建設事業費については，その点に配慮しなければならない状況にはない．

なお，民生関係の各歳出についても，この点への配慮が特に必要な状況ではない．民生関係の各歳出に関する国庫支出金の大半は負担金であり，国庫支出金の数は限定されている．その状況で，それぞれの負担金について，制度上，全国一律に補助率が定められる傾向にある．

4．「その他」の国庫支出金

次に「その他」の国庫支出金を見よう．その他として扱われるのは多くのものをまとめるからで，個々の支出金の性格を問うことはできない．ここで示される支出金は，行政内容としてとらえるならば，数百にも上る様々な目的に応じた特定補助金を含むものである．しかしこのようにそれぞれの目的や機能が異なるにもかかわらず，ここでも，問題としている西高東低格差の特徴は示されている．表1-27からわかるように，平成2年度以降は，北海道を除く東日本の各地域の水準が，西日本の中国，九州の水準を下回る状況である．さら

第1章 西高東低型構造の存在と基本的性格

表1-27 「その他」国庫支出金一人当り水準地域状況（地方単純合計）

全国＝100：円

	昭和57	63	平成2	5	8	10	14年度
東日本	91.1	89.2	88.5	88.6	88.2	92.1	88.2
西日本	114.2	117.5	118.8	118.8	119.6	113.2	119.8
東京圏	62.9	58.4	59.0	58.6	58.7	72.7	68.4
大阪圏	73.1	78.6	81.7	81.1	87.5	92.3	95.1
東京圏以外の東日本	109.8	110.7	109.1	109.8	109.0	105.9	102.7
大阪圏以外の西日本	139.3	141.5	141.8	142.1	139.5	126.2	135.2
北海道	145.3	144.8	148.1	142.4	139.2	125.4	128.9
東　北	139.1	138.2	127.3	128.4	136.0	124.1	119.3
関　東	68.3	65.4	66.5	65.6	65.2	77.0	73.5
北　陸	119.6	119.9	117.3	127.4	122.4	118.9	116.7
東　海	83.7	85.4	86.4	87.7	85.2	88.7	82.8
近　畿	78.6	83.1	85.5	86.8	92.1	94.0	97.1
中　国	132.9	138.2	144.5	149.7	148.9	136.4	147.4
四　国	120.8	117.2	128.1	123.3	125.9	108.8	122.8
九　州	151.1	154.0	148.7	145.4	140.3	128.9	136.1
全　国	9,123	12,873	14,043	16,408	18,600	24,939	22,763

備考：前掲『地方財政統計年報』各年度版より作成．

表1-28 市町村グループ別「その他」国庫支出金水準（平成5年度）

	一人当り額	指　数　全国＝100			
	全国(円)	東日本	西日本	東京圏	大阪圏
全 都 市	5,407	87.4	120.7	79.5	117.2
特 別 区	4,030				
指定都市	8,732	80.7	122.3	71.5	115.6
一般都市	6,835	89.7	116.5	64.4	81.3
50万以上	7,010	113.6	91.3	79.5	72.3
40-50	8,126	55.9	165.3	45.0	79.2
30-40	5,919	98.4	102.2	73.7	78.9
20-30	6,241	101.1	98.0	77.1	82.6
10-20	6,009	95.4	111.2	74.4	82.5
5-10	6,689	91.2	114.8	65.7	88.9
5万未満	8,893	96.3	104.5	49.8	103.7
町　　村	7,046	93.4	109.6	48.2	90.5

備考：前掲『市町村別決算状況調』より作成．

に，関東は近畿を明確に下回る状況である．また，近年は，北海道，北陸の水準低下によって西高東低格差がさらに強まる傾向にある．また，人口規模別都

市および町村における東西格差については（表1-28），50万以上のグループにおいて東高西低で，20万以上30万未満のグループで若干東高西低となるものの，他のグループではいずれも西高東低の状況である．

5．義務教育費国庫負担金

最後に，義務教育費国庫負担金についてみよう（これは，都道府県に対する国庫支出金であるので，市町村の状況提示はない）．他の国庫支出金に比べて，東西格差は小さいが，ここでも，常に関東の水準を近畿が上回っており，最近の北陸，東海は，中国，四国，九州を下回る水準にある（表1-29）．ちなみに47都道府県別に見ても，（平成5年度において）105を上回る府県は，東日本が，北海道，青森，岩手，秋田，山形，福島，栃木，新潟，福井の9であるのに対して，西日本は和歌山，鳥取，島根，岡山，山口，徳島，愛媛，高知，および福岡を除く九州全県の15であり，おおよそ同様の状況が分析期間を通し

表1-29　義務教育費負担金一人当り水準地域状況

全国＝100：円

	昭和57	63	平成2	5	8	10	14年度
東日本	96.5	97.5	97.4	96.2	95.5	95.6	95.8
西日本	105.6	104.0	104.3	106.3	107.5	107.4	107.0
東京圏	79.1	78.1	77.5	77.7	78.2	79.3	80.7
大阪圏	91.7	88.4	88.3	94.3	96.7	96.8	96.4
東京圏以外の東日本	108.0	111.1	111.3	109.2	107.7	107.1	106.9
大阪圏以外の西日本	114.1	113.6	114.2	113.8	114.2	114.0	113.6
北海道	122.0	137.7	142.2	134.7	128.7	123.7	116.2
東　北	120.8	125.7	138.3	133.5	119.0	118.0	118.3
関　東	84.5	83.0	89.8	89.8	82.4	83.3	84.6
北　陸	116.7	116.0	125.7	122.3	110.5	109.6	110.2
東　海	92.3	94.2	101.2	104.5	96.1	97.1	98.0
近　畿	93.3	90.5	98.5	105.2	98.5	99.1	98.8
中　国	110.7	112.7	121.9	122.1	110.6	111.7	112.7
四　国	118.9	114.3	125.6	123.0	115.6	115.8	117.1
九　州	115.8	115.0	126.3	126.6	115.9	114.2	112.5
全　国	19,120	20,860	22,705	22,818	23,696	23,928	23,585

備考：前掲『地方財政統計年報』各年度版より作成．

て継続する傾向にある．この負担金の地域間格差には，財政力に余力のある府県への負担金削減の条件が強く作用しており，[6] この条件が，この負担金の西高東低格差の主要な要因の一つである．したがって義務教育費負担金が西高東低型を作る積極的な存在とは言えない．しかし，現実に格差が西高東低であり，問題とする東西格差の一端を担う実状には配慮が必要である．

■第5節　歳出各項目の概要■

1．民生費と扶助費

まずは民生費の状況を見よう．表1-30，1-31で見られるように，民生費が顕著に西高東低型構造の性格を反映する点を確認できる．その状況は劇的とも言えるレベルである．高水準を示す北海道を除くならば，他の東日本の全ての

表1-30　民生費一人当り水準地域状況（地方単純合計）

全国＝100：円

	昭和57	63	平成2	5	8	10	14年度
東日本	89.4	92.0	93.6	92.7	93.3	93.4	92.9
西日本	116.9	112.9	110.5	112.1	111.2	111.0	112.0
東京圏	89.9	99.1	100.1	94.8	96.8	95.7	94.3
大阪圏	111.3	111.8	108.5	108.5	110.1	109.4	112.2
東京圏以外の東日本	89.0	87.1	89.0	91.2	90.8	91.7	91.8
大阪圏以外の西日本	120.4	113.6	111.8	114.3	111.8	112.0	111.8
北海道	124.3	136.3	133.1	129.5	124.1	124.6	122.8
東北	90.8	86.3	87.8	94.6	94.2	94.7	93.6
関東	86.5	93.8	95.1	90.7	92.9	92.1	91.9
北陸	90.6	87.0	90.6	97.0	97.6	100.7	99.3
東海	82.3	78.5	81.4	82.7	82.2	83.2	83.1
近畿	110.2	110.4	107.5	107.8	109.3	108.0	110.7
中国	102.6	101.3	103.0	106.1	105.7	107.7	106.1
四国	129.2	121.9	118.5	124.7	121.4	123.6	118.7
九州	130.3	120.1	116.4	117.5	113.7	113.3	115.0
全国	54,751	62,800	71,573	91,893	105,858	116,576	123,744

備考：前掲『地方財政統計年報』各年度版より作成．

表1-31 市町村グループ別民生費水準（平成5年度）

	一人当り額 全国(円)	指　数　全国=100			
		東日本	西日本	東京圏	大阪圏
全都市	67,056	92.5	112.8	80.6	126.4
特別区	107,487				
指定都市	82,860	80.3	122.8	68.8	138.4
一般都市	58,274	90.4	115.3	90.9	114.2
50万以上	57,088	73.7	116.8	80.3	126.8
40－50	55,888	82.6	125.9	82.0	134.3
30－40	58,249	90.8	112.8	79.1	105.6
20－30	53,127	91.8	114.4	84.6	104.2
10－20	57,482	95.8	110.3	92.5	103.9
5－10	56,884	90.8	115.6	90.9	108.2
5万未満	71,768	91.8	110.1	84.7	92.5
町　村	68,491	91.9	111.7	64.4	89.7

備考：前掲『市町村別決算状況調』より作成．

地域の水準を西日本の全ての地域の水準が上回る状況が継続している．また，歳出総額の推移に示される平成景気下での変化が，民生費には歳出総額ほどには示されていない点にも留意すべきである（平成景気下での歳出総額の推移をもたらした主な費用は，後に見る普通建設事業費である）．

民生費に対する国庫支出金が同様の地域状況を示す点はすでに示した．民生費は歳出項目の中で，もっとも高い補助率で，かつ大半の事業が国庫支出金を財源とする項目であるので，いわば当然である．もちろんこの状況は，民生費に対する各種の国庫支出金（生活保護費負担金，児童保護費負担金等々）全般に示される．なお，すでに西村紀三郎氏の先駆の研究において，平成景気以前においても，民生費に関する項目全般に同様の状況が継続してきた点が明らかにされている[7]．

人口規模グループ別都市および町村の状況についても，全てのグループにおいて，明確な西高東低格差が示されており，民生費が歳出水準の東西格差形成に大きく寄与する点を確認し得る．

さらに，民生費の性格をより明確にするためにも，性質別分類における全扶

第1章　西高東低型構造の存在と基本的性格

表1-32　扶助費一人当り水準地域状況（地方単純合計）

全国＝100：円

	昭和57	63	平成2	5	8	10	14年度
東日本	82.1	82.9	84.0	85.7	87.2	88.0	87.3
西日本	128.5	127.8	126.3	123.6	121.2	120.0	121.2
東京圏	77.5	83.2	83.9	87.3	91.7	92.4	92.7
大阪圏	115.5	120.8	118.4	117.1	115.5	114.7	125.2
東京圏以外の東日本	85.1	82.7	84.0	84.5	84.1	84.8	83.4
大阪圏以外の西日本	136.4	132.0	131.1	127.7	124.7	123.3	118.7
北海道	134.3	154.0	153.8	148.2	141.8	139.9	140.1
東　北	90.4	84.1	84.4	85.1	84.7	85.6	82.3
関　東	76.3	80.0	80.8	83.9	88.0	89.0	89.6
北　陸	79.0	71.7	75.3	78.3	80.0	81.6	75.6
東　海	72.9	68.9	70.7	71.9	71.5	72.2	72.0
近　畿	111.5	116.0	113.8	113.1	111.9	111.3	120.5
中　国	113.3	115.0	117.5	120.3	120.8	119.4	111.6
四　国	129.5	120.8	119.4	112.6	111.7	111.7	108.8
九　州	159.6	152.9	150.2	143.3	136.9	134.8	130.7
全　国	32,349	31,922	33,831	39,672	46,162	51,998	53,220

備考：前掲『地方財政統計年報』各年度版より作成．

表1-33　市町村グループ別扶助費水準（平成5年度）

	一人当り額 全国(円)	指　数　全国=100			
		東日本	西日本	東京圏	大阪圏
全都市	34,029	84.2	127.0	83.9	126.1
特別区	43,890				
指定都市	47,879	72.8	131.5	61.5	137.7
一般都市	29,215	83.6	126.2	71.8	107.7
50万以上	32,897	60.7	125.1	55.8	131.0
40-50	31,826	72.1	141.4	64.1	130.5
30-40	30,083	89.4	114.7	65.0	74.9
20-30	27,299	84.9	126.4	62.2	102.4
10-20	27,683	90.8	122.6	84.5	104.4
5-10	25,743	83.8	127.3	82.7	104.4
5万未満	35,402	88.4	114.2	60.8	94.0
町　村	19,450	85.4	121.2	63.9	98.8

備考：前掲『市町村別決算状況調』より作成．

助費の地域状況に言及しておきたい（表1-32, 1-33）．民生費のおよそ40％が扶助費である（純計で，昭和57年度では60％近くであったが，その後低下し，

表1-34 民生費中の扶助費に占める民生費各項目の扶助費比率

(地方純計) 単位：%

	昭和57	63	平成2	5	8	10	14年度
生活保護費	39.8	40.1	35.5	30.5	29.0	28.6	36.3
児童福祉費	22.8	28.1	29.5	30.6	29.9	29.3	38.1
老人福祉費	27.4	17.4	19.6	22.0	23.6	24.2	5.7
社会福祉費，他	10.0	14.4	15.5	16.9	17.5	17.9	19.9

備考：前掲『地方財政統計年報』各年度版より作成．

平成2年度には約45%で，それ以降40%代で推移)．また性質別分類における全扶助費のおおよそ90%がこの民生費の扶助費であり，表1-30, 1-32からも見てとれることとして，扶助費の地域状況は民生費における扶助費の地域状況とおおむね等しい．扶助費の東西格差はまさに民生費の地域間格差と同方向で（同方向の地域間の高低関係で）格差の程度を増幅した状況で示されており，民生費における扶助費こそが，民生費の特徴的な東西格差の主因である．

なお，この民生費中の扶助費の西高東低格差は，児童福祉，老人福祉，生活保護それぞれの扶助費において示されていると考えられる．生活保護については，そのおよそ9割が扶助費であることから，生活保護における扶助費の西高東低は，生活保護費およびその負担金を見ることによって明らかである．児童福祉，老人福祉における扶助費についても，表1-34に示されているように，両項目の扶助費合計が，分析期間を通して民生費中の扶助費のおおむね40%から50%（介護保険導入後は児童福祉費にての比率が大きく高まる）で推移していることから，西高東低を示す可能性は極めて高い．生活保護ほど明確でないとしても，両項目が西高東低を示さない状況では，扶助費総額に見る明確な西高東低格差は示されない．また，例えば老人福祉費における扶助費が，東高西低ならば，他方の児童福祉費が相当な西高東低を示すこととなる．児童福祉費が東高西低となる場合の老人福祉費の西高東低はさらに極端なものとなる．そのことに加えて，児童福祉費，老人福祉費それぞれに対応する負担金が，扶助に対する負担を多く含む状況で，各負担金ともに，すでに見てきたように明確な西高東低を示すゆえに，児童福祉費，老人福祉費双方の扶助費ともに西高東

第1章 西高東低型構造の存在と基本的性格

低格差を示すと考えられる．

しかし，さらに留意すべきは，おおよそ60％を占める扶助費以外の民生費である．確かに民生費の東西格差は扶助費よりも小さい．民生費の東西格差がおよそ2割であるのに対して，扶助費の東西格差は4割にも及ぶ．しかし，扶助費が民生費の約4割であることから，扶助費以外の民生費部分においても東西格差が示されていることが確実である．しかも扶助費と民生費の地域間格差における地域間の高低関係は，各地域別に見ても，おおむね一致する傾向にある．さらには，扶助費の地域間格差要因を追究する時，この格差が給付受領者数の差に大きく影響を受けて生じていることを知る（第6章第1節3.参照）．この時，現実に生じている扶助費の給付対象者数が，民生費による財・サービスの需要者となる傾向は明らかであり，この点からも扶助費以外の民生費部分にも扶助費と同傾向の地域間格差が生じていると考えることができる．

2．普通建設事業費

続いて普通建設事業費の地域状況を見よう．これを見る意図は2つある．一つは，普通建設事業費支出金の地域状況に対する対象費用の地域状況を確認することと，すでに指摘した，歳出総額の東西格差が接近した主な原因が普通建設事業費における単独事業費にあり，しかも，その変化が，おおむね限定された地域の問題であった点を示すことである．このことを確認することによって，序章にて指摘した西高東低型構造における歳出の構造（民生費を主因に西高東低格差を示す状況）が，固定的である点が明らかとなる．

普通建設事業費の地域状況は，年度によっては，普通建設事業費支出金の地域状況とは大きく異なる状況を示す（表1-35）．東西格差についても，63年度より，それ以前まで西高東低であった格差を東高西低に逆転させ，再び3年度には西高東低に戻るという変化を示している．両集中圏間の格差は，これをさらに明確にした状況で推移し，逆転の時期が若干ずれるとも，同様に西高東低の逆転を示している．東日本，西日本間で，東高西低への逆転が生じた年度に

47

表1-35 普通建設事業費一人当り水準地域状況（地方単純合計）

全国＝100：円

	昭和57	63	平成2	5	8	10	14年度
東日本	98.4	101.1	101.3	98.9	95.6	94.9	93.0
西日本	102.5	98.1	97.9	101.7	107.2	108.5	111.7
東京圏	67.7	83.7	89.9	80.9	67.0	58.5	55.7
大阪圏	72.8	71.4	75.1	78.5	83.2	79.9	72.7
東京圏以外の東日本	118.9	113.2	109.3	111.6	115.9	120.8	120.3
大阪圏以外の西日本	120.6	114.7	111.9	116.1	122.1	126.3	136.1
北海道	155.2	145.5	130.7	127.9	138.8	157.8	158.8
東　北	126.4	120.5	115.7	124.0	131.1	138.8	131.5
関　東	73.4	84.9	90.0	82.2	71.4	64.6	62.4
北　陸	141.7	135.3	130.5	136.1	142.4	156.4	158.8
東　海	102.1	100.2	99.2	100.8	101.1	98.5	100.1
近　畿	79.0	76.0	79.4	82.9	87.8	84.7	77.7
中　国	119.9	118.3	115.5	120.1	120.0	124.3	135.5
四　国	130.3	132.2	130.4	126.6	139.8	143.6	152.7
九　州	117.0	108.0	104.5	111.0	118.1	123.2	135.0
全　国	133,406	162,463	192,267	260,410	253,232	238,144	173,337

備考：前掲『地方財政統計年報』各年度版より作成。

表1-36 人件費一人当り水準地域状況（地方単純合計）

全国＝100：円

	昭和57	63	平成2	5	8	10	14年度
東日本	98.0	98.1	98.3	97.8	97.6	98.1	97.3
西日本	103.2	103.0	102.9	103.7	104.0	103.2	104.5
東京圏	94.4	92.8	92.6	92.5	92.1	93.1	90.4
大阪圏	98.3	98.7	98.4	99.4	100.0	93.6	99.5
東京圏以外の東日本	100.4	101.8	102.2	101.5	101.4	101.5	102.3
大阪圏以外の西日本	106.2	105.7	105.6	106.3	106.5	107.0	107.7
北海道	111.7	117.5	120.1	118.9	118.3	113.0	115.7
東　北	107.1	109.9	110.6	109.4	108.9	111.8	110.8
関　東	94.6	93.1	92.9	92.7	92.4	93.1	91.5
北　陸	106.7	108.2	108.5	107.7	108.5	110.6	110.2
東　海	92.2	92.8	92.6	92.6	92.5	92.8	93.2
近　畿	99.1	99.7	99.3	100.3	101.0	96.1	101.0
中　国	107.1	106.4	106.3	107.0	106.9	107.4	108.1
四　国	110.0	108.2	109.1	110.5	112.3	115.7	115.9
九　州	104.7	104.3	104.1	104.5	104.4	107.3	104.4
全　国	135,509	163,838	182,396	200,060	213,004	217,123	210,898

備考：前掲『地方財政統計年報』各年度版より作成。

第1章　西高東低型構造の存在と基本的性格

表1-37　公債費(性質別)一人当り水準地域状況（地方単純合計）

全国＝100：円

	昭和57	63	平成2	5	8	10	14年度
東日本	92.0	92.7	93.2	92.9	93.2	93.5	92.2
西日本	112.7	111.9	111.9	112.8	111.2	110.8	113.1
東京圏	79.9	72.4	70.7	67.3	72.5	72.1	69.1
大阪圏	111.0	100.0	95.4	96.7	93.3	94.7	99.4
東京圏以外の東日本	100.1	106.8	108.9	109.8	107.9	108.7	109.1
大阪圏以外の西日本	113.7	119.2	122.1	122.8	122.3	120.8	121.6
北海道	116.5	141.0	157.4	162.1	142.2	138.2	133.7
東北	117.7	126.6	126.7	126.2	122.7	123.4	129.0
関東	80.0	74.2	73.1	70.1	74.7	74.7	72.2
北陸	118.4	126.5	124.9	123.8	126.4	126.2	126.2
東海	85.6	87.1	87.5	89.5	91.7	94.2	93.7
近畿	112.2	102.4	101.3	99.5	95.9	97.1	100.8
中国	115.2	120.8	120.6	124.8	125.5	130.5	131.2
四国	121.6	122.6	124.6	126.2	124.6	124.7	129.0
九州	109.3	117.1	115.9	121.1	121.1	115.5	116.3
全国	37,752	51,996	54,064	61,378	76,641	87,681	103,937

備考：前掲『地方財政統計年報』各年度版より作成．

は，ひときわ両集中圏間の格差が大きく変動する傾向にあり，東日本と西日本間の格差の動向に両集中圏間の格差の動向が大きく寄与した点が明らかである．この点は，両集中圏以外の地域の東西格差を見ることによってさらに明らかとなる．そこには，一貫して西高東低な東西格差が示され，格差の逆転は生じていない[8]．

　歳出総額中，約30％を占める普通建設事業費が歳出総額に示されている東西格差接近の主因であり，しかもその接近が局地的で一時的であった傾向が示されている．この点は，3者で歳出総額のおおよそ45％前後を占める人件費（表1-36）と公債費（表1-37）およびすでに示した扶助費（表1-32）の格差が西高東低で固定的に推移する状況からも明らかである．なお，すでに見た普通建設事業費支出金・補助事業費が，一貫して固定的に東西格差を示す状況から，格差変動の主要因は両集中圏の単独事業費に求められることとなる．

以上，第1節から第5節にかけて，歳出，国庫支出金に示される西高東低型構造の固定的な性格とその構造上の主要因を指摘してきた．東西格差の固定的性格について，さらに留意すべきは，景気変動下でも，西高東低型に即した特徴的な東西格差が保たれている点である．平成景気の下での，歳出総額における西高東低格差の縮小は，一部の歳出（普通建設事業費）における特定地域（東京圏）によってもたらされた傾向が明らかである．国庫支出金はもとより，両集中圏を除く普通建設事業費は，西高東低格差で推移しており，歳出における東西格差の構造上の主要因である民生費，扶助費は一貫して問題としている特徴的な東西格差を明確に示している．昭和57年度から，平成2年度にかけて，歳出総額は，1.5倍近くも増加し，昭和63年度から平成2年度にかけても，約2割の増加を示している．国庫支出金総額についても，昭和57年度から63年度に至る期間においてこそ国の財政難を反映し減少傾向にあるが，昭和63年度から平成2年度にかけては，およそ7％増加している．その後，両者ともに平成5年度以降，増加傾向が弱まり，平成10年度から14年度にかけて減少に転じている．少なくとも，生活保護費およびその負担金を除く，扶助費を含む全ての項目が，昭和63年度から平成2年度に至るまで増加する傾向にある．もとより西高東低型構造の主因である扶助費，および福祉関係費とその負担金は，弱者保護の性格が強く，好況下では必要性が相対的に低下する性格である．にもかかわらず，増加傾向を示し，かつその状況の下で明確な東西格差が保たれているのである．所得の有無に対応する扶助費も含み，財・サービスの過不足に応じて財政水準が決定されるならば，総額増加によって，西日本の財政需要が満たされ，西日本の水準上昇が頭打ちとなって，格差が縮小する可能性もあったはずである．しかし，そのような状況とはならずに，格差は維持された．この事実から，東西格差は相当に根強い性格であるとともに，東西格差が，東西がある程度の水準を満たすことによって解消される性格ではない可能性が示唆されている．なお，この点は，表1-1において示唆されるように，国庫支出金全体についての傾向であり，決して福祉関係の特定の負担金にのみ

限定されて示される状況ではない．つまりこのことからも，問題としている格差が，財・サービスの直接的な必要性の違いとは直結しない要因によるものであるとの可能性は高められる．

　本論文は，特に民生費の各項目とその負担金に注目するものだが，あえて，西高東低格差の全体像を把握し，その格差を示すよう試みてきた．その理由は，他の項目との相対的な関係において，民生関係の項目の状況（その地域間格差の明確さ）を明らかにすることに加え，全体像の把握が，東西格差の妥当性追究を進める上で不可欠な基本認識だからである．また，本章の成果として明らかとなった以下のような事実にも留意したい．それは，問題の西高東低格差が，「その他」の国庫支出金といった，民生行政とは直結しない項目にも示されていることに加え，民生費およびその負担金を主因として示される西高東低格差が，歳出総額および国庫支出金総額においてもおおむね示されており，かつそれがオイルショック以前から現在にかけて継続している点である．この状況は，本論文が想定している，西日本の各地域に東日本よりも高い水準をもたらす共通の要因（つまり序章で指摘した県民性の違いが財政水準に影響を与える状況）が存在する可能性を高める事実である．

注

1）地方財政統計における団体間での重複部分への対応に際し，以下を参考にした．西村紀三郎「地方歳出純計試算―西高東低型財政構造解明の関連において―」駒澤大学経済学会『経済学論集』第19巻第3号，昭和62年9月，pp.141-167．

2）西村紀三郎『地方財政構造分析―西高東低型構造の解明―』白桃書房，昭和63年および本章の市町村グループ別の表とそれに対応する地方単純合計における地域状況の表を参照されたし．

3）同上書，pp.144-172，pp.224-227．

4）拙稿「日本地方財政構造分析―地方税水準の地方団体間格差から見た税制改革についての一考察(1)(2)―」富士大学学術研究会『富士大学紀要』第37巻第1号，第37巻第2号，平成16年8月，平成17年3月，(1)のp.63，p.65および(2)の

pp. 37–38, p. 44を参照.

5) 前掲「日本地方財政構造分析―地方税水準の地方団体間格差から見た税制改革についての一考察(1)(2)―」, (1)の pp. 45–70, (2)の pp. 29–48を参照のこと. それ以前の状況については, 西村紀三郎「地方税分析―地方収入からみる地方税制の問題点―」駒澤大学経済学会『経済学論集』第26巻第3号, 平成6年12月, pp. 1–62を参照.

6) 義務教育費国庫負担法(昭和27年, 法律303号)第2条但し書きの規定に基づき教職員給与費等の国庫負担額の最高限度額を定める政令(昭和28年, 政令106号)およびこの負担金以外の国庫支出金における各地域の財政力に応じた対応については, 片桐昭泰・兼村高文・星野泉編著『地方財政論』税務経理協会, 平成12年, p. 57および財政調査会編『補助金総覧』日本電算企画, 各年度版を参照.

7) 前掲『地方財政構造分析―西高東低型構造の解明―』pp. 33–35, pp. 54–59, pp. 77–85, pp. 102–105, pp. 118–123, pp. 130–134, pp. 153–165, pp. 192–197, pp. 206–209, pp. 230–242, pp. 277–283, pp. 287–291, pp. 310–320を参照. 本文において示された地方財政構造が, 昭和47年度以降, 固定的に推移してきた点を確認されたし.

8) なお, この項目に関連する施設整備状況として, 以下の文献においては, 老人福祉施設の整備状況が西高東低となる傾向が指摘されており興味深い. 各負担金が明確な西高東低を示してきたことと, 普通建設事業費支出金が西高東低であることとの関連を追究する上で有用である. 沼尾波子「財政負担と地域間の公平性」齊藤愼・山本栄一・一圓光彌編『福祉財政論』有斐閣, 平成14年, pp. 71–76.

第 2 章

西高東低型構造要因の性格と可能性

■はじめに■

　本章では，西高東低型構造が，基準財政需要算定に用いられる指標といった地域状況の違いを示す端的な指標によって，その格差要因を説明することが困難な性格である点を指摘し，問題の東西格差が，県民性の違いによる主観が地域間で異なるがゆえに生じている可能性を，民生費によって供給される財・サービスの受益者とはまったく異なる人々に対して支出する項目にも，同様に特徴的な西高東低格差が示される点などから指摘していく．

■第1節　基準財政需要■

　まず民生関係の基準財政需要の地域状況を見よう．基準財政需要という，各地域の財政需要を客観的に示す機能を有する財政項目の地域状況を見ることによって格差要因の一端を解明することを期待するゆえである．
　まずは，生活保護費を見よう（表2-1）．そこには，問題としている西高東低格差に明確に即した東西格差が示されている．突出した水準を示す北海道を除くならば，東日本でもっとも高い東北の水準が，西日本でもっとも低い中国の水準を明確に下回っており，まさに，東西それぞれに共通する状況での西高

表2-1 基準財政需要生活保護費一人当り水準地域状況（地方単純合計）

全国＝100：円

	昭和57	63	平成2	5	8	10	14年度
東日本	81.2	81.7	83.5	82.1	83.3	84.4	85.4
西日本	129.9	129.7	127.0	129.6	127.6	125.9	124.5
東京圏	78.0	75.8	76.8	81.3	87.6	91.0	95.1
大阪圏	108.0	108.5	108.5	130.5	134.6	134.2	144.9
東京圏以外の東日本	83.3	85.9	88.2	82.6	80.3	79.7	78.3
大阪圏以外の西日本	143.2	142.8	138.4	129.0	123.3	120.7	111.7
北海道	154.4	180.6	180.9	185.5	183.2	182.6	187.4
東　北	97.3	98.2	99.3	86.0	82.4	82.7	80.7
関　東	75.6	73.1	74.4	77.9	82.9	85.7	89.1
北　陸	67.9	72.3	77.1	63.1	58.4	57.5	54.5
東　海	63.3	61.7	64.9	61.6	60.4	59.4	56.8
近　畿	105.4	106.4	106.5	125.0	128.2	127.8	136.6
中　国	101.3	109.2	110.5	94.0	92.0	91.1	88.0
四　国	135.6	141.2	137.9	132.6	127.9	125.6	114.5
九　州	177.0	169.5	161.0	153.9	145.4	141.6	129.4
全　国	4,020	6,997	6,741	4,255	4,607	4,857	5,567

備考1：総務省自治財政局（旧自治省財政局）『地方交付税関係計数資料』（非売品）各年度版より作成．
備考2：再算定がなされている場合は再算定の数値を用いている．以下同資料使用に際し同様．

東低格差である．格差の程度は，おおむね2倍とも言える現実の生活保護費（＝生活保護費負担金）にこそ及ばないが，おおむね1.5倍の水準差で推移しており，一般に東日本が低く，西日本が高いという傾向は明確である．

続いて社会福祉費を見よう（表2-2）．ここでは北海道の突出は見られず，まさに考察対象としている特徴的な東西格差が示されている．平成2年度にかけて，北陸の水準が，西日本において近畿についで低い水準である中国を上回るが，分析期間を通して北陸を除く東日本全ての地域が中国を下回る傾向である．なお平成不況の下では，北陸と中国の水準は一時期（平成5年度）において接近しており，問題としている西高東低格差の特徴がさらに明確になっている．

さらに高齢者保健福祉費を見よう（表2-3）．高齢者保健福祉費は，最近設けられた項目であり，平成8年度から提示している．これも他の項目同様に，

第2章　西高東低型構造要因の性格と可能性

表2-2　基準財政需要社会福祉費一人当り水準地域状況（地方単純合計）

全国＝100：円

	昭和57	63	平成2	5	8	10	14年度
東日本	96.0	93.3	91.2	93.0	92.4	92.4	92.5
西日本	106.4	110.8	110.4	111.5	112.6	112.7	112.6
東京圏	79.2	79.6	80.4	79.9	78.7	78.0	79.1
大阪圏	89.0	92.7	92.8	90.7	94.2	92.2	94.0
東京圏以外の東日本	107.2	102.9	98.7	102.2	102.1	102.6	102.2
大阪圏以外の西日本	116.9	122.0	121.4	124.4	124.0	125.5	124.3
北海道	103.1	101.1	101.2	112.0	102.2	100.8	98.6
東　北	111.8	109.8	110.9	112.8	111.9	112.8	112.4
関　東	82.7	81.8	82.5	81.7	81.3	80.9	81.8
北　陸	126.8	123.6	122.6	117.6	123.1	125.4	124.5
東　海	102.6	96.9	96.6	93.0	93.2	93.4	93.6
近　畿	93.2	96.0	96.1	93.6	96.7	95.2	96.7
中　国	115.4	114.9	115.2	118.5	115.9	116.9	117.4
四　国	131.5	134.8	133.7	133.8	135.3	136.4	136.4
九　州	112.1	122.2	121.1	126.2	126.4	128.1	125.7
全　国	5,277	8,259	10,353	17,118	12,090	13,037	15,742

備考：前掲『地方交付税関係計数資料』各年度版より作成．

　両集中圏，それ以外の地域ともに西高東低で推移している．しかし，各地域の状況を見ると，両集中圏を含む，関東と近畿は西高東低であるが，問題としている東西格差の例外として，もっとも水準の高い四国の後に，中国および東日本における北陸が続き，九州を上回る水準となる点がある．

　以上，どの項目も東西格差は西高東低であり，問題としている特徴的な西高東低格差をある程度反映している．しかし，現実の生活保護費負担金と基準財政需要における生活保護費および，現実の児童保護費負担金，老人保護費負担金と基準財政需要における社会福祉費，高齢者保健福祉費の関係は，どれも前者の方が後者を上回り明確な西高東低格差を示している．

　基準財政需要における生活保護費および社会福祉費と高齢者保健福祉費に，問題の東西格差が示される主な要因は，この費目の算定における，密度補正であると考えられる．というのは，密度補正は，現実に生活保護および社会福祉のサービスを享受した人数を指標とする体系であり，西高東低格差が反映され

表2-3 基準財政需要高齢者保健福祉費一人当り水準地域状況(地方単純合計)

全国＝100：円

	平成8	10	14年度
東日本	93.0	92.8	91.8
西日本	111.7	112.0	113.7
東京圏	72.8	71.5	69.7
大阪圏	86.4	86.2	88.1
東京圏以外の東日本	107.2	107.9	107.9
大阪圏以外の西日本	127.3	128.0	129.7
北海道	109.4	108.7	109.7
東　北	120.1	122.5	123.6
関　東	76.8	75.9	74.4
北　陸	128.5	130.0	130.7
東　海	97.1	97.1	96.1
近　畿	90.7	90.5	91.4
中　国	129.9	130.7	132.5
四　国	143.4	145.3	146.5
九　州	122.0	122.6	125.8
全　国	19,974	22,868	28,289

備考：前掲『地方交付税関係計数資料』各年度版より作成．

るメカニズムとなっているからである．

　基準財政需要に地域間格差をもたらす指標の概要を述べよう．生活保護費および社会福祉費，高齢者保健福祉費の測定単位は，それぞれ，生活保護費が，都道府県については町村部人口，市町村については市部人口で，社会福祉費は地域人口，高齢者保健福祉費は高齢者人口である．もとより，一人当り額の地域間格差は，地域人口数の差に影響を受けないので，地域人口数が地域間格差要因とはならない．生活保護費の測定単位である，都市部人口および町村部人口についても，生活保護の明確な東西格差の要因とはなり得ない状況が示されている．もともと，もっとも明確な西高東低格差を示す，都市の生活保護費においては，測定単位である都市人口が地域人口であるから，都市の生活保護費一人当り額の格差要因を追究する際に，都市人口比率を見ることに意味はない．また町村の生活保護費は非常に少ないから，さらに測定単位を見るならば，都道府県の生活保護費の測定単位である町村部人口が総人口に占める比率を問題

第2章　西高東低型構造要因の性格と可能性

表2-4　町村部人口の総人口に占める比率

単位：％

	昭和57	63	平成2	5	8	10	14年度
東日本	22.70	21.93	21.87	21.34	20.83	20.70	20.02
西日本	25.70	24.95	24.76	24.29	24.12	23.78	23.04
東京圏	7.53	7.60	7.76	7.06	6.74	6.69	6.22
大阪圏	10.85	10.76	10.83	10.30	10.08	9.79	9.66
東京圏以外の東日本	32.82	31.87	31.75	31.40	30.81	30.68	30.09
大阪圏以外の西日本	34.76	33.71	33.37	32.97	32.83	32.49	31.41
北海道	28.18	26.78	26.34	25.79	23.47	23.20	22.63
東　北	39.39	38.23	37.97	36.84	36.45	36.19	35.56
関　東	13.82	13.34	13.48	12.95	12.55	12.48	11.71
北　陸	33.69	33.33	33.23	33.15	33.15	33.12	32.50
東　海	26.47	26.25	26.21	26.08	25.78	25.74	25.63
近　畿	14.45	14.34	14.41	13.99	13.84	13.58	13.19
中　国	30.20	27.67	27.40	27.00	26.65	26.41	25.37
四　国	39.21	38.46	38.26	37.99	37.75	37.56	35.83
九　州	34.68	34.21	33.76	33.21	33.15	32.65	31.95
全　国	23.86	23.08	22.96	22.45	22.07	21.86	21.15

備考：地方財政調査研究会編『地方財政統計年報』地方財務協会，各年度版より作成．

とすることになるが，表2-4にあるように，町村部の人口比率に東西格差は僅かしか示されない状況である．また，高齢者人口についても，表2-5に見られるように，財政支出の格差を裏付けるような明確な東西格差は見られない．加えて，若年人口の状況についても見ておこう（表2-6）．若年人口の地域状況が，問題とする西高東低格差に対応する格差を示すならば，これによって東西格差の妥当性を裏付け得る可能性が生まれる．若年人口は，基準財政需要の民生関係項目算定の測定単位にこそなっていないものの，基準財政需要における，特に社会福祉費の地域間格差を裏付ける可能性を持つ．しかし，若年人口が総人口に占める比率の地域状況は，若干の西高東低ではあるが，その差は僅かである．加えて，民生費の東西格差の特徴を反映する状況ではなく，問題の東西格差を，若年人口状況の違いによって説明することは困難である．

　さらに適用される補正（補正係数）に注目しよう．都道府県の生活保護費には，密度補正，態容補正，寒冷補正が適用され，市町村の生活保護費について

表2-5　65歳以上人口比率

単位：％

	老年層（65歳以上）			
	平成8年3月	10	14(65〜)	14(70〜)
東日本	15.55	15.00	14.12	12.51
西日本	16.17	15.60	14.67	13.91
東京圏	14.50	14.03	13.39	10.52
大阪圏	15.35	14.92	14.33	11.87
東京圏以外の東日本	16.29	15.69	14.65	13.95
大阪圏以外の西日本	16.67	16.03	14.89	15.18
北海道	15.54	14.82	13.51	13.59
東　北	16.64	15.92	14.62	15.48
関　東	14.89	14.38	13.65	10.97
北　陸	15.95	15.39	14.43	15.76
東　海	16.28	15.80	15.00	12.99
近　畿	15.53	15.09	14.45	12.11
中　国	15.89	15.35	14.38	15.73
四　国	15.57	14.97	13.93	16.66
九　州	17.36	16.63	15.35	14.69
全国平均	15.78	15.23	14.33	13.03

備考1：『住民基本台帳人口要覧』国土地理協会，平成16年より作成．
備考2：平成14年度は，高齢者保健福祉費（基準財政需要）の算定において，65歳以上人口に加え70歳以上人口が測定単位として用いられていることに配慮し，70歳以上人口比率をも示している．

は，これに段階補正が加わる．経常の社会福祉費と高齢者保健福祉費にも同様の補正が適用されている．これらの補正が適用されている現状で，各支出とも現実の民生費の東西格差とおおむね等しい東西格差となっているゆえに，少なくとも実態を反映する機能を持つ密度補正がない状況では，各負担金が示すような明確な東西格差は示されない．このことは，負担金を財源として支出される民生関係の支出における東西格差が，基準財政需要算定に用いられる指標によっては十分に説明され得ないものであることを示している．

なお，現実の支出の東西格差が，基準財政需要における支出の格差を大きく上回り明確な生活保護費はもちろんのこと，基準財政需要における社会福祉費や高齢者保健福祉費も，現実の扶助費の格差よりも小さい格差を示していることからも，密度補正のない状況では，基準財政需要算定における指標が，現実

第2章　西高東低型構造要因の性格と可能性

表2-6　各地域総人口中の若年層

単位：％

	若年層（0才-9才）				
	昭和60	平成2年	平成8年3月	10	14
東日本	13.07	11.13	9.76	9.05	9.25
西日本	13.37	11.56	10.09	9.81	9.56
東京圏	12.49	10.40	9.19	9.03	8.93
大阪圏	12.91	10.96	9.74	9.58	9.54
東京圏以外の東日本	13.47	11.65	10.17	9.84	9.48
大阪圏以外の西日本	13.66	11.94	10.31	9.95	9.57
北海道	12.86	11.30	9.57	9.16	8.58
東　北	13.75	11.99	10.24	9.82	9.27
関　東	12.76	10.67	9.40	9.20	9.05
北　陸	13.21	11.33	9.94	9.64	9.33
東　海	13.40	11.54	10.32	10.06	9.88
近　畿	12.99	11.08	9.84	9.65	9.59
中　国	13.10	11.33	9.87	9.59	9.32
四　国	12.86	11.16	9.55	9.25	8.95
九　州	14.19	12.47	10.72	10.30	9.83
全国平均	13.19	11.29	9.89	9.62	9.37

備考：前掲『住民基本台帳人口要覧』より作成．但し資料の制約から平成2年度以前に関しては『国勢調査』が行われた年度を対象に，国勢調査による値を示した．

の支出の東西格差を説明しないことが確実である．もとより，基準財政需要の各項目と現実の支出の細目では，区分が異なる．したがって，生活保護費を例外として，基準財政需要の各項目と現実の支出の細目を個別に対応させることに大きな意味は見出せない．重要なことは，現行の基準財政需要算定の指標では，民生費の東西格差の主因である民生費中の扶助費の東西格差を説明できないという点である．扶助費は民生費以上に明確な西高東低格差を示している．これの東西格差に比べて，基準財政需要中の，社会福祉費の東西格差も高齢者保健福祉費の東西格差も明らかに小さい．もしも密度補正がないならば，この状況はより顕著となる．密度補正以外のいかなる算定指標を用いても，民生費中の扶助費の東西格差や，すでに極端とも言える明確な西高東低格差であることを確認した民生費関係の各負担金を財源に実施された補助事業費の西高東低格差要因を示すことはできないのである．言うまでもなく，扶助費の格差を相

殺する形で，他の民生費中の性質別分類各項目が機能している可能性も低い．唯一代替している可能性のある項目は，補助費であるが，生活保護を筆頭に，扶助という直接的な給付に代替する性格が，補助費に十分に備わっているとは考え難いし，補助費は扶助費に比べて小さい．特に生活保護費，児童福祉費に関しては，それが顕著である．

　また，寒冷補正は，明らかに寒冷地の多い東日本の水準を高めるように機能する性格である．そしてもっとも明確に東西格差を示す都市が人口規模別および行政権能の異なるグループ（指定都市，一般都市等）に分けられた状況において，なおもどのグループにおいても明確な西高東低となる傾向があるゆえに（前章，表1-12, 1-14, 1-16, 1-18, 1-20, 1-22, 1-33, を参照），東西格差要因が段階補正や態容補正における指標によって説明されないものである可能性も高い（なお，この都市の状況が分析期間を通して継続している点は，西村紀三郎・青木一郎「国庫支出金に見る東西格差要因の特性」日本地方財政学会第13回大会，平成17年5月にて指摘されている）．さらに，態容補正の重要な指標である昼間人口状況についても，明確な東西格差が示されない点が，国勢調査の結果から明らかであり，密度補正以外に，基準財政需要の西高東低格差を説明する要因は見つけ難い状況である．このことがまた，直接的な財・サービスの必要性とは直結しない格差要因の存在可能性を高めている．

　なお，扶助費への対応を考えるならば，基準財政需要の民生関係各項目について，特に経常経費部分を問題とするべきと考えられるが，ここでは，投資的経費も含む総額の状況を問題としている．もとより，基準財政需要の民生関係項目における投資的経費の割合は少ない．生活保護費はもちろんのこと，高齢者保健福祉費についても，平成8年の約7％から，平成14年の約4％へと比率は低下している．特に平成14年度においては，新たに70歳以上の老人に対する経常経費が増額された影響ゆえであるが，いずれにしろ地域間格差に大きな影響を与えているとは考え難い状況である．社会福祉費においても，投資的経費は，昭和57年度こそ27％近い比率を示すとも，その後，比率は10％代前半で推

第2章　西高東低型構造要因の性格と可能性

表 2-7　基準財政需要総額一人当り水準地域状況（地方単純合計）

全国=100：円

	昭和57	63	平成2	5	8	10	14年度
東日本	97.7	97.6	97.3	97.1	96.9	96.6	96.0
西日本	103.6	103.8	104.5	104.7	105.1	105.6	106.7
東京圏	84.7	84.4	80.7	81.0	80.9	79.8	78.4
大阪圏	91.0	88.9	87.5	87.5	89.1	89.4	91.5
東京圏以外の東日本	106.4	106.8	108.9	108.5	108.2	108.6	108.9
大阪圏以外の西日本	111.4	113.0	115.0	115.4	115.0	115.8	116.2
北海道	129.6	134.0	139.2	135.5	133.7	133.4	132.0
東　北	116.2	119.0	122.7	121.6	120.9	121.6	122.9
関　東	86.4	86.1	83.1	83.5	83.5	82.5	81.3
北　陸	116.0	116.8	120.9	119.5	119.2	120.2	122.1
東　海	94.3	92.6	93.0	94.0	94.5	95.0	95.0
近　畿	93.3	91.4	90.3	90.5	91.9	92.2	94.1
中　国	110.1	112.3	114.9	115.7	116.2	116.9	118.2
四　国	119.3	122.0	124.7	125.8	125.9	126.7	126.9
九　州	109.6	111.2	112.6	112.7	111.7	112.3	112.6
全　国	191,875	245,626	294,635	326,086	342,255	362,348	351,559

備考：前掲『地方財政統計年報』各年度版より作成．

移し，平成14年度には7.8%に低下している．現実に，昭和57年度の社会福祉費の状況を含め，投資的経費を加えた場合と経常経費のみの場合において，地域間格差の状況に大きな違いはない．

　さらに付け加えておくと，各負担金のさらなる細目によっては，補助率が異なる場合もあるが，生活保護費負担金については，そのことに配慮する必要がない点が生活保護費の状況から明らかである．児童保護費負担金，老人保護費負担金についても，中心となる部分については同様の補助率であり，細目における補助率の違いが東西格差に大きな影響を与えているとは考え難い．なお，児童保護費負担金，老人保護費負担金それぞれに対応する児童福祉費，老人福祉費の東西格差が，（問題の特徴的な東西格差は明らかに示されてはいるものの）両負担金の東西格差と比較して小さいことから，（負担金の東西格差が十分に相殺される状況ではないことは明らかであるが）特に東日本において，単独事業として，負担金を財源とする支出による事業が行われている部分が存在する

表 2-8　市町村グループ別基準財政需要総額水準（平成 5 年度）

	一人当り額 全国(円)	指　数　全国=100			
		東日本	西日本	東京圏	大阪圏
全 都 市	151,707	99.1	103.1	97.7	102.6
特 別 区	191,388				
指定都市	185,091	93.5	107.5	90.0	109.4
一般都市	138,309	98.5	102.3	87.1	94.7
50万以上	128,826	90.2	106.2	83.1	97.6
40－50	127,485	98.1	102.9	90.5	103.5
30－40	129,307	100.5	99.3	87.7	94.9
20－30	126,708	99.0	101.8	90.3	96.2
10－20	131,139	99.5	101.2	91.7	97.4
5－10	142,928	98.4	102.6	92.9	98.6
7－10	137,273	98.0	103.2	95.1	100.6
5－7	148,372	98.7	102.4	91.5	97.6
5万未満	183,980	100.2	99.8	87.2	95.0
4－5	165,680	101.0	98.6	76.3	100.8
3－4	178,256	100.4	99.5	95.4	100.4
3万未満	231,080	103.3	97.1	77.4	93.2
町　　村	236,427	98.0	102.9	73.7	91.5

備考：地方財政調査研究会編『市町村別決算状況調』地方財務協会，平成 7 年より作成．

可能性も皆無ではない．しかしながら，もしもそのようなケースがあるにしても，ではなぜ，東日本はその事業を負担金を用いて行わないのか，との疑問が残る．負担金は，法律を根拠に国から交付される財源であり，その交付基準が東西で異なるということはない．東日本が，自主財源を用いて，本来負担金を財源として行い得る事業を行っている場合，それを負担金によって行うことが制度上は可能である．そのようにした上で，さらに余裕が生まれた自主財源によって，手厚いサービスを行うことが可能であるにもかかわらず，そのようにしないのはなぜか．様々な理由が考えられるが，ここでも一つの可能性として，このような選択に，中央政府への依存の程度についての意識の違いといった県民性が影響を与えている点を皆無とはし得ない．

次に，基準財政需要の総額状況を見よう（表 2-7，表 2-8）．基準財政需要においても，問題の西高東低格差が示される状況である．基準財政需要総額

第2章 西高東低型構造要因の性格と可能性

表2-9 給料に対する共済組合負担金一人当り額比率地域状況（一般都市）

単位：％

	昭和57	63	平成2	5	8	10	14年度
東日本	18.97	22.71	24.62	25.38	25.31	25.80	26.32
西日本	20.06	24.04	24.86	27.16	27.04	27.71	27.65
東京圏	17.90	21.88	23.77	24.62	24.69	25.24	25.65
大阪圏	20.79	24.68	26.61	27.75	27.44	28.02	27.29
東京圏以外の東日本	19.56	23.18	25.13	25.82	25.73	26.21	26.87
大阪圏以外の西日本	19.58	23.60	23.65	26.87	26.77	27.46	27.89
北海道	20.29	25.54	27.11	27.39	28.32	28.32	29.17
東　北	19.24	22.93	24.94	25.91	25.79	26.18	26.71
関　東	18.10	21.97	23.87	24.69	24.70	25.27	25.73
北　陸	19.66	22.64	24.55	25.52	24.90	25.43	26.56
東　海	19.52	23.14	25.19	25.79	25.49	26.08	26.62
近　畿	20.38	24.24	26.29	27.37	27.29	27.81	27.12
中　国	19.58	23.69	25.82	27.05	26.72	27.48	28.03
四　国	19.64	23.30	25.15	25.66	25.77	26.83	27.68
九　州	19.99	24.17	26.27	27.41	27.35	28.08	28.24
全　国	19.41	23.24	25.21	26.10	25.99	26.52	26.78

備考：前掲『地方財政統計年報』各年度版より作成．

は，両集中圏およびそれ以外の地域ともに西高東低で推移している．各地域の状況について見よう（表2-7）．関東と近畿は，両集中圏の状況を反映して，西高東低であり，北海道が突出し，全地域の中でもっとも高水準である．東北と北陸がおおむね同水準で，九州，中国を上回るものの，四国よりも低い水準である．また，東海は，関東，近畿に次いで低く．中国，九州を大きく下回る．問題としている東西格差の特徴が総額状況においても示される傾向にある点がわかる．

　基準財政需要は，制度の建前としては，ナショナルミニマムの達成を意図したものであり[1]，一方で現実の国庫支出金を財源とした歳出（国庫支出金を財源としているという意味で補助事業費部分）は，ナショナルミニマムとは言えない地域固有の事業への支出まで含む多様な意図に基づいたものである．その結果として，金額については，明らかに両者は異なる．しかし基準財政需要算定に用いられる指標が，国庫支出金に示されている特徴的な西高東低格差を説明

するものかどうかについては，指数によって示された，国庫支出金と基準財政需要間の東西格差の程度を比べることでその答えを得ることができる．明らかに基準財政需要総額の東西格差は，(西高東低ではあるが)国庫支出金総額の東西格差よりも小さい．密度補正が，多くの歳出に適用されている現状から，すでに民生関係項目に対し指摘した状況が，国庫支出金全般について同様に当てはまる可能性もある．今後，さらなる検討が必要である．

■第2節　給料に対する共済組合負担金の地域状況■

本節では，問題とする東西格差の要因を考えるに際し，非常に重要な材料となる地域状況を見よう．まずは地方別職員一人当り給料とそれに対する共済組合負担金比率（一般都市）の地域状況を示そう．

表2-9に示されているように，この比率は，分析期間を通して，問題とする東西格差の特徴を示し推移している．北海道を除く東日本の各地域の中で，もっとも高い比率を示す地域が西日本でもっとも低い比率を示す地域の比率を下回るかあるいはおおむね等しい状況が続いている．さらに，一般都市を中都市（人口10万人以上）と小都市（人口10万人未満）に分けて，平成5年度における地方別職員一人当り給料とそれに対する共済組合負担金の地域別比率を見ると（表2-10），小都市，中都市双方ともに問題の東西格差の特徴を明確に示している．小都市については，北海道を除く，東日本の中でもっとも水準の高い北陸の水準が，西日本でもっとも水準の低い四国の水準を下回る状況にあり，中都市についても，四国の東北を下回る低水準を除き，ほぼ同様の傾向が示されている．なお，給料に対する共済組合負担金比率については，昭和63年度以前においても，ここで示される地域状況と同様の状況が生じている点が，すでに先行研究によって指摘されている[2]．

なにはともあれ，もっとも注目すべきは，職員一人当り給料とそれに対する共済組合負担金比率の地域間での違いは，地域住民への公的な財・サービスの

第2章　西高東低型構造要因の性格と可能性

表2-10　地方別，職員一人当り給料とそれに対する共済組合負担金比率
（平成5年度）
単位：％

区分		小都市	中都市
全国		25.74	26.29
東日本	北海道	27.76	27.17
	東北	25.41	26.40
	関東	24.90	24.61
	北陸	25.52	25.51
	東海	25.15	26.15
	計	25.35	25.39
西日本	近畿	26.14	27.81
	中国	26.34	27.46
	四国	25.80	25.53
	九州	26.62	28.16
	計	26.30	27.65

備考：前掲『市町村別決算状況調』より作成．

供給とは直接的な関係のない，公務員に関する項目において示された地域間格差であるという点である．共済組合負担金の大きなものとしては，年金の掛け金の一定率を負担するもの，医療に関する保険の掛け金の一定率を負担するものとがある．この二つとも，各職員の掛け金に対して地方公共団体が負担する比率は制度上決まっている．さらに共済組合の事務費，共済組合が行う組合員のための福祉事業なども地方政府が支出する共済組合負担金で賄われるが，これらについても，共済組合負担金がどれだけの割合を賄うかは，制度上決められている．加えて，ここで示した給料には，時間外勤務手当てなど，15もある手当てが含まれてはいない．また給料に対する共済組合負担金の比率を問題にしているので，公務員数の違いが格差に影響を与える可能性も低く，各地域の特殊事情に対応した結果ではない可能性が高い．また，示された格差が昭和40年後半から30年近くも続く傾向にあることから，公務員の年齢構造といった掛け金に影響を与え得る要因の影響が多大とは考え難い．けれども，掛け金の給料に対する比率は，特に医療について地域間で異なる．当然にそのように掛け金が異なれば，その一定率である共済組合負担金の給料に対する比率も地域ご

65

とに異なることになる.しかし,たとえその場合でも,給料に対する共済組合負担金の比率における地域間格差が,地方公務員のための所得保障や福祉,医療に対する何らかの認識の違いを示している可能性は残る.そして注目すべきは,給料に対する地方公共団体の負担金比率の違いは,あくまでも公務員の問題であり,地域住民の民生行政の必要性とは直接的に関わりがないという点である.つまり,上述のように,民生費の必要性とは直接的に関わりのない公務員に関する領域においても,民生費と同様の特徴的な西高東低格差が生じている状況は,民生費に示される東西格差が,必ずしも高齢者数や低所得者数などの民生行政の必要性を直接的に示す状況差からは説明し得ない要因,例えば,公務員も含む各地域の人々の所得保障や,あるいは医療サービスの需要に関する考え方の違い(それを政府に依存すべきか否かについてなどの認識の違い)の影響を受けて生じている可能性を示唆している.

　また,上記のように,地域住民全体が共通の考え方を有する可能性がある中,さらに,公務員という限られた範囲の人々の考え方の違いという点に注目し,以下のような推測も可能である.すなわち,給料に対する共済組合負担金の比率の地域間格差をもたらす要因と同様の要因が,共済組合の負担金をはじめ,それ以外の他の人件費を介して,民生費とその負担金の格差に影響を与えている可能性である.つまり給料に対する共済組合負担金の比率と同様の格差要因が,共済組合負担金以外の人件費に対しても影響を及ぼしている可能性もあり,その人件費の格差が,民生費と民生費に対する負担金の格差を生む一つの要因となっている可能性である.例えば,同じ人件費でも,その場所が寒冷地であり,寒冷地手当てという形で人件費が支出された場合には,寒冷地であるという条件が,格差を生む客観的な要因となる.しかし,給料に対する共済組合負担金の比率に示された東西格差は,そのような客観的に把握可能な状況からは説明し難い状況下,地方職員の所得保障に関する考え方の違いの反映である可能性を持つ.給料に対する共済組合負担金の比率に示された東西格差が,特定の要因に対応するものではない上記のような考え方の違いによるもの

第2章　西高東低型構造要因の性格と可能性

表2-11　一般都市給料職員一人当り額

全国＝100：円

	昭和57	63	平成2	5	8	10	14年度
東日本	96.1	98.9	98.0	98.2	98.5	99.0	98.1
西日本	104.7	101.7	103.1	102.8	102.5	101.8	103.7
東京圏	96.7	97.6	98.8	99.2	100.7	101.6	98.4
大阪圏	104.7	104.5	105.8	105.6	105.6	105.0	107.9
東京圏以外の東日本	95.8	99.6	97.5	97.6	97.0	97.1	97.9
大阪圏以外の西日本	107.3	100.0	101.3	100.8	100.5	99.3	101.1
北海道	99.7	101.2	102.4	101.6	101.1	100.7	103.8
東北	95.8	112.5	97.6	97.4	96.4	96.0	97.9
関東	96.4	97.2	98.3	98.8	100.2	101.1	99.0
北陸	92.7	95.6	98.2	98.9	97.9	99.0	99.1
東海	96.1	95.9	96.4	96.3	95.2	95.1	94.0
近畿	104.0	103.5	105.1	105.0	104.9	104.3	106.9
中国	105.0	102.5	103.6	102.0	101.5	99.9	100.6
四国	132.0	96.0	98.0	98.5	99.0	99.1	102.2
九州	103.6	100.5	101.5	101.1	100.5	99.3	101.3
全国	2,386,421	3,057,876	3,255,681	3,603,214	3,852,300	4,001,495	4,018,863

備考：前掲『市町村別決算状況調』各年度版より作成．

ならば，それは，共済組合負担金のみによって果たされるものではなく，それ以外の人件費においても果たし得る可能性があるゆえ，他の人件費においても同様の格差が生じている可能性が生じる[3]．事実として，人件費の中の主要項目である給料水準（地方職員一人当り）にも，東日本，西日本それぞれ全般的な状況としての西高東低格差は示されている（表2-11）．人件費は，どの財・サービスの供給についても要される支出であり，給与に対する共済組合負担金比率の東西格差と同様の格差が他の人件費においても生じていて，それが民生費水準の格差をもたらすとともに，その負担金の所得効果を期待する状況を生んでいる（したがって負担金の格差を生んでいる）可能性も皆無ではない．

しかしながら，ではこのような所得保障に関する違いをもたらす要因をさらに具体的に追究しようとするならば，そこには，さらに多様な視角が必要となる．各地域の慣例や地方職員の生活状況にも影響を受けるであろうし，端的にいくつかの要因に括ることは困難である．また，ここで慣例との表現を用いた

表2-12 一般都市委託料一人当り水準地域状況

全国=100：円

	昭和57	63	平成2	5	8	10	14年度
東日本	98.9	103.9	105.5	106.2	104.9	104.4	104.3
西日本	101.8	93.6	91.2	90.0	91.6	92.0	91.3
東京圏	116.4	125.2	128.7	128.3	118.9	115.5	111.0
大阪圏	127.6	114.8	111.6	106.0	109.0	103.2	96.6
東京圏以外の東日本	88.8	91.0	90.6	92.4	94.9	96.1	98.3
大阪圏以外の西日本	84.9	79.5	77.6	79.3	80.0	83.0	87.9
北海道	108.4	102.1	101.8	97.1	93.3	94.6	105.9
東北	86.8	91.3	87.3	92.1	95.5	100.3	94.6
関東	111.8	120.1	122.9	122.3	115.1	111.9	108.4
北陸	83.8	81.9	83.3	88.9	94.3	95.2	100.5
東海	85.0	88.2	89.0	90.4	94.0	94.8	98.8
近畿	123.5	110.9	107.2	103.2	105.5	102.1	95.8
中国	92.9	86.4	83.9	85.0	87.5	89.8	100.7
四国	74.9	73.6	72.0	72.9	73.0	77.8	83.0
九州	82.5	77.2	75.8	77.8	77.9	79.0	82.3
全国	5,257	8,549	10,704	14,963	18,598	21,149	22,434

備考：前掲『市町村別決算状況調』各年度版より作成．

が，この慣例をもたらした具体的な要因の指摘は，より困難である．

なお，念のため付け加えておくと，たとえ上記のような所得保障等についての考え方の違いの存在が明らかであるとしても，その要因についてさらに詳細な考察が示されない限り，格差の妥当性を端的に判断することは許されない．パレート最適達成の視角，再分配による効用の最大化の視角等から十分な考察が必要である．例えば，給料に対する共済組合負担金の比率について，明確な判断を下すには，詳細に，組合員の生活状況などに配慮した考察が必要となろう．

■第3節　委託料■

続いて委託料を見よう．まずは特に特徴的な東西格差を示す一般都市について，委託料の地域状況を見よう（表2-12）．格差の変動は激しく，ここでは地

第2章 西高東低型構造要因の性格と可能性

表2-13 地方別,委託料地域人口一人当り額(平成5年度)

全国=100:円

区分		小都市		中都市	
		一人当り額	指数	一人当り額	指数
全国		14,258		15,314	
東日本	北海道	17,733	124.4	13,012	85.0
	東北	13,727	96.3	13,813	90.2
	関東	16,639	116.7	18,917	123.5
	北陸	13,020	91.3	13,520	88.3
	東海	13,804	96.8	13,390	87.4
	計	15,052	105.6	16,306	106.5
西日本	近畿	14,641	102.7	15,720	102.7
	中国	13,043	91.5	12,550	81.9
	四国	11,116	78.0	10,780	70.4
	九州	12,190	85.5	11,147	72.8
	計	13,054	91.6	13,681	89.3

備考:前掲『市町村別決算状況調』より作成.

域間格差の変動過程にも注目する必要がある.

　昭和57年度の西高東低格差の主因は,両集中圏の状況である.そして両集中圏以外の東日本と西日本間の格差は東高西低であり,四国,九州は,東北,北陸,東海を下回る水準で,東日本,西日本それぞれの総括状況としての格差は示されている.その後昭和63年度にかけて,両集中圏が東高西低に転じるとともに,両集中圏以外の地域も東高西低を明確にしている.この傾向は5年度まで続き,5年度以降は再び格差が縮小する傾向が示される.また,近畿は関東に次ぐ高水準を示し,平成2年度,5年度には,近畿以外の西日本の各地域が,東日本でもっとも低水準を示す地域の水準とおおよそ同じ水準かあるいは下回る水準となり,それ以降,まさに問題とする東西格差の特徴を反映した東高西低格差が続く.

　さらに中都市,小都市の地域状況を平成5年度について見ると(表2-13),そこには,問題としている東西格差の性格を表す地域状況が示されている.小都市については,近畿を除く西日本の各地域の中で,もっとも高い水準である中国と,東日本においてもっとも低い水準にある北陸がほぼ同じ水準である.

表2-14 町村委託料一人当り水準地域状況

全国=100：円

	昭和57	63	平成2	5	8	10	14年度
東日本	101.4	105.1	105.5	104.0	102.9	102.0	102.7
西日本	98.1	92.7	92.0	94.3	95.9	97.1	97.0
東京圏	108.3	113.7	113.1	106.5	94.2	88.1	92.2
大阪圏	109.2	98.7	96.7	97.5	98.3	100.4	98.7
東京圏以外の東日本	100.3	103.7	104.2	103.6	104.2	104.2	103.5
大阪圏以外の西日本	96.0	91.6	91.1	93.6	95.4	96.5	96.7
北海道	132.0	145.6	142.6	143.3	152.4	158.4	158.8
東 北	99.0	102.8	102.1	101.7	105.3	104.8	100.0
関 東	98.0	101.7	101.8	98.8	91.6	86.8	88.0
北 陸	93.4	101.0	100.1	102.8	103.2	100.8	99.5
東 海	99.4	98.7	102.6	99.3	98.5	100.6	103.3
近 畿	99.9	92.6	91.9	93.4	95.9	98.7	97.1
中 国	103.8	100.5	100.9	107.4	108.4	108.0	109.4
四 国	86.1	83.3	82.4	86.7	89.6	93.6	94.6
九 州	98.4	92.7	91.4	91.6	92.6	92.6	92.7
全 国	4,938	8,208	10,711	16,340	21,059	24,861	25,651

備考：前掲『地方財政統計年報』各年度版より作成．

中都市に関してはさらに明確に問題とする東西格差の特徴を示す．近畿以外でもっとも高い水準である中国の水準を，東日本でもっとも低い水準の北海道が上回っている．明らかに行政の実施を民間経済に委託する傾向は，東日本において強い．

格差動向の変化に注目する必要がある点は，町村の委託料においても同様である（表2-14）．分析期間を通して明確な東高西低が保たれる傾向にあるが，これは北海道の突出した水準による影響が大きい．昭和57年度においては，四国が東日本の各地域の水準を下回っているが，西日本において四国に続き水準の低い九州は，北海道に続く東日本の各地域とおおむね同等の水準である．しかし，この状況が．平成2年度にかけて，明確な西高東低型の性格である東西格差を示すようになる．平成2年度においては，西日本でもっとも高い水準を示す中国が，東日本でもっとも低い水準である北陸を若干上回る水準となり，東日本，西日本それぞれの全般的な状況としての東高西低格差を示す傾向とな

第2章　西高東低型構造要因の性格と可能性

表2-15　委託料一人当り水準地域状況（地方単純合計）

全国=100：円

	昭和57	63	平成2	5	8	10	14年度
東日本	98.2	103.7	104.9	105.5	103.1	103.0	102.2
西日本	102.8	94.0	91.9	91.0	94.8	95.0	96.6
東京圏	105.0	118.2	121.4	120.0	112.5	108.2	101.3
大阪圏	109.8	99.7	97.3	94.3	100.4	96.4	91.8
東京圏以外の東日本	93.8	93.7	93.4	95.2	96.5	99.3	102.9
大阪圏以外の西日本	98.6	90.5	88.6	88.9	91.4	94.1	99.0
北海道	111.0	107.3	105.7	99.0	98.2	103.2	108.1
東　北	90.8	92.0	90.9	97.7	100.8	105.2	106.2
関　東	104.3	114.5	117.0	116.7	110.2	106.7	100.9
北　陸	93.3	94.9	92.6	96.9	102.7	104.2	110.4
東　海	86.8	88.2	89.2	89.6	90.2	92.9	98.6
近　畿	108.2	98.7	96.5	94.1	99.6	96.7	92.3
中　国	98.4	90.7	90.8	90.4	94.1	95.6	101.0
四　国	86.2	86.8	85.5	86.2	88.6	93.5	101.7
九　州	102.7	91.3	88.1	88.4	90.3	92.7	97.7
全　国	7,483	12,102	15,514	21,582	26,794	29,928	31,004

備考：前掲『地方財政統計年報』各年度版より作成．

る．その後，西日本全般が水準を上げ，東日本では関東が大きく水準を下げる状況となる．

　さらに地方総体の状況を見よう（表2-15）．平成2年度にかけて，東高西低格差が西高東低型の性格となる傾向は，大都市（政令指定都市）を含めた，地方総体の状況についても示されている．昭和57年度では四国が東日本の各地域の水準を下回るが，近畿は関東を上回り，中国，九州は東北，北陸，東海を上回り，全体としても西高東低を示す．しかしその後，平成2年度にかけて，関東は大きく水準を上げ，西日本の各地域は水準を下げ，東高西低へと変化している．その後，8年度以降では，関東の水準低下，北海道，東北，北陸，東海の上昇，中国，四国，九州が上昇する状況下，格差は縮小する傾向にあるが，東日本全般が高く，西日本全般が低いという格差の特徴は示されている．もとより，町村の行政を県が実施するケースもあり，地方総体としての把握はそのような条件に配慮する上でも有用である．地方総体で見た際にも，一般都市に

準じる西高東低型の性格の東高西低格差が確認された.

　委託料のような財・サービスの需要とは直結しない支出項目の東西格差が，東高西低ではあるが，問題としている東西格差の特徴を示している点には注目する必要がある．特に，景気上昇過程において，東西格差が示された状況は興味深い．客観的状況として，景気が上昇する過程で，西日本に比べ東日本において委託を増加させなければならない状況が存在したのであろうか，また存在したとするならば，それはいかなる東西間での違いによるものであろうか．その指摘は直感的には極めて困難なものである．

　なお，委託が可能な領域は，福祉関係をはじめ多数の行政領域に存在している．委託料の東高西低格差は，人件費の西高東低格差を裏付けるものでもある（前章，表1-36，本章，表2-11参照）．西日本の委託料水準が相対的に低いことが，西日本の人件費（の地域住民一人当り）水準を高め，人件費が国庫支出金の格差に影響を与えた可能性をより大きいものにしている．

■第4節　格差要因特定の困難性■

　最初に留意すべきは，この東西格差要因を，特定行政の必要性の相違として端的に処理し得ない可能性である．確かに，民生費関係の財政項目の中では生活保護費負担金（＝生活保護費）の東西格差が際立っているが，その格差は，民生費関係項目全般に見られるものである．もっとも明確な格差を示す福祉関係の国庫負担金に注目するとしても，問題とする格差は，福祉関係の国庫負担金全般に示されるものであるから，東西格差の要因を，福祉行政の中の特定領域に限定できるものではない．さらに，地域的に広範囲に及ぶ状況として東西格差が示されている点も，特定行政によって要因を説明することが困難な点を一層裏付ける．また，前章で見た各国庫支出金の地域水準は，各地域（東北，関東……）内の都道府県全般の状況を示す水準であり，決して特定の府県の水準によってもたらされるものではない．この点は，前章における平成5年度人

第2章　西高東低型構造要因の性格と可能性

口規模グループ別の都市の東西格差からも，十分に察せられることであろう．さらに，同様の都市の状況が，昭和53年度から昭和60年度にかけても指摘されており[4]，本論文の分析から，平成景気を経ても，大きな変化が生じなかった点が明らかである．このように，おおよそ30年を経ても，変わらずに推移する西日本全般の高水準（東日本全般の低水準）という性格が，特定行政の必要性による要因説明を，より一層困難にしているのである．なお，本節で言う，（直接的な特定の）行政の必要性とは，具体的には，地方交付税算定の重要な要素である基準財政需要算定に用いられる測定単位といった客観的な指標を意味する．すでに本章第1節で民生関係の項目について確認した状況から示唆されることとして，民生費およびその負担金における東西格差は，これら客観的に把握可能な指標から説明し難い性格であると考えられる．

　加えて，問題とする東西格差は，給料に対する共済組合負担金比率や委託料といった，地域住民への公的な財・サービスの供給とは直結しない，それとは一線を画した地域差においても示されている．もしも様々な財政支出に，問題とする特徴的な東西格差が示されていない状況であり，たとえ示される場合でも，それが，若干の項目や特定年度に限られるならば，給料に対する共済組合負担金比率や委託料における東西格差も，偶然に生じたとの判断が成り立つが，事実はそうではない．各項目の状況が，各項目とも同様に，相当に継続的に示されている状況である．このことから，財・サービスの必要性とは直結しない，例えば既述のように人々の所得保障に関する考え方の違いなどが，格差をもたらしている可能性も十分に考えられる．本章第2節で説明したように，所得保障に関する考え方（それを政府にどの程度依存すべきかなど）が，公務員も含むその地域全体の人々の考え方として根差しており，その考え方（つまりは主観）が東西間で異なると理解するならば，扶助費およびそれとは一線を画した，異なる分野への支出状況までもが問題の西高東低格差を示す状況に，説得的な説明を加えることができる．確かに，生活保護費負担金以外の負担金は，生活保護費負担金に比べると，扶助のための負担金という性格ではない

が，特にそのことにこだわる必要はない．児童保護費負担金も老人保護費負担金も，それぞれ児童福祉施設，老人福祉施設にて給付される扶助を対象としている．

また，負担金の交付によって所得効果が生じるので，負担金によって直接に支えられる支出の内容にかかわらず，扶助費の格差が負担金の所得効果への期待を大きくすることにより，負担金の格差をもたらしている可能性も考えられる．この所得効果への期待が，地方団体の超過負担問題や，いわゆるデラックス部分への対応の問題とどのように結びつくかを，ここで明らかにすることはできないが，扶助を主な目的とする民生費の水準を国庫支出金が支えていることは明らかであり，民生費中の扶助費の西高東低格差を各負担金の西高東低格差が支えていることも明らかである．

また，東西で地域人口に占める扶助対象者の比率が，問題としている西高東低格差に応じて生じているとは考え難い点にも注目する必要がある．（その根拠としての老年人口，若年人口の東西格差はすでに基準財政需要の考察において示されている）．つまり扶助費の格差自体が，特定行政の必要性の違いから，東西格差要因を説明できない性格であり，所得保障についての地域間での考え方の違いといった格差要因の存在を示唆している．確かに県民所得は東高西低ではあるが（表2-16），生活保護の対象者数および扶助の必要性の地域間格差が，県民所得の地域間格差におおむね応じて生じるとの常識的認識の下では，生活保護費負担金と生活保護費の極端な格差（表1-11～14）および扶助費の極端な格差（表1-32）を，県民所得の格差で十分に説明できる可能性は低い．若年人口と老年人口の比率に，ほとんど東西格差が示されない状況下，児童保護費負担金，および老人保護費負担金，老人福祉費の双方ともに県民所得の格差を上回る大きさの東西格差を示している点にも留意しなければならない．特に人口流出傾向のある東北，北陸と，四国，九州間の格差は，いずれの項目についても西高東低の傾向で，県民所得の東高西低を大きく上回る明確な格差である（表1-11～22，および表2-16参照）．特に東北については，県民所得

第2章　西高東低型構造要因の性格と可能性

表2-16　県民所得一人当り水準地域状況

全国=100：100万円

	昭和57	63	平成2	5	8	10	13年度
東日本	103.9	105.5	104.8	104.6	104.8	105.4	105.6
西日本	93.8	91.1	92.1	92.4	92.1	91.0	90.6
東京圏	119.8	121.8	120.7	118.6	115.0	116.4	116.5
大阪圏	107.9	105.3	107.1	106.1	103.8	100.4	98.0
東京圏以外の東日本	93.3	94.1	93.7	94.8	97.5	97.6	105.6
大阪圏以外の西日本	85.2	82.4	82.8	83.9	84.9	85.1	90.6
北海道	89.6	84.2	82.1	89.6	91.5	92.3	93.2
東北	81.0	79.4	78.7	80.2	83.8	84.3	84.6
関東	115.2	117.6	116.5	115.1	112.2	113.6	113.6
北陸	92.2	92.0	93.1	95.3	96.7	96.9	95.5
東海	101.8	105.1	105.0	103.0	106.6	105.9	106.1
近畿	106.3	103.7	105.3	104.5	103.1	99.5	97.6
中国	90.1	90.9	92.2	92.8	91.2	91.5	93.2
四国	83.2	78.9	78.4	81.0	83.4	84.1	84.4
九州	81.9	77.4	77.7	78.5	79.9	80.8	81.3
全国	1.90	2.60	2.93	3.08	3.21	3.11	2.99

備考1：内閣府経済社会総合研究所編『県民経済計算年報』財務省印刷局，但し平成2年度以降は平成16年度版，昭和63年度以前は平成14年度版による．
備考2：平成13年度が，平成16年度版における最新の数値である．

の水準が四国，九州とほぼ同水準であるのに，扶助費をはじめとする各支出，負担金は大幅に低水準である．もちろんのこと，県民所得の格差の影響を完全に否定し得るものではないが，この状況では，県民所得の東西格差が老年者，あるいは老年者を扶養する世帯，若年者を扶養する世帯のどれかに片寄って生じている状況でなければ，老人保護費負担金，児童保護費負担金およびそれぞれに対応する地方支出の東西格差を，県民所得の格差のみからでは十分に説明できない可能性が高い点を，一人当り額の水準格差から認識できる．つまり，西日本の低所得者の多くが，例えば老年者に集中するといった状況にでもならない限り，老人保護費負担金の東西格差を，県民所得の格差から説明することは困難と考え得る．[5]特に，東北，四国，九州については，その点が顕著である．もとより，所得格差に注目するまでもなく，常識的な見解として，東日本でもっとも高い水準の地域が西日本でもっとも低い水準の地域をさらに下回る

ような児童,老人に関する状況差が存在しているとは考え難い(特に所得状況だけでその格差を説明できるとは考え難い).さらに,前章の表1-12,1-16,1-20に見られるように,都市のどの人口規模グループにおいても,生活保護,児童保護,老人保護の全てが西高東低となるといった状況は,常識的見地からは理解し得ない格差要因の存在を顕著に示している.各都市人口ごとの住民の所得を一括して示す資料はなく,ここでは都市の人口規模グループ別に所得格差を示すことはないが,都市の各人口規模別グループそれぞれの人々の所得水準が,大半のグループにおいて足並みを揃えて明確な西高東低格差を示し,負担金の格差を裏付ける可能性は低いと考えられる.しかも,生活保護費負担金については,どのグループにおいてもおおよそ2倍の格差で,児童保護費負担金については,おおむねどのグループにおいても,1.5倍から2倍におよぶ明確な格差となっている.このような格差の要因を所得状況の違いのみによって説明することは極めて困難である.また,県民所得について,次の点にも留意すべきである.県民所得と各負担金の地域間格差の過去における変化動向が異なっている点が,先駆の研究成果から明らかである.特に顕著である生活保護費負担金について指摘すると,西高東低格差が生成した期間である昭和35年から44年にかけて,生活保護費負担金の西高東低格差が明確になる一方で,県民所得の格差は縮小しており,生活保護費負担金格差の動向を説明する状況にはないのである[6](第6章第1節3.も参照されたし).

さらには,すでに前章で指摘したこととして,このような東西格差の傾向は,民生費関係の項目のみに見られるものではない.他の複数の項目にも示されている.民生関係以外の他の支出や支出金の必要性は,もともとの性格として,県民所得の格差で格差要因を説明することが困難なものが多い.しかも,これら各項目の格差が,景気変動の下でも固定的に推移している.この固定性(好景気下での格差の継続)が,所得の有無,多少といった状況以外の東西格差要因の存在を示唆している.

なお,同和政策(地域改善対策)も格差要因となり得るが,これが問題の特

第2章　西高東低型構造要因の性格と可能性

表2-17　高齢者夫婦のみの世帯比率
（夫65歳以上，妻60歳以上の夫婦のみ世帯）単位：％

	平成2年	平成7年	平成12年
東日本	4.20	5.62	7.16
西日本	5.76	7.32	8.82
東京圏	3.79	5.01	6.47
大阪圏	4.78	6.17	7.79
東京圏以外の東日本	4.55	6.12	7.73
大阪圏以外の西日本	6.40	8.07	9.49
北海道	6.12	7.97	9.78
東　北	4.29	5.91	7.46
関　東	3.82	5.06	6.52
北　陸	4.58	6.19	7.73
東　海	4.29	5.82	7.48
近　畿	4.84	6.25	7.86
中　国	6.67	8.37	9.86
四　国	6.88	8.83	10.46
九　州	6.27	7.86	9.18
全国平均	4.79	6.26	7.78

備考：『国勢調査』による．
出所：NWN 行政情報サービス「都道府県データ BOX」
　　　（http://www.e-guild.gr.jp/NWN/prefdata.htm）2005年10月8日，より作成（以下，表2-20まで同様）．

徴的な西高東低格差の主因とはなり得ない．確かにこの対応は，福祉問題全般を中心に，西日本において盛んである．それゆえ，要因としての適性を否定し得るものではないが，留意すべきは，国庫支出金の東西格差の要因が，決してそれだけで説明のつくものではない，という点である．

　例えば，一般的な認識として，四国は九州よりもはるかにこの政策の盛んな地域であるが，それにもかかわらず民生費関係の国庫支出金水準のほとんどは，九州が四国を上回る傾向である．また，もっとも大きく，明確な西高東低型の水準格差を示す生活保護行政は，この政策と直結して行われているわけではない．全国同じ条件で，基準を下回るものについては，同様の対応がなされる制度である．生活保護において，2倍にもおよぶ水準で西高東低型の東西格差を示す状況を地域改善対策だけで説明し得る可能性はない[7]．さらには，すでに見たように，問題の扶助費と直接的な関係はない，給料に対する共済組合負

表2-18 高齢者（65歳以上）単身世帯比率

単位：％

	平成2年	平成7年	平成12年
東日本	3.18	4.17	5.59
西日本	5.22	6.34	7.87
東京圏	3.00	4.02	5.59
大阪圏	4.47	5.55	7.26
東京圏以外の東日本	3.33	4.30	5.58
大阪圏以外の西日本	5.71	6.86	8.27
北海道	4.24	5.55	7.30
東　北	3.28	4.32	5.64
関　東	2.98	3.97	5.47
北　陸	3.36	4.31	5.48
東　海	3.16	4.05	5.25
近　畿	4.51	5.56	7.21
中　国	5.42	6.57	8.01
四　国	6.16	7.49	8.94
九　州	5.85	7.00	8.44
全国平均	3.96	4.99	6.44

備考：『国勢調査』による．

担金の比率の格差が，問題の東西格差を明確に示す点も，格差要因をこの問題だけに限定し得ない可能性を高めている．当然に，共済組合負担金を得ている地方団体の職員が，地域改善対策に携わる職員に限定されるわけではなく，両者の直接的な関係は指摘し難い．

　最後に，最近の世帯状況についても若干の示唆を示しておきたい．表2-17，表2-18には，それぞれ高齢者夫婦世帯（高齢者夫婦のみの世帯），高齢者単身世帯の状況が示されている．地域状況を見ると，高齢者夫婦世帯および高齢者単身世帯ともに，西日本において多いことが明らかである．東西の格差はまさに西が総じて高く東が総じて低い状況で，しかも明確であり，注目している特徴的な東西格差と一致する傾向である．高齢者世帯の状況差については，それが民生費における老人関係支出の東西格差要因の一つである可能性を確認できる．さらに表2-19と表2-20には，核家族世帯と共働き世帯の状況が示されている．核家族世帯は，高齢者のみの夫婦世帯を除く，夫婦のみの世

第 2 章　西高東低型構造要因の性格と可能性

表 2-19　核家族世帯比率
（2 人以上の一般世帯で，親と子供からなる世帯）単位：％

	平成 2 年	平成 7 年	平成12年
東日本	53.61	51.71	49.94
西日本	55.21	52.85	50.89
東京圏	55.89	54.26	51.88
大阪圏	58.24	56.01	53.64
東京圏以外の東日本	51.73	49.60	48.31
大阪圏以外の西日本	53.22	50.78	49.07
北海道	56.85	52.97	50.01
東　北	47.14	44.89	43.69
関　東	55.59	53.98	51.80
北　陸	45.71	44.09	43.69
東　海	53.28	51.44	50.32
近　畿	57.78	55.61	53.36
中　国	51.63	49.24	47.87
四　国	51.72	49.36	47.83
九　州	54.43	51.79	49.75
全国平均	54.22	52.14	50.30

備考：『国勢調査』による．

帯，夫婦と子供からなる世帯，親一人と子供からなる世帯であり，共働き世帯は，夫婦のいる世帯のうち，夫，妻ともに就業者である世帯である．これらの世帯状況の違いは，児童保護費負担金の東西格差要因の一つである可能性を持つ．しかし，核家族世帯の東西格差は西高東低であるが，共働き世帯については東高西低である．しかも核家族世帯の格差は僅かであり，児童数の比率に格差が僅かしかない状況下，核家族世帯の格差が児童保護費負担金の大きな東西格差をもたらす主要因であるとは考えづらい状況である．老人福祉費，老人保護費負担金および老人に関する扶助に関しては，世帯状況が一つの要因となる可能性を示すことができたが，世帯状況は，生活保護をはじめ，さらには，民生費とは直接関係のない各項目における西高東低格差を明確に裏付ける状況にはない（少なくとも，県民性の相違という格差要因を否定するには至らない）．

また，特に高齢者世帯に関して，平成 2 年度においては，全世帯に占める比率が，8.75％であり，平成12年度の約 6 割に止まることからも，高齢者世帯の

表 2-20　共働き世帯比率
（夫婦のいる一般世帯のうち，夫，妻ともに就業者の世帯）　単位：%

	平成 2 年	平成 7 年	平成12年
東日本	33.34	31.22	28.59
西日本	31.19	29.44	26.81
東京圏	26.80	25.52	23.36
大阪圏	26.97	25.36	23.13
東京圏以外の東日本	38.74	35.92	32.98
大阪圏以外の西日本	33.97	32.12	29.25
北海道	27.55	26.38	24.05
東　北	40.99	37.48	34.30
関　東	28.66	27.16	24.90
北　陸	47.22	43.49	39.14
東　海	38.98	36.25	33.51
近　畿	27.85	26.23	23.96
中　国	36.84	34.53	31.17
四　国	35.79	33.61	30.25
九　州	31.68	30.18	27.68
全国平均	32.52	30.55	27.92

備考：『国勢調査』による．

状況が格差の主因ではない可能性が示唆されている．すでに序章にて示したように，福祉関係項目に，特に顕著に示されている問題の西高東低格差は，昭和50年代には，すでに明確に定着している状況である．当時は高齢者数および高齢者世帯数についても，全体に対する比率はさらに小さく，高齢者数，高齢者世帯数の状況が，明確な格差をもたらす主因とはなり得ない可能性がある．

■第 5 節　県民性の相違■

上述のような，特定行政の必要性からは示し難く，そこに住む人々（あるいは地方政府）の主観が大きく影響している可能性が高い財政格差要因を，要約的に表現する言葉が，もしもあるとするならば，県民性の違いによる人々の考え方や行動パターンの違いという表現になるのではなかろうか．本章第 2 節において，給料と共済組合負担金との関係についての格差要因として指摘した慣

第 2 章　西高東低型構造要因の性格と可能性

例の違いという状況差や，逐次指摘してきた，所得保障や政府への依存についての，人々の考え方の違いについても，さらにそれがもたらされる具体的な要因を追究しようと試みる時，その困難性に加え，それを県民性の違いに基づく人々の行動パターンの違いと要約し得る可能性に気付く．本章の状況解明の結果からは，問題の西高東低格差の要因は，東西間での県民性の違いを主因とすると示す以外に，適切な表現が見つけ難い状況である．

　しかしながら，もしも県民性の違いという格差要因についての仮説が妥当であったとしても，では，なにゆえ，考え方や行動パターンが異なるのか，つまり慣例，県民性の違いとはどういった具体的状況によってもたらされるのかと問われるならば答えに窮する（これは序章で示したように，格差要因としての主観と客観の区分の難しさを示すものである）．いずれにせよ，その要因は様々な環境の違いが凝縮された結果であり，単一の状況差としては示しづらい性格であると考えられる．しかし，東京と大阪の人では，県民性が異なるとの指摘は一般的であり，日常的に十分に認識されている状況である．県民性と一言に言う時，その存在が明らかでありながらも，その実態とそれをもたらすさらなる具体的要因を追究することが容易ではないことを知る．

　このような状況下，ここで言う県民性をもたらす要因について，一つの仮説を提示しておきたい．県民性を，ある一時点での状況や環境によって形成されたものとはとらえず，過去の様々な状況と，人々がそれを経験することの積み重ねによって形成されるものと考えるのである．例えば，特に東日本の中でも，生活保護費がもっとも低い水準にある北陸は，一向宗徒の時代に象徴されるように，昔から独立的な機運の強い地域である．同様に東北地方も中央からの支配に対し，自治を守ろうとしてきた歴史が長期にわたる．関東地方や東海地方においても，同様の傾向が見られる．関東地方が政治の中心として定着したのは江戸時代からであり，それ以前は鎌倉時代の東国武士に象徴されるように，東海地方とともに中央政府から独立的な運営が営まれる機運の強い地域であった．一方で，西日本の各地方は，東日本に比べると明らかにそれぞれの時

表2-21　固　有　値

主成分No.	固　有　値	寄与率(%)	累　積(%)
1	4.08	67.92	67.92
2	1.02	16.92	84.84

表2-22　固有ベクトル

	主成分1	主成分2
普 通 建 設	0.4486	0.2363
生 活 保 護	0.1876	−0.8884
児 童 保 護	0.4088	−0.2828
老 人 保 護	0.4510	0.0153
義 務 教 育	0.4494	0.1648
そ　の　他	0.4372	0.2180

代の中央政府と行動を同じにする傾向が強い．このような歴史的な背景から生じる人々の意識の違いを県民性と考え，それが財政水準の決定に影響を与え，地域間での相対的な水準の違いをもたらしているととらえるのである．現時点では，これはまさに仮説以外の何者でもないが，問題としている特徴的な東西格差と整合的である．

上記の歴史の違いと人々の財政に対する「意識（つまり県民性）」の違いとの関係を詳細に追究していくことは容易でないが，少なくとも東西格差要因は，県民所得水準の違い等といった客観的な指標からは説明し難い性格で，かつ容易には変わり難く，それが所得保障といった点（つまりはナショナルミニマムあるいはナショナルスタンダード）に関する人々の意識の違いによるものである可能性が，前章と本章の考察から示された．公務員における意識の違いが存在し，継続している可能性がそのことを特に裏付けている．

なお，このような要因は，注目している民生費の東西格差のみにしか適応できないと断定するものではない．民生費およびその負担金以外の国庫支出金およびそれを財源とする支出についても，同様の東西格差が示されている．

そのことに配慮して，47都道府県に対し，平成5年度における普通建設事業費支出金，生活保護費負担金，児童保護費負担金，老人保護費負担金，「その

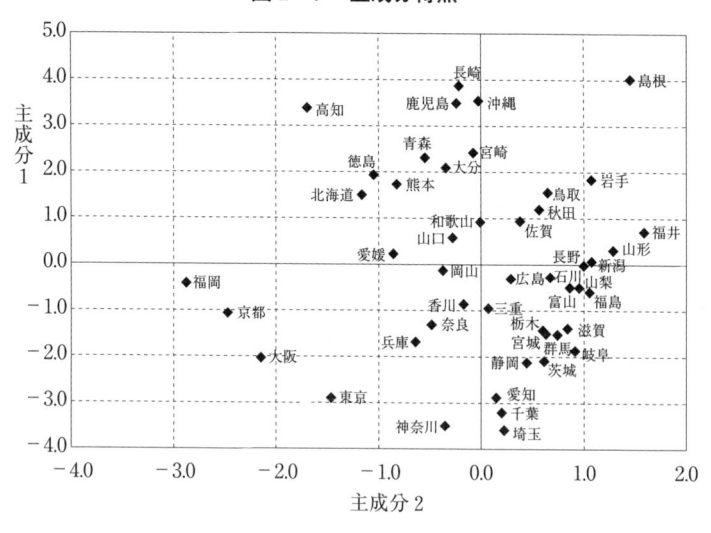

第2章　西高東低型構造要因の性格と可能性

図2-1　主成分得点

他」国庫支出金の5項目の一人当り額を変量として，主成分分析をほどこした結果について示しておきたい．固有値は $\lambda_1 = 4.08$，$\lambda_2 = 1.02$ で，第2主成分までの累積寄与率が84.84%であるので，5項目の一人当りの変量の変動を2次元に縮約して考察する．なお，データは全て標準化し，相関行列を用いている．固有ベクトルの構成数値は，表2-22に示されている．さらに，各都道府県別の主成分得点が図2-1に示されている．これらの結果から，明確な東西格差要因の特定には至らないが，第1主成分の固有ベクトルが，全て正の値であることから，これは，特定行政の問題ではない，財政全体における財源の富裕状況（歳出に対する自主財源の比率）の影響を表す指標である可能性がある．都道府県別の主成分得点においても，その傾向は明らかに示されている．しかし，第1主成分において，同様に財政的に豊かな都府県の中でも，東日本と西日本の各県では状況が異なる．福岡，京都，大阪，兵庫，奈良に比べ東京，神奈川，愛知，千葉，埼玉といった人口集中地域は低水準である．さらに，第2主成分においては，相当に東日本，西日本間での違いが示されている．大幅にマイナスとなるのは，東日本では東京と北海道のみであり，神奈

川,青森を除く他の東日本の各県は,主成分得点はプラスである.西日本の各県は,島根,滋賀,鳥取といった各県を除き,おおむねマイナスの値を示す(なお,第5主成分まで概観した結果,第2主成分がもっとも東西間での相違を示している).西高東低格差の要因は,主にこの第2主成分によって示されていると考えられる.

第2主成分得点の状況を,特定の行政の必要性によって説明し得ない点は,すでに国庫支出金の東西格差に対して指摘したことと同様の理由から明らかである.

なお,給料に対する共済組合負担金の状況と,第2主成分との関係については,生活保護費の固有ベクトルが突出している状況と生活保護を含む各国庫支出金の交付対象行政における人件費の比率から考えて,両者間の直接的関係は指摘できないが,既述の県民性は,問題としている国庫支出金の東西格差および第2主成分の状況ともある程度の整合性を有している.確かに,県民性に関する指摘は,現時点では全て仮説であるが,この仮説を大胆とする一方で,現状において把握できる他の状況差によっては,財政水準の東西格差を完全に説明することができないという現実が存在している.

注
1) 建前という言葉を用いた理由は,基準財政需要総額の動向が,基準財政需要がナショナルミニマムを保障するものとの意図に明らかに反する動向を示しているからである.基準財政需要の変動は,明らかに景気の動向に応じている(西村紀三郎「地方交付税分析—西高東低型地方財政構造解明の一環として—」駒澤大学『経済学部研究紀要』第53号,平成7年3月,pp.4-14).もとより,現行の基準財政需要が,ナショナルミニマムとして妥当か否かについては様々な意見があり,それをナショナルミニマムではなくナショナルスタンダードと解する意見もある.この点に関しては第6章第1節2.bにて言及する.
2) 西村紀三郎「人件費に見る都市財政」駒澤大学経済学会『経済学論集』第22巻第4号,平成3年3月,pp.61-101および西村紀三郎『地方財政構造分析—西高東低型構造の解明—』白桃書房,昭和63年,pp.331-361.さらには,平成14

第 2 章　西高東低型構造要因の性格と可能性

年度においても同傾向となる点が指摘されている（西村紀三郎・青木一郎「国庫支出金に見る東西格差要因の特性」日本地方財政学会第13回大会，平成17年5月）．

3）例えば，退職金である．退職金は，給料に対する共済組合負担金と同様に，東と西に，それぞれに共通するものに根ざす現象として，地域状況が把握される（昭和53年度の状況が，前掲『地方財政構造分析―西高東低型構造の解明―』pp.339－341，昭和60年度の状況が，同書，pp.358－359において指摘され，さらに，昭和63年度の状況が，前掲「人件費に見る都市財政」pp.77－101に指摘されている）．

4）同上書，pp.94－99，pp.102－108，pp.144－172，pp.301－307，pp.310－330．

5）なお，介護保険の導入以前に，老人保護費負担金に含まれていた介護に関する扶助に象徴される支出は，所得状況とは異なる観点からの考察を若干必要とするが，もとより身体的な条件が東西の人々の間で大きく異なることはないので，やはりこのタイプの扶助水準の決定についても，各人の所得の有無といった経済的な状況差が与える影響を無視できない．

6）前掲『地方財政構造分析―西高東低型構造の解明―』pp.18－23，pp.102－105．

7）しかしながら，この問題を明確にする公的な統計資料は存在しない．各項目の財政支出について，どこまでがその範囲に該当する部分であるかを明示することは困難なのである．

8）データは，全て地方財政調査研究会編『地方財政統計年報』地方財務協会，各年度版による．

第3章

地方債残高格差の将来

■はじめに■

　本章の目的は，現行制度の下，将来の地方債残高の東日本と西日本間格差が，問題としている特徴的な東西格差で西高東低となる可能性を，地方債累積モデルを用いて示唆することである．この可能性は，西高東低型構造が固定的であることを含む地方債残高に影響を与え得る条件の，東西間での相対的な関係が，固定的であるがゆえにもたらされる．西高東低型構造は，西日本の財政状況を東日本に比べて常に不安定とする性格を有しているのである．

　この性格を認識することは，本論文の考察においても重要な意味を持つ．例えば地方分権化のために，国庫支出金の削減がなされたとして，西高東低型構造の性格から，それが歳出の削減に結びつかない場合には，国庫支出金の削減が，より一層西日本の地方債残高を累積させる可能性を持つ．さらに，西高東低型構造が，基本的に（つまり国庫支出金の削減が行われない場合でも）地方債残高の東西格差を西高東低とする性格である点を認識することも有効である．

　本章で用いられる地方債累積モデルは，将来を確実に予測するに際し，大きな課題を持つと考えられるものだが，このモデルを指針として，東日本と西日本間の相対的な違いを示唆することは可能である．つまり，モデルにおける財

政諸変数と係数について，東日本と西日本間の将来における相対的な大小関係が継続する点を示唆することにより，両者間の地方債残高水準の相対的な格差の傾向を示唆することは可能である．もちろん一人当り水準を問題とする上では，各地域の人口数が急激には変動しないという常識的な認識に従い考察が進められることになる．

■第1節　公債累積モデル■

最初に，公債の累積モデルの中でも，もっとも基本的なものと考えられるドーマー（E. D. Domar）のモデルを考察しよう[1]．ドーマーのモデルは，公債累積モデルの先駆的な役割を果たしてきたモデルである．

ドーマーは，中央政府の財政において，公債の発行額を国民所得の一定率αとし，それを一定としている．すなわち，Yを国民所得，Dを公債残高，Y_0を初期の国民所得，tを年数，αを国民所得に対する公債の発行額の割合とし，Yが毎年一定数rの比率で増えることを前提として，モデルを提示している．

この時，t年後のYの大きさは，$Y_0 e^{rt}$（eは自然対数の底）で表される．すなわち

$$Y = Y_0 e^{rt}$$

である[2]．成長率rに関する考察は後述することとしてさらに話を進めると，この時，公債残高は他の条件を一定と考えた場合，端的には以下のように累積することになる．

$$D = \alpha Y_0 \int_0^t e^{rt} dt + D_0 = \frac{\alpha Y_0}{r}(e^{rt} - 1) + D_0$$

さらにドーマーは，上記の2式から$\dfrac{D}{Y}$の値を求め，以下の点を指摘している．

第 3 章　地方債残高格差の将来

$$\frac{D}{Y} = \frac{D_0}{Y_0 e^{rt}} + \frac{\alpha}{r}(1-e^{-rt})$$

この時，期間 t を十分に長くとったときの国民所得に対する公債残高の累積 D の比率は，e^{-rt} と $\frac{D_0}{Y_0 e^{rt}}$ が限りなく 0 に近づいていくわけであるから，$\frac{D}{Y}$ $= \frac{\alpha}{r}$ に収束していくことになる．

さらにここでは，このドーマーのモデルを地方財政に適応させ，発展させたと考えられる地方債についてのモデルを吟味したい[3]．まずはそのモデルの概要を示そう．

ドーマーのモデルが公債の発行額を国民所得の一定率としているのに対して，この地方財政における公債累積モデルでは，地方債の発行額が地方歳入の一定割合である，との前提の下で議論が展開されている．すなわち，ある時点での地方政府の歳入額を R とし，歳入の増加率を r として，初期の歳入額 (つまり基準年の歳入額) を R_0 とした上で，歳入額 R を以下のように示している．

$$R = R_0 e^{rt}$$

そしてこの時の地方債の発行額を B として，B が歳入の一定割合 b であるとすると，B は以下のように示される．

$$B = bR_0 e^{rt}$$

b は歳入総額の公債依存度を示す値である．さらにこの地方債についてのモデルでは，既述のドーマーのモデルとは異なり，公債の償還が考慮されている．すなわち，地方債の償還が毎年，その年度における未償還残高 D の一定割合 P だけ行われると考えて，この状況がモデルに組み込まれるのである．

この年度における償還額を F とすると，F は以下のように示される．

$$F = PD$$

そして，この年度に生じる地方債残高は，その年度の地方債発行額Bだけ増加して，その年度の償還額Fだけ減少するわけであるから，以下の式が成り立つことになる．

$$\frac{dD}{dt} = bR_0 e^{rt} - PD$$

これは，地方債の未償還残高が年数の経過とともにいかに変化するかを示す典型的な一階線形微分方程式である．この方程式を解き，$\frac{dD}{dt}$を満たすDとtの関係を求めると，以下のような特殊解が求められる[4]．これが本論文で指針とする地方債残高についてのモデルである．

$$D_1 = \frac{bR_0}{r+P}(e^{rt} - e^{-Pt}) + D_0 e^{-Pt} \qquad [1] 式$$

さらに，地方債の利子率をiとして，この時の償還額に利子率がiである場合の利子額も含まれると考えると，元利償還金の合計すなわち公債費Hは以下のように示される．

$$H = (i + P)\left[\frac{bR_0}{r+P}(e^{rt} - e^{-Pt}) + D_0 e^{-Pt}\right] \qquad [2] 式$$

この時，歳入総額$R_0 e^{rt}$に対する公債費の割合は，$R_0 e^{rt}$を分母に［2］式を分子として，以下のように示される．

$$\frac{H}{R_0 e^{rt}} = \frac{b(i+P)}{r+P}(1 - e^{-(P+r)t})$$

$$+ \frac{D_0}{R_0} e^{-(P+r)t}(i+P) \qquad [3] 式$$

この［3］式から理解されるように，tを十分に長くとるならば，$e^{-(P+r)t}$は0に近付いていくわけであるから，歳入総額に対する公債費の割合は，$\frac{b(i+P)}{r+P}$に収束していくことがわかる．そしてこの収束値から，歳入の成長率rが大きいほど，公債費の歳入総額に対する比率が低下して，公債費負担が小さくてすむ点が明らかである[5]．また，さらにモデルへの理解を深める主旨で

示すと，$\frac{b(i+p)}{r+p}$ を p で微分すると，$\frac{b(r-i)}{(r+p)^2}$ が得られる．この式は，このモデルの下での償還率の変化に伴う公債費の歳入総額に対する比率が変化する程度を示すものである．すなわち，これは公債の償還年限の変更に際しての変化の程度とも解し得る．この式から，このモデルの下では，歳入の成長率 r が利子率 i よりも高い場合には，例えば償還年限の延長に伴う公債費の歳入に対する比率の低下は，利子負担の増加を上まわる傾向となることを理解し得る[6]．ここでも歳入の成長率が大きく公債費の負担状況に影響を与える点を把握し得る．歳入の成長率が，将来の財政硬直化可能性に大きな影響を与えることは明らかである．

さらに地方債残高の累積状況を示すモデル（[1] 式）の妥当性に注目し，考察を進めよう．地方財政に対する公債累積モデルを考える場合，確かに，ドーマーのモデルのように公債の発行額を国民所得の一定率とすることは適切とは言えないであろう．中央政府の主要財源である国税が国民所得の動向に一致する傾向は，国税制度からも十分に理解を得られるものである．実際に主要国税の多くが国民所得の動向に大きく影響を受けている．それゆえに，中央政府が国民所得の動向を考慮して公債発行額を決定することは，現実に十分に考えられよう．しかし，地方財政の場合には，所得を課税標準として所得の動向を反映すると考えられる地方税収入が，歳入全体のおよそ3割から4割であり，残りの部分の多くを地方交付税や国庫支出金といった中央政府からの移転財源に依存している．確かに地方交付税や国庫支出金は国税を財源とするものであるが，その動向は，国民所得とは異なる様々な要因の影響を受けて決定されており，必ずしも国税収入の動向と一致するわけではない．ゆえに，地方債の発行額が国民所得の一定率として固定的に推移する可能性が，中央政府ほどに高いとは言い難い．

しかしここで扱った地方債残高のモデルは，すでに見たようにドーマーモデルとは明らかに異なり，地方債発行額を国民所得ではなく歳入額の一定率としている．確かにこのことによってモデルが現実を（すなわち東西間での違いを）

反映する可能性は著しく高まる．しかしこのモデルも，国民所得を用いるか歳入額を用いるのかの違いはあるが，成長率 r を一定として自然対数の底 e （いわゆる $(1+\frac{1}{n})^n$ と定義される）を用いる形態は同様であり，成長経済における国民所得の動向を示すと一般に考えられる前提が，歳入の動向を示す際に用いられている．少なくとも，昨今の激しく変動する経済の下で，ドーマーのモデルにおける r といえども常に一定となるということは決してない．戦後の高度経済成長期のように，経済が持続的な成長を続けた状況下では，ドーマーのモデルは現在以上に大きな意義を持ち得たと考えられる．しかし昨今の不安定な経済状況においては，r は常に変動する可能性がある．その意味から考えると，このモデルで長期的な将来を試算するには，相当な注意が必要であると考えられる．特に地方債についてのモデルにおける歳入の成長率 r については，さらに多くの注意すべき点を指摘することができる．すでに指摘したように，地方歳入において，地方交付税や国庫支出金といった中央政府への依存財源が，国民所得の成長率以上に不確定な要因の影響を受けて決定されるからである．このような状況ゆえ，将来に投影する仮定のうち，特に r には，ややもすると論者に都合のよい希望的な観測が引き出されやすくなる．この種のモデルのもっとも大きなデメリットは，公債残高に，特に大きな影響を与える可能性を持つ r を，将来に投影する値として確定することが困難であるという点であろう．

　したがって，ここで示されたモデルが，現実の状況を全て説明するものとはなり得ないことは言うまでもない．特にモデルから導かれる具体的な水準が達成される可能性は高くはない．すでに指摘したように，成長率については将来に投影する値を確定することが困難である．もっとも［1］式から明らかなように成長率 r が大きい状況は e^{rt} を増加させ地方債残高の増加に寄与する一方で，$\frac{bR_0}{r+p}$ を減少させるので，それが大きいか小さいかという単純な視点から，地方債残高水準への影響を一概に判断することはできない．また，利子率の状況についてもそれを一定と決めつけることはできないし，償還年限につい

ても基本的に10年ものが主流ではあるが，必ずしも一定と考えることはできない．それゆえ，償還額を地方債残高の一定率とすることが実態状況に確実に対応したものとなる保障はない．しかしながら，経済モデルの重要な意義の一つが，複雑な現象を単純化して示し，一つの傾向を把握することである，という観点からは，このモデルも十分に有用となり得よう．すなわち上記の困難を十分に踏まえた上で，西高東低型構造の性格を用い，各要因が東日本と西日本間の地方債残高の水準における相対的な関係に与える影響について示唆を試みるのである．

■第2節　地方債残高の東西格差の将来■

上記のモデルを指針に，将来の地方債残高の東西格差を示唆しよう．つまり[1]式の財政諸変数と係数について，地方債残高の東西格差が西高東低となるように，東西間の相対的な関係が継続する可能性を指摘するのである．また，ここでは，各地域の人口数が急激には変化しないとの常識的な見解に従って考察を進めていく．

まず D_0 は，近年西日本が東日本よりも1割以上に及ぶ高い水準にある．[1]式からも明らかなように，これは将来の地方債残高の東西格差を西高東低にする要因である．また現在の R_0 も西高東低であり（この点は表1-5から確実に把握できる），D_0 同様に将来の地方債残高を西高東低にするように機能し得る．

次に b について示そう．すなわち b を左右する財政規模（歳入歳出の総額）と地方債の東西格差が大きく変化しないという点を示し，この性格から b の東西格差が基本的に西高東低で推移する可能性が高い点を示そう．[1]式から明らかなように，西高東低の東西格差を示す b は，地方債残高の東西格差を西高東低にするように機能する．つまり b の高い地域ほど地方債残高水準は高くなるのである．またここでの考察は，同時に r についても重要な示唆を与え

る.

　歳出総額のおおよそ半分近くを占める国庫支出金を財源とする歳出(補助事業費)は，国庫支出金同様に西高東低型構造に即した格差を示す．なぜならば国庫支出金のほとんどが定率補助(総費用の一定率の補助)であり，事業ごとの補助率は各レベルの団体に対しておおむね共通であるからである．そもそもこのような西高東低型構造は，高度成長期，オイルショック，平成景気，平成不況を経ても保たれてきたものであり，そう簡単には変化し得ないと考えられる．事実，国庫支出金の特徴的な格差は40年近くにわたり固定的である．他方，国庫支出金を財源としない歳出(単独事業費)は東高西低であるが，この格差も，戦後の高度成長期以降，継続する傾向にある．もとより，西日本全般の方が東日本全般に比べて，地方行政全般にわたり高い支出水準が必要となる事態は，常識的に考え難いゆえに，単独事業費の東西格差が今以上に東高西低を拡大することはあっても，縮小する可能性は低いと考えられる．また，単独事業費の東高西低がたとえ拡大するとしても，当然にその場合には，財源の裏付けが必要である．上述の国庫支出金を除き，現行制度の下で，この格差拡大を可能とする財源は，地方税の増加と地方債発行である，しかし，地方税，地方債ともに，高度成長期以降，財政水準の東西格差を大きく変動させることはなかった．[8] 確かに昭和62年度から平成2年度をピークに，東日本が，地方交付税による調整を凌駕して，西日本以上に増加した税収入に支えられ単独事業費を増加させた結果，歳出総額の東西格差が一時期接近した(第1章第2節，第3節，第4節3.および第5節参照)．しかしこれが，戦後の高度成長期以降現在に至るまで，西高東低格差が明確に接近した唯一のケースである．またこの状況は，すでに第1章で指摘した通りに，主に東京圏による一部の地域の水準上昇によるところが大きい．この地域を除けば歳出総額，地方税等の東西格差に大きな変動は示されず，西高東低型構造は依然として明確である．さらに平成3年度以降バブル経済の崩壊とともに，同様の一部の地域により，東日本の税収は急激な落ち込みを示し，その結果，平成5年度には再び西高東低格差を拡大

させている．このことからも充分に示唆されることとして，租税の所得弾力性を左右する経済状況が急激に変動することはないという常識的見解と，すでに戦後の高度経済成長を経たわが国が，平成景気のような超好景気を長期的に持続させる可能性は低いという一般的認識の下，長期的な趨勢において東西格差が地方税によって大きく変化する可能性は低い．

　地方債についても同様の結論となる．確かに地方債は，現行制度の下で，地方政府の裁量によって，ある程度収入額を決定できる唯一の財源であるが，東西格差を変動させるほどに地方債を増額するためには，相当に確実な税収増による償還財源の確保が明確とならねばならない．赤字が増大すれば，財政再建団体となり，地方政府としての機能を失うからである．しかし，将来の税収入の増加を確実に把握することは困難であるから，地方債の増加は，自ずと現在の地方税の状況に大きく影響を受けて決定されることとなる．しかし既述の昭和62年度から平成2年度にかけて，東京都に相当に大きな税収増加が生じた状況でさえ，東京都を中心に東京圏の大阪圏に対する地方債水準は大きく変動しなかった（表1-9参照）．東京都以外の地域が，地方税によって大きく財政規模を増大させる可能性はもともと低いわけであるから，地方債の格差が，大きく変化する可能性も極めて低いと考えられる．

　この状況では，平成2年度以前まで常に西高東低となる傾向にあったbの東西格差は（表3-1），基本的に変化せず，bは地方債残高を西高東低にする要

表3-1　歳入総額中の地方債収入比率（地方単純合計）

全国=100：円

	昭和57	59	61	63	平成2	4	5	6	8	10
東日本	9.0	8.5	8.2	7.5	7.0	10.5	13.3	14.0	13.8	13.3
西日本	9.2	9.2	8.8	8.6	8.1	10.7	13.2	14.1	15.6	14.3
東京圏	8.3	9.6	6.2	4.8	4.8	10.7	13.6	14.1	12.2	10.8
大阪圏	9.2	8.4	8.5	6.8	6.8	11.1	13.5	14.3	17.0	14.0
東日本(集中圏以外)	9.3	9.3	9.3	9.2	8.4	10.4	13.1	13.9	14.6	14.5
西日本(集中圏以外)	9.2	9.6	9.0	9.6	8.9	10.5	13.0	14.0	14.8	14.5
全国	9.1	8.8	8.4	7.9	7.5	10.6	13.2	14.0	14.5	13.7

備考：地方財政調査研究会編『地方財政統計年報』地方財務協会，各年度版より作成．

因となる．

　確かに，平成3年度のバブル経済崩壊による東京都を中心とした東京圏の他地域を上回る地方税の減少に対応して生じた同地域の大幅な地方債の増加に際しては（表1-7，1-9），さすがにbの格差が接近し，僅かではあるが東高西低へと格差を逆転させた（表3-1）．しかしその格差は僅かである．当然この程度の僅かな東高西低では，地方債残高の東西格差を変動させることはできない．さらにはこの時期の地方債格差の逆転は，東京都という一部の地域を主因とする例外的状況と言える．なぜなら，平成6年度には再び格差は西高東低に戻っているし，一連の変化をもたらした主因である地方債の東西格差の明確な変化は，昭和40年代に入ってからオイルショックを経て平成景気に至る以前には一度も生じたことがないからである．

　次にPに考察を加えよう．［1］式から明らかなように，e^{-pt}は，十分に期間を長くとった場合には0に近づく．ゆえに長期的にはPが地方債残高に与える影響は，$\dfrac{bR_0}{r+P}$の状況による．したがって，短期的，中期的にはPが地方債残高に与える影響を一概に判断することはできない．その影響は他の諸変数や係数から大きく影響を受ける．それゆえここでは，Pがバブル崩壊後の一時期を例外として，基本的に格差を大きく変動させ得ない点を示唆したい．

　表3-2は各都道府県におけるPの状況，すなわち地方債残高に対する元本償還額の比率を示したものである（但し，各年度の比率を算定する際の，つまり表3-2における地方債残高は，各地方政府の判断基準となるものとして，前年度の決算額を用いている）．市町村の資料に制約があるため，ここでは特に都道府県の状況について，現在にかけて東西格差がもっとも大きく変動しかつもっとも明確となった期間であるバブル崩壊時を中心に示している．表が示すようにもっとも格差の大きかった年度は平成6年度である．主にこの格差拡大をもたらしたのは，すでに指摘した東京圏の地方債残高の増大と，集中圏以外の西日本の償還額が増加したためである（表3-3，3-4）．しかしこの償還額の増加は，一部の地域によってもたらされた状況である．

第3章 地方債残高格差の将来

表3-2 都道府県，地方債残高に対する元本償還額比率

単位：％

	平成2	4	5	6	8
東日本	6.97	6.19	10.70	8.92	4.72
西日本	6.68	6.21	11.19	10.50	5.17
東京圏	7.87	6.18	7.35	5.28	3.79
大阪圏	6.45	5.43	8.11	6.66	3.15
東日本（集中圏以外）	6.59	6.20	12.15	10.77	5.24
西日本（集中圏以外）	6.77	6.51	12.42	12.16	6.23
全　国	6.86	6.20	10.89	9.53	4.89

備考：地方財政調査研究会編『都道府県決算状況調』地方財務協会，各年度版より作成．

表3-3 都道府県地方債残高一人当り水準

全国＝100：円

	平成2	4	5	6	8
東日本	97.4	97.7	98.6	99.1	97.7
西日本	104.3	103.7	102.3	101.5	103.9
東京圏	67.8	71.6	80.1	85.3	84.3
大阪圏	77.9	77.2	80.8	83.7	95.1
東日本（集中圏以外）	118.2	116.2	111.6	108.8	107.2
西日本（集中圏以外）	120.6	120.2	115.7	112.5	109.3
全　国	215,095	255,442	285,097	315,935	417,969

備考：前掲『都道府県決算状況調』各年度版より作成．

表3-4 都道府県地方債元本償還額一人当り水準

全国＝100：円

	平成2	4	5	6	8
東日本	99.4	96.7	95.9	92.3	94.5
西日本	101.0	105.4	106.7	112.8	109.1
東京圏	80.7	65.7	48.3	44.3	66.2
大阪圏	75.4	66.9	57.5	56.6	59.9
東日本（集中圏以外）	112.5	118.6	129.6	126.1	114.6
西日本（集中圏以外）	116.8	129.3	137.2	147.6	139.6
全　国	13,946	14,116	27,734	27,103	18,162

備考：前掲『都道府県決算状況調』各年度版より作成．

　当然にこの程度の格差が単発的に生じるのでは，Pの値が地方債残高の西高東低格差に大きな影響を与えることはない．もちろん現実の状況もその点を裏付けている．確かに，もしもPがさらに明確な格差で継続的に推移するな

らば，地方債残高の東西格差に影響を与えることになるが，その可能性は以下の理由から低いと考えられる．

表3-2で確認できるように，Pの格差が明確に拡大した唯一のケースは，平成4年度以降の東京圏が，新規の地方債発行を，東日本の各地域に比べ，急増させた状況である（もちろん東京圏が借り換えによって償還をさらに延長することによっても同様の状況となる）．しかし，この東京圏の地方債の急増は，一時的な空前の好景気から不景気への急激な変化による，例外的な状況と考えられる．東京圏，特に東京都は，平成景気における他の団体と比べて突出した税収入増加という例外的な現象の下，拡大してきた公共事業計画の急激な変更が困難であったために，やむを得ずこの時期に地方債水準を一気に上昇させたと考えられる．東京都の地方債が，いわゆるバブルがはじけた直後の平成4年度以降，歳出が急激には減少せずに推移する中，地方税の急激な水準低下と同時に，突出した水準上昇を示したことからも，それは裏付けられる．突出して確実に地方税が増加するのにあわせて公共事業が拡大するという東京都の例外的なケース以外では，どの地域も，地方税収入の動向を確実に予測することが困難である状況下，東京都のような極端な公共事業の拡大を成し得ない．したがって他の地域が，新規の地方債発行の増加や，あるいは借り換えによる元本償還の先送りなど，将来の財政運営を困難にする可能性がある行動を大幅に取らねばならない事態となるとは考え難い．

他方，各団体が，新規の地方債発行額を減少したり，元本償還額を増加することによってPの東西格差が変動する可能性も極めて低いと考えられる．歳出の東西格差が大きな変化を示し得ない性格である点はすでに指摘した．さらに付け加えるならば，たとえ地方団体に裁量が委ねられている単独事業を多く実施している地域（例えば東京都）でも，歴史が明らかにするように歳出減少への抵抗は極めて強く，少なくとも東西のどちらか一方の相対的な減少により，歳出の東西格差が大きく変動する可能性は極めて低い．この状況で，東京圏を例外に，地方税の東西格差が，大きな変化を示さずに推移し，なおかつ現

第3章 地方債残高格差の将来

行の移転財源制度が維持される状況では，既述の一時的な例外としての東京圏の状況を除き，地方債の変動による地方債の東西格差の変動も生じない．その理由は b の格差の動向を説明する際にすでに示されている．この傾向の下，元本償還額の増加も，P の格差に影響を与えることはない．元本償還額の増加は，公債費の増加に直結しており，これによる歳出の増加は，一方で地方債への依存を高め，将来の財政難の可能性を高める．それゆえ，歳出の格差に変化がない状況では，この場合でも，東京都のような突出した収入の増加が期待できない限り，地方団体が P の格差を大きく変動させるほどに償還額を変動させるとは考え難い．

最後に r について見よう．[1]式から明らかなように，r が大きい状況は，e^{rt} を増加させ，地方債残高の増加に寄与する一方で，$\frac{bR_0}{r+P}$ を減少させる．したがって r の大きさが地方債残高に与える影響についても，P 同様に一概に判断することはできない．しかし，ここでも P 同様に，東西間の関係に大きな変動が生じないならば，当然に r が地方債残高の東西格差に影響を与えないことになる．たとえ r が様々に変動するにしても，東西の r が等しい状況では，地方債残高の格差に影響を与えない傾向が[1]式から示唆される．すでに指摘したように，財政規模の東西格差が一定で推移するならば，r に東西格差は生じない．財政規模の東西格差が基本的に一定で推移する性格である点については，すでに b について考察した際に，その根拠とともに指摘している．東日本と西日本間の財政規模は，昭和62年度から平成2年度にかけての東京都の状況を主因とする一時的な東西格差接近あるいは平成8年度にかけての阪神大震災に対応した西日本の補助事業費増加による格差の拡大を例外とし，一貫して明確な西高東低格差を示している．すなわち，戦後の高度成長期以降続いている固定的な東西格差が大きく変化する要因を見出し得ない．

厳密に見るならば，平成景気以前の状況においても，いくら格差が固定的とは言え，完全に一定というわけではない．しかし，少なくとも平成景気以前の状況下で生じた程度の r の格差変動では，地方債残高の西高東低格差は明確に

生じていることが明らかである．もちろん既述の通り，平成景気から平成不況への変化の過程で生じた一時的な一部の地域による東西格差変動（第1章参照）を経ても，地方債残高の状況は大きく変化せず，地方債残高の西高東低格差は依然として明確な東西格差を保っている．

以上，西高東低型の地方財政構造の性格から，現行制度の下，将来の地方債残高の東日本と西日本間格差が，西高東低で推移する可能性が高い点を示唆してきた．念のため付け加えておくと，もちろんのこと，この地方債残高の西高東低格差は，西高東低型構造に即し，東日本内と西日本内それぞれの全般的な状況として示される傾向になる．なぜなら，［1］式の財政諸変数および係数が，東日本，西日本それぞれの全般的な傾向として東西格差を示す各歳入歳出項目の格差に応じて決定されるものだからである．

言うまでもなく，地方債残高の高水準は，公債費を通じて，地方財政を逼迫させ，住民に財政負担を強いる可能性を持つ．現行制度の下では，西日本の各団体は東日本の各団体以上に，地方債残高の累増に配慮しなければならない状況が続く可能性が高い．

また，本章冒頭で示した国庫支出金の削減が地方債残高の東西格差をさらに拡大させる可能性がある点を，本章での考察から示唆し得る．国庫支出金の削減によっても歳出水準が変化しない場合には，現行制度の下では，地方債依存が高まることを意味する．これによる b（歳入総額中の地方債収入比率）の格差拡大は，地方債残高の格差拡大に直結する．中長期的に見ても，b 以外の要因の東西間での相対的な関係が一定に保たれる可能性は高く，P（地方債残高に対する元本償還額の比率）についても，b が上昇する状況下，少なくとも西日本が東日本を上回る可能性は低く，西日本の水準が低下する状況では長期的にさらなる西高東低格差がもたらされる可能性もある．

注
1) E.D. Domar, *Essays in the Theory of Economic Growth*, Oxford Univ. Press,

第3章 地方債残高格差の将来

1957（昭32）．（宇野健吾訳『経済成長の理論』東洋経済新報社，昭和39年， p. 43以下）．また，考察全般において，里中恆志「国債累積モデルと安定の条件」駒澤大学経済学会『経済学論集』第16巻第2号，昭和59年9月， pp. 21−46を参照した．

2）r が一定であるならば，ドーマーのモデルにおける $\frac{dY}{dt}$ は Y の現在高に比例して変動することになる．つまり r は $\frac{dY}{dt}/Y$ であり，$\frac{dY}{dt}$ と Y の比が r であることを意味している．

3）米原淳七郎『地方財政学』有斐閣，昭和62年， p. 260以下を参照．

4）$D = e^{-Pt} \left\{ \int bR_0 e^{rt} e^{\int Pdt} dt + C \right\}$ という一般解が与えられ，$D = e^{-Pt} \left\{ \frac{bR_0}{r+p} e^{rt+pt} + C \right\}$ が得られる．$t = 0$, $D = D_0$ を一般解に代入し，$C = -\frac{bR_0}{r+p} + D_0$ を求め，これを一般解に代入し求められる．つまりこれは，初期条件が D_0 と決定された場合の t 期における地方債残高を示している．

5）前掲『地方財政学』p. 261以下．この収束値はまた，歳入総額に占める公債費の負担状況を示すとともに，以下のことも示唆している．すなわち

$$K = \frac{b(i+P)}{r+p}, \quad b = \frac{K}{i+P}(r+P)$$

ゆえに，r の1％の増加は，b をさらに $\frac{K}{i+P}$ ％ 引き上げることを可能とすることがわかるので，歳入総額に占める公債費の負担 $\frac{H}{R_0 e^{rt}}$ を一定の大きさに保つ時，歳入の成長率 r が大きいほど，公債依存度 b を高くすることができる．

6）前掲『地方財政学』p. 262以下を参照．

7）例えば E を東日本，W を西日本として，

$$(D_E - D_W) = \frac{R_0}{r+P}(e^{rt} - e^{-Pt})(b_E - b_W) + e^{-Pt}(D_{0E} - D_{0W})$$

と表すことによって，数値の影響をより確実に把握し得る．

8）昭和57年度以前の状況については，西村紀三郎『地方財政構造分析—西高東低型構造の解明—』白桃書房，昭和63年， pp. 88−102, pp. 141−152を参照．

9）地方債の状況を含むこの期間の東京都の状況については，拙稿「日本地方財政構造分析—補助金の基本的な効果の考察，特に理論的な観点から東日本と西日本の財政格差について(1)—」富士大学学術研究会『富士大学紀要』第32巻第1号，平成11年7月， pp. 85−110を参照．

第4章

効率性の視角

■はじめに■

　本章では，パレート最適を満たす歳出水準を追究する上で，有用な理論を示し，西高東低型構造における歳出水準の東西格差が，妥当な格差であるか否かを具体的に追究する基礎を示す．なお，パレート最適を満たす水準を追究するための理論は数多くあり，その全てを問題とすることは不可能であるから，ここでは，広く一般的にその重要性が認識されている基本的なもので，その中でもさらに問題とする東西格差の妥当性を追究する上で意義が大きいと考えられるものに注目することにしたい．

■第1節　基礎的視点■

1．純粋公共財の最適水準

　パレート最適となる資源配分を考えていく上での基礎的な考察として，政府の供給する公共財の性格について示唆を与えよう．純粋公共財は，一般的には非排除性や非競合性を完全に持つ財であると定義される．代表的な例として，国防をあげることができる．国防は，ひとたびその財・サービスが供給された

ならば，その恩恵は，全国民に及び誰しもが排除されることはない．かつその受益は国民に等しく及び競合することもない．つまり根本的な性格として，完全な非排除性と非競合性を持つのである．この排除性と競合性をもたないという公共財の性質を，同時に複数の人が等しい量で利用することが可能であるという点に注目し，「等量消費（共同消費）」と要約することが多い．このような性格の財・サービスは，非排除性ゆえに，市場経済においては最適には供給され得ない．他人の負担によって便益を享受しようと考えて，できるだけ公共財の需要を小さく表明しようとの誘因が働くためである．いわゆるフリーライダー現象である．したがって，財政という強制獲得経済によって供給されなければならない．

まずは，もっとも基本的な問題として，純粋公共財の性格を持つ公共財が供給される場合のパレート最適条件について見よう．

公共財の供給をパレート最適な水準に導く条件は，公共財が等量消費されるとの前提の下，すでにサムエルソン（P. A. Samuelson）によって提示されている[1]．しかしサムエルソンはそれをどのように求めるべきかについて言及してはいない．サムエルソンの条件を満たすような財政規模の決定の方式を議論する基礎となり得るものの一つとして，リンダール均衡がある．このリンダール均衡におけるリンダールメカニズムに従うならば，各住民が公共財の必要性とその費用負担に対して正当な評価を示すことを前提に，リンダール均衡によって達成される財政規模において人々は限られた資源に対し最大の満足を得られ，パレート最適な状態を達成し得る．

社会全体に n の人々が存在するとし，一定の公共財の総量を Y とすると，この総量に対して各人が得る効用は $u_i(Y)$, $i = 1, 2, \cdots, n$, となる．よって社会全体で公共財から獲得できる効用の総量は $\sum_{i=1}^{n} u_i(Y)$, そして完全競争の仮定の下[2]，公共財を供給する費用を $c(Y)$ とすると，社会全体で獲得する効用の最大化をもたらす Y は，

$\sum_{i=1}^{n} u_i(Y) - c(Y)$

の一階微分が 0 になるように Y を決めることである．すなわち

$\sum_{i=1}^{n} u'_i(Y) = c'(Y)$

となる水準に Y を決めれば良いことになる．$u'_i(Y)$ は i が公共財から得る限界効用であり，$c'(Y)$ は限界費用であるので，上記の式は社会を構成する各個人が公共財の使用から得る限界効用の和と限界費用とを等しくするように公共財の供給水準を決定することを意味している．つまり公共財を一単位余計に生産することの便益はそれによって各人が追加的に得る効用の総和であり，これが追加生産の費用を上回る限り，規模の拡大や質の向上等のために生産を続け，等しくなったところで生産を停止するのが社会的余剰を最大にし，望ましいのである．この水準は人々の公共財に対する需要曲線（等量消費可能の前提ゆえに各個人の需要曲線を垂直に縦に足したもの）と公共財の限界費用曲線の交点で求められる．つまり各個人の公共財に対する限界便益（限界支払い意欲）の総和と公共財の限界費用が等しくなる点である．つまり個人 i の公共財に対する限界便益を MB_i 限界費用を MC とすると，$\sum_{i=1}^{n} MB_i = MC$ がパレート最適となるための条件である．また，この点は社会を構成する各個人の公共財と私的財における限界代替率の総和と公共財と私的財における限界変形率が等しい状況，すなわち $\sum_{i=1}^{n} MRS_i = MRT$ という公共財についてのパレート最適の達成条件が満たされる点でもある．私的財と公共財の 2 財からなるこのモデルにおいて，どちらも限られた資源における私的財と公共財へのパレート最適な資源配分となる条件を示し，両者は本質的には同じことを意味している．つまり後者は私的財で公共財の価値を表した時の条件であり，前者はそれを貨幣額で表した時の条件である．

　同様の前提条件において，リンダール均衡における均衡点が，パレート最適であることを確認しよう[3]．端的に言うとリンダール均衡は，公共財を多くほし

がっている人にはたくさん課税し，少なくほしがる人には少なく課税するようにして，全ての人の公共財に対する需要水準が等しくなる水準を求め，その水準で公共財を供給しようとするものであり，つまりは，各個人について公共財に関する別々の価格（租税価格）が付いた状況と考えることができる．ゆえに個人ごとの個別価格を t_i，公共財の総量を Y とする．この時，利潤は，

$$\sum_{i=1}^{n} t_i(Y) - c(Y)$$

となる．

他方，（論旨を端的に把握するために）先と同様に公共財を供給する企業は完全競争の仮定の下，価格を一定と考えて行動すると考えると，利潤最大化の条件は，

$$\sum_{i=1}^{n} t_i(Y) = c'(Y)$$

となる．

他方，各消費者は価格 t_i に対して，公共財の需要を決定するので，消費者の効用極大化の条件は，

$$u'_i(Y) = t_i, \quad i = 1, 2, \cdots, n,$$

であるゆえ，以下の式が導かれ，リンダール均衡によって $\sum_{i=1}^{n} MB_i = MC$（すでに示したサムエルソンの条件）を達成し得ることが理解される．

$$\sum_{i=1}^{n} u'_i(Y) = c'(Y)$$

このリンダール均衡から示唆されることとして，サムエルソンの条件が，租税により負担が賄われ，無償で供給される財・サービスにおける最適条件となり得る点には留意が必要である．無償で供給される財は，たとえそれが，排除性を持つとしても，市場経済における財・サービスの売買とは異なり，負担状況にかかわらず等量消費が成り立つ可能性がある．この状況で，リンダールメ

カニズムに従い，財を多くほしがっている人にはたくさん課税し，少なくほしがる人には少なく課税するようにして，各個人について財に関する別々の価格（租税価格）が付いた状況で，全ての人の財に対する需要水準が等しくなる水準を求めることは意義を持つ．もとより，財・サービスが財政によって，無償で供給され，等量消費が可能となる理由は様々である．すでに示した，純粋公共財のケースもその一つである．同様の状況が，地方団体が担当するエリアとそこで地方団体が供給する財・サービスについて生じている可能性が考えられる．もとより，いかなる理由であろうと，その財・サービスを財政によって無償で供給する必要性が明らかであるならば，それを等量消費し得る人々の範囲内（便益が及ぶ範囲内）において，人々の正当な評価に従って（フリーライダー現象のない状況で）サムエルソンの条件を満たす水準を達成することが，効率的である．

　もちろん，リンダールメカニズムに従って公共財を供給することは，決して現実的とは言えない．このメカニズムによっても，フリーライダー現象が生じると考えられるからである．また，現実には現行の地方財政制度において地方団体が自由に課税することは認められていない．もちろん地方団体に限らなくとも（つまり中央政府の財政においても）税負担についてはあらかじめ課税のルールが定められており，そのルールの下でパレート最適を達成する公共財の供給が模索され，決定されるというプロセスが一般的である．このケースにおける有効なメカニズムを考える基礎を提供するものとして，ボーエン（H. R. Bowen）の投票モデルがある[4]．特定の税制度の下で，もっとも多くの人が望む公共財の供給を追究することが，指針として有効なことは明らかだが，ボーエンが意図するように，必ずしも中位投票者が存在する保障はなく，投票を通じてパレート最適が達成される保障はない．また，投票制度自体も，単一の政策に対し実施される状況にはない．各政党，各議員が掲げる政策は多岐にわたっており，この点からも，それぞれの財・サービスの供給に際し，投票を通じた決定が，パレート最適を達成する保障は得られない．明らかに，現実にパ

レート最適を達成する意思決定システムを見出すことは困難であるが，国民の評価に基づくパレート最適な水準（サムエルソンの条件を満たす水準）の達成は，最適な資源配分を達成する上での重要な指針である．現実にそれを達成することがいかに困難であろうとも，真に国民が望む民間部門と公共部門間での資源配分の在り方を追究することが重要である．現実に，20世紀に入ってから生じた経費増大過程において新たに生じてきた多くの経費（主にメリット財）について，その経費を認めるか，それともその経費を認めず，経費に要する国民負担増大を回避するか，の選択の結果によって経費水準が決定するという視角を軸に，経費の妥当性追究が展開される傾向にある[5]．つまり，限られた資源の下で，もっとも高い効用水準を達成するためには，常にそのための負担に配慮する必要があるのである．もとより，人それぞれに予算制約がある状況の中，政府が供給する財・サービスの費用を負担するのは国民である．基本的に効用の最大化は，政府の財・サービスの供給による受益と負担との比較衡量によって実現される．この認識は，本章の以下で見るモデルにおいても，根底にある重要な前提である．また，次章で示す，所得再分配によって効用の最大化を達成することを意図するモデルにおいても，さらに，第6章で示す，ポーリーの所得再分配モデルにおいても，それは重要な前提であり，福祉関係項目に示される問題の東西格差の妥当性を追究する上で，重要なポイントである．

2．外部経済を有する財・サービスの最適水準

続いて，さらに単純化した純粋公共財の最適供給モデルに即し，政府による供給が必要となる外部経済を有する財・サービスのパレート最適条件について示そう[6]．その際に，純粋公共財と外部経済との関係をも把握する．そのことが，後にパレート最適条件を考察する準公共財の性格把握に寄与するためである．ここでも同様に，生産部門が完全競争市場にあり効率的であるとの前提で議論を進める．

まずは私的財と純粋公共財が存在する場合のパレート最適条件を把握しよ

う．純粋公共財の性格を前提に，純粋公共財が，個人 i に供給される際に，公共財の総供給量を以下のように示す．

$$G = G_1 + G_2 + G_3 + \cdots\cdots + G_n \tag{1}$$

この時，各人の効用関数は $U_i(X_i, G)$ となる．ただし，X_i は i の私的財の消費量である．

Y_i, P_x をそれぞれ i の所得，私的財の価格，そして P_g を純粋公共財の租税価格とした際の，制約条件およびパレート最適条件は次のようになる．[2]式が制約条件で，[3]式がパレート最適達成のための条件である．

$$\sum_{i=1}^{n} Y_i = P_x \sum_{i=1}^{n} X_i + P_g G \tag{2}$$

$$\sum_i \frac{\partial U_i / \partial G}{\partial U_i / \partial X_i} = \frac{P_g}{P_x} \tag{3}$$

[3]式は，等量消費される財についてのサムエルソンの条件であり，純粋公共財の供給においてすでに示したパレート最適条件と同様の水準を意味している．

次に私的財と外部経済をもたらす財が存在する場合についてのパレート最適条件を求めよう．議論を単純にするために，まずは A, B の二人を想定し，最適条件を追究しよう（さしあたり A と B の二人しかいない状況を想定しても良い）．二人の個人が私的財 X を購入し，また，A は外部経済を生み出す財 E を購入する状況を想定しよう．ここで E の購入は，外部経済をもたらす活動なので，B が E を売り買いしないにもかかわらず，B の効用関数に入ってくる．純粋公共財の最適条件を示した時と同様に，それぞれの効用関数を想定し，Y_A, Y_B を各人の所得，P_x, P_e をそれぞれの財の価格とし，二人の予算の合計を制約条件に，X と E のパレート最適配分を求めると以下のようになる．

$$L = U_A(X_A, E_A) + \lambda_1(\bar{U}_B - U_B(X_B, E_A))$$
$$+ \lambda_2(Y_A + Y_B - P_x X_A - P_x X_B - P_e E_A) \qquad [4]$$

ラグラジアンを L とし，[4] 式を X_A, X_B, E_A に関して最大化すると以下の式が得られる．

$$\frac{\partial L}{\partial X_A} = \frac{\partial U_A}{\partial X} - \lambda_2 P_x = 0 \qquad [5]$$

$$\frac{\partial L}{\partial X_B} = \lambda_1 \left(\frac{\partial U_B}{\partial X}\right) - \lambda_2 P_x = 0 \qquad [6]$$

$$\frac{\partial L}{\partial E_A} = \frac{\partial U_A}{\partial E} - \lambda_1 \frac{\partial U_B}{\partial E} - \lambda_2 P_e = 0 \qquad [7]$$

[5][6][7] 式から λ を消去するとパレート最適条件として次式が得られる．

$$\frac{\partial U_A / \partial E}{\partial U_A / \partial X} + \frac{\partial U_B / \partial E}{\partial U_B / \partial X} = \frac{P_e}{P_x} \qquad [8]$$

A, B の二人の個人のみが存在する世界を考えるならば [3] 式と [8] 式から，外部経済が存在する場合のパレート最適条件（外部不経済が生じる場合にも類似の最適条件となるが，ここでは外部経済を念頭に議論を進める）は，純粋公共財が存在する場合の最適条件と本質的に一致することがわかる．A, B 以外にも多数の個人が存在する状況において，A による財 E の購入の外部経済が B 以外の人に及ぶ場合，つまり E の購入が，さらに別の第3者の効用関数に影響を与える場合でも，（無関係な人々の効用関数を一定として）結論は同じである．そして E が効用関数に入る人数が増えれば増えるほど，[8] 式は [3] 式に近づく．そして私的財のみが取り引きされるケースとは異なる状況で，どちらの最適条件も，財の限界代替率の和が価格比（つまり各財の限界費用の比）と一致している．確かに全ての人々が等量消費するという点に関してこそ，完全な一致が見られるわけではないが，両者の最適条件の一致から，純

粋公共財の便益も外部経済も，それに対する各人の限界評価が，各人それぞれに異なって均衡するという性格に共通性があることがわかる．そしてこのことは，両者が持つ「市場の取り引きを介さない（市場で評価されない）という性格」に起因して生じている．

上述のように，外部経済は，ひとたびそれを有する財が供給されたならば，市場の取り引きを介することなく（つまり市場において評価されることなく），消費者の効用関数に入るという性格を有する．そして純粋公共財の便益も，市場において評価されることがないという点で外部経済に等しい性格を有している．つまり純粋公共財の便益も外部経済同様に，市場を経由することなく人々の効用関数に影響を与えるのである．この時，それが完全に等量消費される，という純粋公共財の性格から，国防のような純粋公共財の便益を，国民全ての効用関数に対し，外部経済が影響する状況と解することも可能となる．

外部経済のように市場において評価され，補償されることのない便益に対する対価の徴収は，純粋公共財と同様の理由から不可能に近い．つまり，外部経済のある財における最適条件［8］式も，政府の介入が無い限り満たされないことになる．加えて［8］式より，パレート最適達成のためには，外部経済についての限界評価が正当になされることが必要である点が明らかとなった．

3．準公共財と外部経済

政府によって供給されている多くの財・サービスは，（以下の表4-1による公共財の分類で見るように）純粋公共財と，排除性と競合性が明確にある私的財との間に位置している．そしてそのような財・サービスは一般に準公共財と呼ばれている．つまり，政府が供給している財・サービスの多くが準公共財なのである．

さらに，公共財の非排除性に関する状況として，もともとの性格として，それがある場合と，利用形態として，無料で供給されている場合があるという点に留意が必要である．前者は一般道路のように，排除性を持つことが技術的に

表 4-1　公共財の分類

	非競合性	競合性	
		等量消費可能	等量消費不可能
非排除性	a	b	f
排除性	d	c	e

困難で，もしも行うとなると多額の排除費用が必要となり，ほとんど不可能である場合であり，後者は，仮に特定の人を排除することが可能だとしても，そうすることによって，本来その財・サービスに求められる意義が著しく損なわれる場合である．後者の例としては，公園や義務教育などをあげ得る．

このことを踏まえた上で，ここでは，まずは，財・サービスの現状（現状そのままの状態）を念頭に，公共財を表4-1のように分類してみよう[7]．この表によれば，a は非排除性と非競合性を備えた公共財のカテゴリーを形成することになり，国防，外交などといった純粋公共財がこれに該当する．b，c，d が準公共財のカテゴリーである．e は私的財であり，f に相当する財は一般的には考え難い．

準公共財について説明すると，先ほど例として示した一般道路は，混雑現象が生じない限り，純粋公共財と同じように明確な非排除性と非競合性を有している．したがって，市場経済にその供給を委ねることは困難であり，純粋公共財と同様の理由から，財政による供給が必要となる．もちろん国防や外交と比べるならば，明らかに便益が及ぶ範囲に違いがあるので，国防や外交とまったく同様の性格と考えることは困難だが，混雑現象が生じない限りにおいては非排除性と非競合性の両方を明確に有する点が明らかであり，a のカテゴリーに含めることも不可能ではない．しかし，それらは，ひとたび混雑現象が生じると b のカテゴリーの準公共財となる．b は非排除性と等量消費の可能な競合性を備えたカテゴリーである．また，すでに述べたように公園などは，排除性を持たせることが十分に可能であり，もしもそのようにした場合には，c や d のカテゴリーに含まれる点にも留意すべきである．それにもかかわらず，これ

らの財・サービスが無料で供給されているのは，主に外部経済のためである．例えば，工業地帯にある公園が，人々の憩いの場として機能し，事故などを抑制することにより生じる外部経済を有する時，料金を取ることによって，最適な水準が保たれず，大きな弊害を生む可能性がある．d には混雑現象のない有料道路や例えばある特定の地域の人のみが利用できるような会員制の（混雑現象の生じない）プールなどが該当する．そして c には逆に混雑現象の生じている有料道路などが該当する．

前節において，純粋公共財の便益が外部経済と同じ性格を有し，それゆえに純粋公共財の政府供給の根拠を外部経済の性格から説明することも可能である点が示唆された．これから見る準公共財についても，政府が供給を行う主な根拠の一つとして，やはりそれが持つ外部経済の存在をあげ得る．準公共財には，排除性を持ち，私的財と同様に供給することが不可能ではないものが多数存在している．それにもかかわらず，これらの財の多くが，外部経済を有するがゆえに民間の企業ではなく，政府によって供給されている状況なのである．

排除性を持つ準公共財が外部経済を有する場合，これらの財は前項で示したモデルにおける財 E におよそ等しい性格を持つと解釈できる．すなわち，外部経済を有する準公共財が排除性を持つならば，政府の介入が無い状況では，その便益の一部が特定の人々の間で評価され供給される一方で，さらにまったく市場の評価を受けずに，その特定の人々以外の者の効用関数に影響を与える便益（つまり外部経済）が生じる状況となるわけであり，すでに見た外部経済をもたらす財 E とほぼ同様の状況にある．このような財は，完全な非排除性を有し全ての便益を外部経済と同様の性格と解し得る純粋公共財とは異なり（言い換えると便益の全てが市場を経由せず市場で評価されることのない純粋公共財とは異なり），財・サービスの直接的な利用者からは，確実に対価を徴収することが可能である（つまりその財がもたらす便益の一部は市場機構によって補償される）．しかし，さらにその財がもたらす外部経済は，まったく市場を経由すること無く人々の効用関数に影響を及ぼす状況なのである．

財 E のケースにおいて，外部経済を被る個人 B に，外部経済に対する負担を求めたとしても，個人 B が得る便益が，市場を経由し，市場で評価され補償されることのない外部経済である限り，個人 B がフリーライダーとなる可能性は極めて高く，財 E の供給におけるパレート最適条件が，政府の介入なしに満たされることはない．またこの場合，一般に，個人 A が，「財 E が個人 B に及ぼす便益」までも考慮して，財 E を購入しようとはしないため，財 E は一般的に最適条件よりも過少になる．排除性がある準公共財に外部経済がある場合についても，これと同様に，政府の介入が無い状況では，モデルの B に相当する外部経済を被る人が，フリーライダーとなり，A に相当する対価を支払う人々が，対価を支払わない人々に及ぶ外部経済まで考慮して，準公共財を評価するとは考え難いので，この場合でも，政府による介入がない状況では，最適条件よりも過少にしか財・サービスは供給されない傾向となる．これに対応し，パレート最適な供給水準を達成するために，政府が補助金交付などを通して供給に介入したり，外部経済を最適にするために丸抱えで供給したりしているのである．

4．非競合性のある財について

公共財の供給根拠は，非競合性によっても説明することができる．非競合性とは，決して単に公共財の性格を示す概念ではなく，公共財の公的供給根拠を説明する上で重要な公共財の性格でもある．

非競合性の意味は，以下のように示すこともできる．すなわち，いったん供給されると，利用者の増加によって，それを供給する限界費用が公共財の消費量に依存しない財・サービスの性格，と示すことができる[8]．非競合性という性格をこのように考えると，公共財が，政府によって供給される根拠を，外部経済とは異なる観点から説明することができる．つまり非競合性のある財は，非排除性のあるなしにかかわらず，私的財と異なり，消費者に消費量に応じた費用負担を求めることができないのである．このような財の供給を民間企業に委

ねるならば，パレート最適の達成は困難である．

　すでに非排除性のある財については，非競合性という性格を問題としなくとも，政府による供給根拠を示し得る点が確認されているので，ここでは準公共財の中でも，特に排除性があり，共同消費が可能な財の供給について考察を加えよう．このような準公共財は，供給を続けていくのに必要な費用を消費者から回収できたとしても，共同消費が可能な財（つまり混雑現象が生じない限り非競合性がある財）であるゆえに，さらに何名かの利用者を無料で受け入れることにより，社会的な効用を高めることができる．この時，私的財と同様に市場メカニズムの下で，パレート最適に，より近づこうとするならば，共同消費にもかかわらず，その財の消費に差別価格制を導入する以外ない．この状況は，共同消費が可能な準公共財大半に起こり得るものである．しかし私企業が共同消費される財に対し差別価格制を実施することは，一般的に困難な場合が多いので，費用負担を課税に委ね，政府によって，供給が行われることにパレート最適を達成する上での有効性が生じる．

　しかし，このような財について，以下の点にも十分に留意すべきであろう．すなわち排除性を持ち，非競合的性格の準公共財の全てが，政府によって供給されているわけではない，という点である．例えば多目的ホールのように，有料道路同様に排除性を持ち共同消費が可能である財が，公的に供給されていないケースはいくつもある．つまり排除性を有する準公共財には，政府によって供給されているものとそうでないものが存在している．この時，これらの財を公的に供給するか否かの境界線の決定に，外部経済が大きな影響を与えていることは明らかである．表4-1のcのカテゴリーにせよ，dのカテゴリーにせよ，特に外部経済が広い範囲の人々に及び，かつ外部経済による社会的余剰の変化が大きいものほど（外部経済を被る主体の効用関数あるいは生産関数の変化が大きい場合ほど）政府による供給が有用となると言えよう．すでに示してきた外部経済の性格から十分に理解できることとして，もともと，外部経済をもたらす財は，その財が排除性を持つか否かという点にかかわらず，一般の市

場では最適に供給されない性格である．それゆえに，排除性を有する準公共財が明確な外部経済をもたらす場合には，排除性があるにもかかわらず政府による供給が必要となる．しかし一方で，その財が明確な外部経済をもたらさない場合には，排除性ゆえに，私的財同様に一般の市場に供給を委ね，特に政府による介入を必要としない場合も生じ得るのである．

　さらに非競合性と費用逓減産業との関係について若干指摘しておきたい．もとより非競合性を有する公共財は，非競合性の点で，平均費用逓減財である．そして先で説明した共同消費の可能な財が（例えば運営に必要な費用を政府が支出し），無料で利用者を受け入れ社会的余剰を増加させる状況は，非排除性を有する財の限界費用がゼロとなるケースにおいて，限界費用価格形成原理に従う状況と解することができる．これと類似の政策として，費用逓減産業が，パレート最適を達成するために，限界費用価格形成原理に従う状況をあげ得る．そして，費用逓減産業が政府の介入の下，運営される理由の一つとしても，やはりその財が持つ外部経済の存在をあげ得る．政府の介入の下，供給されている費用逓減産業（電気，ガス，水道，電話，鉄道等）による財・サービスが，多大な外部経済を有する点は，周知の事実である．これらの産業が供給する財・サービスは，外部経済を最適にする目的からも，人々の消費量を拡大させる政策（限界費用価格形成原理に従う政策）がとられてきた．また，これらの産業は，すでに国民の生活にはなくてはならない財・サービスを供給する産業であり，限界費用価格形成原理に従うことが，国民の最低限の生活保障という点に寄与している点も忘れてはならない．

　以上の議論から，歳出水準の地域間格差の妥当性は，外部経済の必要性についての地域状況の違いに大きく左右される点がわかり，したがってパレート最適達成に際しては外部経済に留意することが有用である．歳出水準の地域間格差の妥当性を考えるに際しては，供給される財・サービスがもたらす便益として，外部経済にまでも配慮することが重要である．すなわち，その財・サービスがもたらす外部経済の必要性を裏付ける地域状況の違いがあるか否かを追究

第4章 効率性の視角

することが重要となるのである．もちろん，ここで言うところの外部経済は，パレート最適の達成において問題となる技術的外部経済を意味する．また外部性は，要約すると，消費者の効用関数および企業の生産関数が自らの消費および投入量だけでなく，他の経済主体の活動水準を示す量を変数として含む時に生じているわけであるが，ここで問題としている外部経済は，[8]式が示すように，消費者の効用関数の変化を意味している．なぜなら，民生関係はもちろんのこと，わが国の地方財政における財・サービスの供給の多くが，特に消費者の効用関数の変化を意図すると解し得るゆえである．

すでに，本節における純粋公共財の最適水準の考察において，真に国民が望む民間部門と公共部門間での資源配分の在り方を追究することが重要である点を指摘した．もちろん，上記で考察した，外部経済を有する財・サービスの最適水準においても，その重要性に変わりはない．パレート最適を達成する供給水準の決定は，限られた資源の下，民間部門と公共部門間での最適な配分を追究することである．すなわち，財・サービスの供給水準の最適性を追究するということは，そのための負担水準の最適性を追究することと表裏一体なのである．しかし，ここでは，そのことを十分に認識した上で，あえて，供給水準にのみ注目している．周知の通り，わが国の地方財政については，各地方政府が，自らの判断で課税することが十分に認められていない．課税のしくみも税率もおおむね一律で，国の意思決定の下，行われる傾向があるからである．この状況下，地方交付税や国庫支出金という多額の（国からの）移転財源に依存して財政が営まれている．つまり，モデルが示唆するメカニズムが直接的に用いられ，民間部門と公共部門間の資源配分が決定されているわけではないのである．しかし，上記のパレート最適を達成する資源配分を念頭に，供給水準に注目することは無意味ではない．本稿で問題としている東日本と西日本間において，（純粋公共財にせよ，外部経済を有する財・サービスにせよ）真に，その財・サービスの必要性に違いがあるならば，モデルが示すパレート最適である水準においても，相対的な供給水準の違いが生じるはずだからである．

なお，財・サービスの供給水準と負担状況とを乖離させ，財・サービスの供給水準の西高東低を可能としている，国から地方政府への移転財源の最適水準追究の視角については，後に考察を加えることになる．

■第2節　地方公共財とクラブ財■

　大半の準公共財を，地方公共財，クラブ財としてとらえることが可能である．地方公共財とクラブ財は厳密には異なる性質を持つが，どちらも非排除性，非競合性を完全に有する純粋公共財ではない（つまり準公共財である）ということから理解できるように，便益を受ける者が制限されるという点で明らかに共通の性格を有している．

　しかし，政府によって現実に供給されている財・サービスの最適水準を追究する際に，地方公共財とクラブ財の相違点として，もっとも考慮すべきは以下の点であると考えられる[9]．すなわち，便益が地域に限定される財を，クラブ財としてとらえる時には，その財を利用し，費用を負担して，その財を供給する共同体（クラブ）数は可変であり，それぞれのクラブの人数も自由に決定できるのに対して，地方公共財としてとらえる時には，その財を使用する共同体数が固定的であるという点である．つまり，その財を使用する共同体の数が可変で，かつ料金の徴収などによって，大きな弊害なくその財を使用する共同体内の人員を操作できる財はクラブ財として扱うことが可能であり，地理的な制約などから，その財を使用する共同体数が不変とならざるを得ない財は，地方公共財として扱う傾向となる．問題とする財をクラブ財として扱うべきか，地方公共財として扱うべきかは，問題とする財の性格が，上記の想定のどちらに即しているかによる傾向がある．

　例えば，地方団体が，自らの管轄エリア内においてプールを供給する場合に，このプールをクラブ財と考えることは可能である．そのプールを利用する共同体が形成され，共同体の数とともに，プールの数を変動させることができ

る．さらに，プールは，料金を通じて，それぞれの共同体の人数を制限することが可能である．球場や体育館なども同様である．大半の準公共財は，クラブ財として議論することが可能である．しかし，例えば地方道路については，このような状況をもたらし得ない性格がある．道路を供給する際に，それを使用する共同体を特定することは，道路の非排除性をはじめとする財の性格から考えて困難な場合が多い．したがって地方道路を使用する共同体数を可変的と考えることは困難である，道路についての共同体は，そのエリアを管轄する地方政府とならざるを得ず，特定の共同体の下で最適性を論じる方が有効となる可能性が高い．

　クラブ財として扱うべきと判断し得る財は，次節で見るクラブ財の理論によって，パレート最適を満たす供給水準を説明することができる．その水準とは，クラブ財の供給を市場経済に委ねることを想定した時に得られる最適水準である．しかしこの時，クラブ財のパレート最適な供給を達成するためには，いくつかの条件が必要となる．その条件が満たされていない場合には，市場経済によるクラブ財の最適供給は失敗し，地方政府による供給が有効となる．クラブ財が多大な外部経済をもたらすケースはもちろんのこと，さらにこのようなケースでも，クラブ財の公的供給の根拠は生まれ，財政による（公的な財源による）供給が有効となるのである．

　他方，地方公共財として扱うことが有効と判断したものについては，問題とする財の便益が及ぶ具体的な範囲に関する点以外は，すでに考察した公共財，および外部経済を有する財と同様の性格であるから，住民の移動に特に配慮する必要がない状況では，その財・サービスの便益（外部経済まで含む）の及ぶ範囲に対し，すでに示してきた各視点から最適水準を追究することが有効である．もちろん，クラブ財についても，結果として，財政財源を用いて地方政府によって供給が行われる場合には，同様の追究が有効となり得る．

■第3節　クラブ財理論■

　クラブ財の最適供給条件は，次の2つの式によって要約できる[10]．社会の人々が同質的な選好を持つとの前提の下，私的財（X），クラブ財（Y）のみが存在する世界で，人々の効用関数を $U = (X, Y)$ とし，クラブのメンバー数を N，クラブ財の費用関数を $C(Y, N)$ とした時，最適なメンバー数とクラブ財の供給量は次の2式の条件が満たされる時に達成される．

$$N(\partial U/\partial Y)/(\partial U/\partial X) = \partial C/\partial Y, \qquad [1]$$

$$\frac{dC}{dN} = \frac{C}{N} \qquad [2]$$

　[1]式の左辺は，クラブのメンバーのクラブ財の私的財に対する限界代替率の和であるから，これが私的財をニューメレール財とした時の，メンバーのクラブ財に対する限界支払い意欲を示し，右辺がクラブ財の生産における限界費用を示している．すなわち，クラブ財についての需要曲線，供給曲線の交点で最適条件を得るのである．しかし，この交点が，もう一つの最適条件（[2]式）である $dC/dN = \frac{C}{N}$ を満たしている保障はない．[2]式の右辺は，平均費用（つまりメンバー一人当りの費用）を示し，左辺がメンバー数が限界的に増加する時のクラブ財の費用の限界的増加つまりメンバー増加による限界混雑費用を示している．したがってこの式は，メンバー増加による限界混雑費用が内部化された状況で，限界費用が平均費用と等しくなる点を示している．つまり，この点こそが一人当り費用が最低となる水準であり，これを満たすことが最適条件の一つとなる．しかし，ここでさらに留意すべき点は，この2つの条件（式）を満たす点が，クラブのメンバー数や，クラブ財の物理的規模によって様々に想定される点である．もとより，上の式で効用の大きさを決定するクラブ財の量は，物理的な量ではなく，サービス水準としてとらえたものであ

第4章 効率性の視角

図4-1

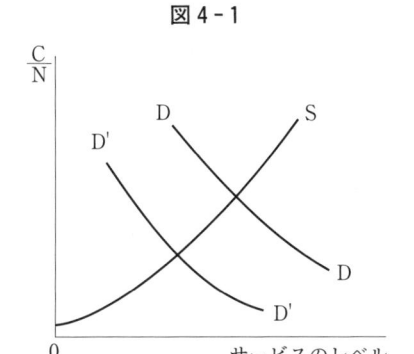

る.

　また，ここで前提としている全ての人々が同質の選好を持つという点は，もちろんのこと現実的ではない．現実には，様々な選好を持つ住民が存在している．その点も考慮して，さらに議論を進めて行こう．

　今，図4-1に描かれているS曲線は，$\frac{dC}{dN} = \frac{C}{N}$を満たすサービスレベルと$\frac{C}{N}$（クラブの会費）の組み合わせの軌跡である．つまりこの曲線は，縦軸に示した各一人当り費用で供給可能な最高水準のサービス量を示している（それぞれのサービスレベルに対する$dC/dN = C/N$を満たす人口規模と財の物理的規模は一つであり，したがって，最適条件を満たす状況での一人当り費用額に対するサービスレベルも一つである）．言うまでもなく，$dC/dN = \frac{C}{N}$を満たす水準での一人当り費用（$\frac{C}{N}$）はサービスレベルの上昇とともに増加する．ここに，2人の個人それぞれの需要曲線（DDおよび$D'D'$）を記入しよう．ここでは，需要曲線$D'D'$の個人の方は，需要曲線DDの個人に比べ低い会費を支払って，低いレベルのサービスを需要することによって，消費者余剰を最大とすることが明らかである．このような多様な人々の希望の下，クラブ財の最適供給がなされないケースが生じ得る．

　特に問題となるのは，ある一定のサービスレベルのクラブ財を需要する人々の数に比べて，その財を供給するクラブの最適クラブ員数が大きい場合であ

図4-2

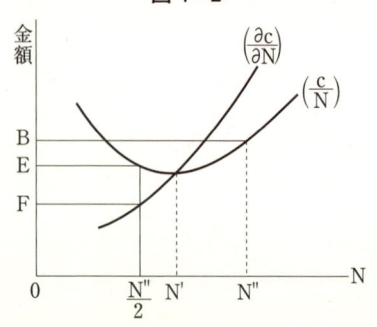

る．この場合，全員を同一クラブに参加させることが望ましい．これは，すでに見た，平均費用逓減財の場合と同様である．

　一定のレベルのサービスを提供する場合の一人当り費用は，U字型となる．つまり，当初Nが増加するとともに減少し，最小点を経て増加する．その理由は，Nが増加すると，一定水準のサービスを供給するためには，Nの増加に伴う混雑を緩和するための共同使用財の物理的規模を増加する必要があるためである．つまりこの時の費用の増加は，クラブ員数を増加するのに必要な限界費用の変化を意味する．一般的傾向として，限界費用は，当初，一人当り費用よりは少ないが，一人当り費用の最小点（最適メンバー数）で一致し，その後は，一人当り費用より早く増加する．この時，一人当り費用を最小とする最適メンバー数が，このサービスレベルのクラブ財を需要する全人口よりも十分に少なければ，多数のクラブが成立する．そして，クラブ間の競争から一人当り費用が最小となるクラブが多数並立する形で市場は均衡する．しかし，最適クラブメンバー数が，このサービスレベルのクラブ財を需要する全人口より多ければ，一個だけのクラブが一人当り費用（つまり平均費用）が逓減しつつある人数で成立する傾向となる．この場合は，既述の平均費用逓減財と同様に全員を限界費用で，クラブ財の消費に参加させることが，パレート最適な意味での効用の最大化の観点から望ましくなり得る．そして，この場合の限界費用は，一人当り費用より小であるから，クラブは赤字となる．したがってこの

場合にも政府介入の必要が生じ得るのである[11].

　一般に，クラブ財の総需要者数が最適クラブ員数の整数倍ではない時は，クラブ財の自発的供給が安定的とはならない状況となる．例えば，ある社会で，あるレベルのクラブ財のサービスを需要する人々の総数 N'' が図4-2の N' よりも大きいとする．この時，クラブ財を供給するクラブが，一個だけ成立し，全員がそのクラブの会員となった場合，各メンバーの一人当り負担は OB となる．もちろんこの点は最適解ではない．しかし，グループを2つに分ける方法はどれも不安定である．今仮に，図4-2が示すように，一時的に総需要者が2等分されて，各クラブのクラブ員数が $N''/2$ となり，全員が OE の会費を払って，問題としているサービスレベルを享受したとする．この時，それぞれのグループで，さらにもう一人のメンバーを追加する費用すなわち限界費用は，OF であり，OE よりも少ない．したがって一つのグループは，他のグループのメンバーが自己グループの会費として，限界費用よりもやや多くを支払う限り，そのメンバーを自己のグループに加えることにより，自己グループの既存のメンバーの支払う一人当り費用を低下させることができる．また，引き抜かれる本人も，現在の一人当り費用より小額の費用で同一レベルのサービスを享受できるならば，他のグループの引き抜きに応じようとする．他方，メンバーを引き抜かれる側では，共同使用者が $N''/2$ より減るので，一人当り費用が OE より上昇し，限界費用は OF より減少する．したがって，引き抜いた側の提示したよりもさらに有利な条件で，メンバーの引き戻しをはかるであろう．誰でもがこの引き抜きの対象者であるから，誰もが OF の限界費用以上の会費を支払う動機がなくなり，総収入はそのレベルのクラブ財を賄うのに必要な総費用に満たなくなる．この時，市場における自発的なクラブの形成は失敗することになる．すなわち，クラブ財の自発的供給失敗の可能性は，最適人数のクラブに収容されなかった人々が，新たに形成されるクラブの最適人数から乖離するほど大きくなる．

　このことは，以下のことを示している．つまり多様な人々の希望に対し，市

場に存在する各サービスレベルにおける最適クラブ数が多数存在すればするほど（つまり一人当り費用を最小とする最適メンバー数が，それぞれのサービスレベルのクラブ財を需要する全人口よりも十分に少なく，多数のクラブが成立すればするほど），クラブ間の競争から一人当り費用が最小となるクラブが多数並立する形で市場は均衡する．つまり各クラブの限界費用と一人当り費用が接近して，多くのクラブが最適規模に近づき，不安定性が減少する（クラブ財の安定的併存が可能）と考えられる．また，小さな村で，プールが一つの時は好採算だが，二つの時には両方とも採算が取れなくなる状況が，市場経済によっては，パレート最適水準を達成できない状況を意味し，状況に応じて公的介入が必要となるという点も理解されよう．上記の状況に地域間で差がある状態は，政府によるクラブ財供給の必要性について，地域間で差が生じている状態である．

■第4節　特定補助金と歳出の最適水準■

1．代替効果

　わが国において，地方税の税率や，地方交付税，国庫支出金の財源である国税の税率は，中央政府の決定により，おおむね全国一律に決定されている．地方交付税や国庫支出金についても，その配分は，国の基準を基礎に，国によって決定されている．さらに地方債についても，毎年中央政府によって，地方債計画が策定され，おおよそそこに示された金額に従った発行となる状況にある．このことからもわかるように，各地方団体ともに全体的な傾向として，与えられた一定の発行限度額を維持する傾向が強い．つまり，基本的に地方政府は，一定の財源の下で，供給する様々な財・サービスの内容において腕を振るう状況なのである．

　本来ならば，地方財政における資源配分においても，限られた資源を民間部門と政府部門間にどのように配分すべきか，を考えるべきである．つまり，本

第4章 効率性の視角

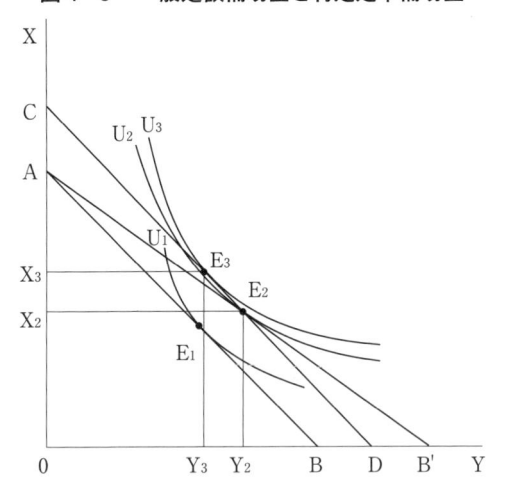

図4-3 一般定額補助金と特定定率補助金

来は歳出に対する歳入（特に税収入）の在り方をも考慮し，最適な資源配分を決定していくことにも，多大な有効性を見出し得るが，ここでは上記のような現状を重視し，国から地方への移転財源水準の地域間格差についての最適性を追究していく上で，起点となる視点を示す．

すでに示したように，東日本に比べた西日本の歳出の高水準は，特定補助金である国庫支出金によって生じている．ゆえに，特定補助金の理論を指針に国庫支出金の最適性を追究することは，国庫支出金によって達成される歳出水準の最適性を追究することを意味する．すなわち，特定補助金の各理論から，特定補助金の地域間格差に妥当性があると判断できるならば，それによって生じている歳出水準格差の妥当性が高まることになる．

まずは，国庫支出金（ほとんどが特定定率補助金）について，もっとも留意すべき補助金の基本的特徴として，同額の特定補助金と一般補助金が交付された場合の効果について示そう[12]．議論を簡単にするために，XとYという2財のみが地方政府によって供給される状況を考えよう．また，この地方団体の住民の選好は全て同一である．また，ここで供給される財は上級財である．さら

にわが国の地方税制度を前提とするならば,公的に供給される財と私的財の間の配分が,特定補助金の交付によって影響を受けない点にも留意が必要である.図4-3には,縦軸に補助対象ではないX財,横軸に補助対象となっているY財が示されている.ABとU_1によって得られるE_1が特定補助金が得られる前の均衡点である.この時,Yに,BB'/OB'の率で特定定率補助金が与えられたとしよう.E_2が補助金交付後の均衡点である.なお,E_1はパレート最適を満たす配分であるとしよう.さらに特定補助金と同額の一般補助金が与えられた場合を考えよう.この場合の予算線はE_2を通ってABに平行な直線として表される.すなわち直線CDとなる.そしてこの時,均衡点は,CD上のE_3に決まり,公的な財・サービスの購入量はX_3Y_3になる.E_2とE_3について明らかなように,両者は同額の補助金が与えられた場合の均衡点であるから,ともに直線CD上に位置することになる.このことはここでの議論を展開する上で極めて重要な事柄である.つまり特定補助金の交付による二つの財の相対価格の変化後の均衡点は,Y財が増加する状況で予算線AB'上で,同時に同額の一般補助金が与えられた場合の予算線であるCD上でなければならない.

同額の一般補助金が交付される場合,常に予算線ABに平行に原点から遠くにシフトした新たな予算線が与えられ,その予算線上に均衡点が得られることになり,この均衡点は特定補助金が与えられた場合の均衡点よりも,必ず左上に位置することになる.つまりE_3はE_2の左上に位置する.なぜならば補助金によりY財のX財に対する価格が低下した結果,E_2における限界代替率とE_3における限界代替率とでは異なる値が導かれるからである.この時,図に示されているような典型的な無差別曲線群の基本的性格(右下り,交差せず,原点から遠いほど効用が高く,凸形)の下では,E_3はE_2よりも原点から遠い(効用水準の高い)無差別曲線上に位置すると考えられる.つまりCD上のE_2とE_3はE_3がE_2の左上に位置する状況で,無差別曲線が交わらないという状況では,E_3は予算線CD上のE_2から無差別曲線U_2がE_2以外でCD

第 4 章　効率性の視角

と交わる点の間に位置することになる．つまり CD 上の E_3 は U_2 よりも効用水準の高い無差別曲線上にあることになる．言うまでもなくこのモデルによる議論は，通常，無差別曲線が反射性，完備性，推移性，連続性，単調性，凸性といった性格を有していることを前提としている．この議論は現実に展開する経済状況から見ると，見方によっては限定された，ごく一般的な状況を想定する議論であるとも解し得る．しかし，もとより経済学は仮定された状況を様々な状況に応じて少しずつ暖めていくことを好む学問である．そしてもちろん，状況が限定された議論であるといえども，このモデルが想定する状況において，実態状況を考えていく上で重要な示唆を得ることができたと言える．上記で示唆されたことを，ここで若干，基数的効用分析寄りに表現するならば，次のように要約し表現することもできる．すなわち確かに Y 財への特定補助金の交付は，同額の一般補助金の交付よりも大きい Y 財の供給促進効果を持つが，特定の財・サービスの消費量が多くなると限界効用が逓減するために，財 Y への特定補助金の交付により得られた均衡点は，同額の一般補助金が交付された場合の均衡点よりも，効用水準が低くなる傾向が生じる，ということである．（様々な制約を前提とした議論ではあるが），国が地方の特定の財・サービスを増加させることのみを目標とする場合には，特定補助金は一般補助金に比べて効果が大きいが，地域の効用水準においては一般補助金の方が各地方団体が財・サービスを自由に選択できるために厚生効果が大きくなる，という傾向が示唆された．

　このように一般補助金に比べたところの非効率が，特徴として指摘される国庫支出金であるが，交付対象となる財の消費量を増加させることが，妥当な目的の下進められる場合には，むしろ一般補助金よりも国庫支出金の方が望ましい（その妥当な目的の最たる一つが次に見るスピルオーバー効果への対応である）．しかし，それが妥当でないと判断されるならば，国庫支出金を財源とすることによって，パレート最適からの逸脱が生じている可能性が高まることになる．つまり，国庫支出金に依存して生じている歳出水準にも妥当性がない可能性が

高まる．東西格差の妥当性を追究するプロセスとしては，ここでも，まず追究すべきは国庫支出金によって供給される財・サービスの必要性である．

2．スピルオーバー効果

続いて，国庫支出金によって交付対象の財・サービスを増加させる目的として，もっとも基本的なものであるスピルオーバー効果への対応を考察しよう．ある地方政府の公共サービスが，その境界を越えて他の地域の住民にも利益を及ぼすことをスピルオーバー効果という．これは一種の外部経済効果と考えることができ，この必要性が国庫支出金水準にも影響を与える．また，スピルオーバー効果の必要性は，財・サービスが及ぼす利益の性格によっては，地域間での人々の交流や移住とも密接なかかわりを持つ．

ここでは，政府が供給する財の利益が地域間相互にスピルオーバーするケースを考えよう[13]．議論を端的にするために，それぞれにまったく同質の人々が住むA，Bという2つの地域のみがある状況を想定しよう（もちろん，ここでは住民の移動はないものとする）．A，Bの政府は，それぞれ公的な財を X_a, X_b 生産するが，その一部 αX_a, βX_b は地域B，地域Aによっても消費される場合を考えよう．すなわち，地域 A, 地域 B の消費量は，それぞれ $X_a + \beta X_b$, $X_b + \alpha X_a$ である．また私的財が1種類あり，A，B両地域においてそれぞれ，Z_a, Z_b だけ消費されているとする．この時，A，B各地域の効用関数は，以下のようになる．

$$Ua = Ua(Xa + \beta Xb, Za)$$
$$Ub = Ub(Xb + \alpha Xa, Zb)$$

さらに地域A，Bでの公的な財の価格を Pxa, Pxb とし，私的財の価格を Pz とする．さらにA地域の人の所得を Ma，B地域の人の所得を Mb で示す．また，もとより効率的な資源配分は，限られた資源の下での効用の最大化であるから，ここでは Ua と Ub との相対的な関係を $Ua - Ub = \bar{U}$（$\bar{U}$ は一定）と

しよう．この時，以下により，最適資源配分となる条件が求められる．
　ラグラジアンを L とし，

$$L = Ua(Xa+\beta Xb, Za) + \lambda_1[Ua(Xa+\beta Xb, Za) - Ub(Xb+\alpha Xa, Zb) - \bar{U}]$$
$$+ \lambda_2(PxaXa + PzZa - Ma)$$
$$+ \lambda_3(PxbXb + PzZb - Mb)$$

一階の条件から，λ を消去すると，以下の最適条件が求められる．

$$\frac{\partial Ua/\partial Xa}{\partial Ua/\partial Za} + \frac{\alpha\, \partial Ub/\partial Xb}{\partial Ub/\partial Zb} = \frac{Pxa}{Pz} \qquad [1]$$

$$\frac{\partial Ub/\partial Xb}{\partial Ub/\partial Zb} + \frac{\beta\partial Ua/\partial Xa}{\partial Ua/\partial Za} = \frac{Pxb}{Pz} \qquad [2]$$

しかし，一般にこの条件が満たされることはない．各地域はそれぞれに独立に行動すると考えられるからである．一般に各地域の主体的均衡における条件は以下の問題を解くことにより求められる．地域Aについて示すと，

　max $Ua\,(Xa+\beta Xb, Za)$
　s. t. $PxaXa + PzZa - Ma = 0$

そして，次の条件が成立する．

$$\frac{\partial Ua/\partial Xa}{\partial Ua/\partial Za} = \frac{Pxa}{Pz}$$

同様に地域 B についても，

$$\frac{\partial Ub/\partial Xb}{\partial Ub/\partial Zb} = \frac{Pxb}{Pz}$$

A，Bの各地域の人々は，通常はこの条件が成立するように行動し，スピルオーバー効果が生じている状況での最適条件である［1］［2］式は満たされないと考えられる．
　この時，［1］［2］式を満たすためには，両地域に，Xa, Xb という公的に

供給される特定の財に対して，以下のような特定補助金（Sa, Sb）が与えられることが必要であり，まさに国庫支出金の機能が必要とされる．

$$\frac{\partial Ua/\partial Xa}{\partial Ua/\partial Za} = \frac{Pxa - Sa}{Pz}$$

$$\frac{\partial Ub/\partial Xb}{\partial Ub/\partial Zb} = \frac{Pxb - Sb}{Pz}$$

■第5節　財政錯覚およびモラルハザード■

1．財政錯覚

　本節では，財政錯覚およびモラルハザードについての考察を示そう．パレート最適を達成していく上で，もっとも基本的な条件は，すでにリンダール均衡について論じた時に示されている．しかしながら，わが国の地方財政は，このリンダール均衡が示唆する重要な条件に反し，公共財の供給に際して，財政錯覚がパレート最適な資源配分からの逸脱をもたらす可能性を有している．

　先にリンダール均衡や外部経済に関するモデルを考えた時と同様の条件の下で，再び公共財の最適供給条件を求めよう．ここでは，ある個人の公共財の租税価格を t，私的財（X）の価格を p，とし，公共財の総量を Y として，この個人についての公共財と私的財の最適供給条件を求めよう．これは次のような最大化問題となる．

　　max $U(X, Y)$
　　subject to $pX + tY = I$

ラグランジュ未定乗数法により，ラグランジュ関数 L は，

　　$L = U(X, Y) + \lambda(I - pX - tY)$

となり，最大化の必要条件は，

$$\frac{\partial L}{\partial Y} = \frac{\partial U}{\partial Y} - \lambda t = 0 \qquad \frac{\partial L}{\partial X} = \frac{\partial U}{\partial X} - \lambda p = 0$$

である．移項してラグランジュ未定乗数 λ を消去すると $MRS = \dfrac{t}{p}$ が求められる．つまり各個人は公共財と私的財の配分を t/p の公共財の相対価格で決定することになるのである．このように，リンダール均衡を達成する上での基本的条件である地域住民が公共財とそのための税負担を比較して公共財の規模を決定することが，財政錯覚（あるいは次項で見るモラルハザード）の存在によって，正当にできない状況が，わが国の地方財政においては指摘されている．

最初に，公債発行の交付が，公共サービスの費用負担についての錯覚をもたらすケースについての諸説を示そう[14]．公債の財政錯覚については，プビアーニ（A. Puviani）やビックリー（W. Vickrey）型の諸説がある．プビアーニは，現時点での一度だけの課税と，それと現在価値で等しくなる年次課税で償還される公債との選択に直面した個人が，個人が資産価値に対する支配権を留保できることから公債方式を選ぶと主張する．一方のビックリー型は，公債発行に伴う利払いと償還のために，必要な将来課税の自己負担分を個人が不正確ないし不完全にしか予想できずに，過小評価している，と考える．ここでプビアーニとビックリー型について，特に次の違いに留意する必要がある．ビックリー型が費用負担についての錯覚を主張するのに対してプビアーニのケースは，公債発行に伴い生じる将来の課税の自己負担を個人が正しく評価していても生じる錯覚であるという点である．つまり，プビアーニの場合は，財政錯覚と予算規模との関係が明示されてはいないと言える．

さらにここでは，財政錯覚が予算規模に影響を与えるケースについて，2つの見解を示しておきたい．財政錯覚の下で，有権者の選好する予算規模は，財政錯覚が存在しない場合と比して「大きい」とする見解と「小さい」とする見解である．

納税者＝有権者は，財政錯覚により公共サービスに対する需要を増大させ，

図4-4 財政錯覚における公共サービスの水準

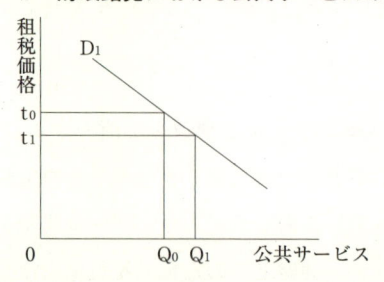

虚偽の選好顕示がないとすれば，財政錯覚のない場合に比べ，過大の需要量を集合的意思決定プロセスで顕示するとの指摘がある．財政錯覚で，多くの納税者＝有権者が同じ様に反応するならば，財政錯覚は集合的意思決定の結果として，政府の予算規模を拡大させるバイアスをもたらすことになる．この点をブキャナン＝ワーグナー（Buchanan, J. M and R. E. Wagner）の仮説によると次のようになる．[15]

図4-4の横軸は，公共サービス水準の量を，縦軸は租税価格を示している．財政錯覚がまったく無い場合，ある個人の公共サービスに対する個別需要曲線は，D_1線で，個人に賦課された真実の租税価格はt_0で示されている．この時，個人のもっとも選好する租税価格はt_0で示されている．しかし，公共サービスの便益については，錯覚がなく正しく評価されているが，その費用，すなわち租税価格について錯覚がある場合には，個人のもっとも選好する公共サービス水準はQ_1となる．便益錯覚がないということは，彼の個別需要曲線がD_1線のままであることを意味する．したがって，租税錯覚により，知覚租税価格だけがt_0からt_1に低下した場合，彼のもっとも選好する公共サービス水準は，Q_1まで増大して，彼にとって最適な予算規模は財政錯覚のない場合より大きくなる．

一方で，財政錯覚の下で，有権者の選択する予算規模は，財政錯覚が存在しない場合と比較して「小さい」とする，ダウンズ（A. Downs）の見解もある．[16] ダウンズは，情報獲得費用が存在する不完全情報の現実世界での予算は，

情報獲得費用がゼロである完全情報世界における「正しい」予算よりも小さいと主張する．

　ここで言う「正しい」予算とは，「市民と政党がともに現実の政府政策および可能性のある政府政策について完全情報をもっているとき民主主義プロセスを経て現れるであろう予算」である．ところが，情報獲得に費用がかかる現実では，政策についての追加的情報を獲得することの便益と費用を比較して，費用の方が大きい場合には，有権者はあえて情報を獲得せず不完全な情報に甘んじることが合理的となる．これが合理的無知（rational ignorance）である．そして，合理的無知の存在が「正しい」予算とは異なる予算規模をもたらすことになるのだが，その予算規模が正しい予算より大きいか否かは，有権者の無知ないし，情報欠如の状況によることになる．

　ダウンズは，有権者の情報欠如が，主に便益にあると考えて，さらには公共サービスの便益は，その公共財的な性質上，租税や私的財便益と比べ，一般有権者にとって身近なものではないし，どんな便益をもたらしているかも定かでないことが多い．したがって公共サービスの便益は，目に見えない便益となる．その結果，公共サービスの便益は，過少に評価されると考えたのである．したがって現実世界の予算は「正しい」予算よりも小さくなると考えるのである．

　なお，上述のように，財政錯覚により公共サービスの便益が過少に評価されることとフリーライダーによる影響とは明確に区別されるべきである．前者はあくまで，情報の欠如から生じ，フリーライダーは，必要性はわかっており，情報の欠如はないが，費用を免れたいと考えるために生じるのである．もちろん，現実に，公共サービスの便益を過小評価する人が，どちらの要因により，過小評価しているかを判断するのは難しい．両方の要因を持っている人が多い可能性もある．

　以上で，財政錯覚におけるいくつかの側面を指摘した．もしも仮に，ここで見たような財政錯覚が，問題としている西高東低格差の要因となっているとす

るならば，例えば前者（ブキャナン＝ワーグナーの見解）の錯覚が東西で異なる状況で作用している可能性や，後者（ダウンズの見解）の錯覚については，財・サービスの便益に関する情報の状況に，なんらかの東西差のある可能性などを検証する必要が生まれる．

2．モラルハザード

前項の財政錯覚とは明確に区別されるもので，補助金によって引き起こされる非効率として，モラルハザード（地方自治体の補助金依存症）がある．極端な例として，補助金が交付される，という事実のみに注目し，その財・サービスの必要性とは無関係に，その財・サービスの供給を決定する場合などである．

財政錯覚にせよ，モラルハザードにせよ，パレート最適からの逸脱をもたらすという点は共通である．そもそも財政錯覚やモラルハザードが生じているか否かを判断することが大変であり，さらに，現実の状況に際し，もしも，パレート最適からの逸脱が生じていることが明らかな状況下，それが財政錯覚あるいはモラルハザードのどちらによるものかを適確に区別することも難しい．

もとより，市場メカニズムでは公共財の水準がパレート最適となる条件を満たし得ないのは，市場における価格が適切な情報を伝達しないためであると要約し得る．そのような中，すでに指摘したように，選挙がこれに代る機能を完全には果たし得ない．当然に政府も必要な情報を全て知り得るとは限らないゆえに，明らかに供給過剰，あるいは過小となる場合も生じる．

もちろん，財政錯覚が生じていることを念頭に，地方債の状況や，供給される財・サービスの便益に関する情報などに東西格差が生じているか否かを追究することが無意味なわけではない．しかし，そのような状況把握を積み重ねたとしても，パレート最適からの逸脱が生じているのか否か，財政錯覚やモラルハザードが生じているのか否か，さらにはそれらの状況に東西格差があるの

か，つまり言い換えるならば，パレート最適からの逸脱があるならば，それがいかなる要因によって生じ，それが問題とする東西格差の要因となっているのか否か，という格差の妥当性を判断する上で，有用な認識を得ることは容易ではない．

また，さらに以下の点にも留意すべきであろう．もし仮に財政錯覚やモラルハザードが生じており，それによって東西格差が生まれる部分があるならば，その状況差をもたらす要因をさらに追究することが必要となる．例えば，地方債発行によって財政錯覚がもたらされているとして，その状況の違いが東西格差要因であるならば，公債発行による財政錯覚の程度や状況が，東西で異なるのはなぜか（そこに県民性の違いが影響を与えている可能性も考えられる），といったさらなる考察が，最適水準を追究する上で有用である．

注

1) P. A. Samuelson, "The Pure Theory of Public Expenditure", *Review of Economics and Statistics*, vol. 36 (4), Nov. 1954(昭29), pp. 387–389, および P. A. "Samuelson, Diagrammatic Exposition of a Theory of Public Expenditure", *Review of Economics and Statistics*, vol. 37(4), Nov., 1955(昭30), pp. 350–356.

2) 常木淳『公共経済学』新世社，平成7年，pp. 43–48.

3) もちろんのこと，供給主体にX非効率といった非効率も存在しないことを前提とし，供給サイドにおける最適条件は満たされている状況を想定している．なお，X非効率については，C. V. Brown and P. M. Jackson, *Public Sector Economics*, Martin Robertson, 1978(昭53). （大川政三・佐藤博監訳『公共部門の経済学』マグロウヒル好学社，昭和57年，pp.170–172）を参照．

4) Howard R. Bowen, "The Interpretation of Voting in the Allocation of Economic Resources," *Quarterly Journal of Economics*, vol. 58 (1), Nov., 1943(昭18) pp. 32–48.

5) 西村紀三郎『財政学新論（第3増補版）』税務経理協会，昭和63年，p. 85–130.

6) D. C. Mueller, *Public Choice II*, Cambridge Univ. Press, 1989 (平元). （加藤寛監訳『公共選択論』有斐閣，平成5年，pp. 10–28) を参考にした．

7) 表による分類に加え，ボックスダイアグラムによる分類も可能であるが，ここでは以下の文献の分類表に従った．そこでは競合性のある財がさらに2つに分けられ，現状の公的な財・サービスの特徴を的確にとらえた分類が可能である（篠原章「公共部門と民間部門」里中恆志・八巻節夫編著『新財政学』文眞堂，平成9年，pp. 129-131）．
8) 柴田弘文・柴田愛子『公共経済学』東洋経済新報社，平成10年，pp. 192-196．
9) 堀場勇夫『地方分権の経済分析』東洋経済新報社，平成11年，pp. 76-88を参考にした．
　なお，本論文で問題としているクラブ財の理論は，本書における，職場と住所が異なるモデルにおおむね該当している．つまり本論文では，職場と住所が一致するモデルが示すような生産関数の変化までは考慮していない．
10) 米原淳七郎『地方財政学』有斐閣，昭和62年，pp. 121-126．
11) 前掲『公共経済学』pp. 207-217．もちろん，この場合でも必ずしも全てのケースにおいて，政府の介入が行われているとは限らない．その要因の一つとして，上述の外部経済の状況をあげ得る．なお，本節においては，特に同上書を参照した．
12) 前掲『地方財政学』pp. 181-186，および土居丈朗『地方財政の政治経済学』東洋経済新報社，平成12年，pp. 95-97を参照．
13) 前掲『地方財政学』pp. 191-196．
14) 横山彰『財政の公共選択分析』東洋経済新報社，平成7年，pp. 41-60．以下の財政錯覚論理は，全て本書を参照した．ビックリーについては，W. Vickrey, "The Burden of the Public Debt : Comment", *American Economic Review*, vol. 51(1), March, 1961（昭36），pp. 132-137，を参照．
15) J. M. Buchanan and R. E. Wagner, *Democracy in Deficit : The Political Legacy of Lord Keynes*, Academic Press, 1977（昭52）．（深沢実・菊池威訳『赤字財政の政治経済学』文眞堂，昭和54年，pp. 144-167．
16) A. Downs, "Why the Government Budget is Too Small in a Democracy", *World Politics*, vol. 12, July, 1960（昭35），pp. 541-563．

第5章

再分配の視角

■はじめに■

　本章では，まずは，所得の再分配に注目し，考察を進める．すなわち，明確な東西格差が，所得再分配による効用の最大化の視角から見て，妥当性を持つか否かを追究する基礎を示す．

　公的な財・サービスの供給が，その供給がない場合に比べて，人々の所得を増加させる効果を持つことは多い．それゆえ，再分配の問題を，所得の再分配として総括することにも意味があるが，所得のみに注目していたのでは説明のつかない再分配もある．アマルテイア・セン（Amartya Sen）が『不平等の再検討』の中で，社会的な不平等などの問題が金銭的所得額の問題に矮小化される傾向を批判していることからも示唆されるように[1]，あるべき再分配は，決して，低所得者への金銭給付といった，端的な所得の移転によってのみから導かれるものではない．最適な再分配を追究する視点は多様に存在する．本章では，その多様な視点の中の一つとして，地域間の再分配についても言及している．すなわち，わが国の地域間での再分配が，特定水準を達成するための財政調整によって行われている点に注目し，この再分配の意義の視点から，現実の歳出に示される明確な東西格差の妥当性を追究する基礎をも示している．

■第1節 所得再分配と社会的厚生関数■

1. パレート最適と市場による所得分配

　本節では，最初に，もっとも基礎的な考察の視点である社会的厚生関数と効用可能フロンティアについて考察する．まずは，この社会的厚生関数とあるべき所得再分配との関係を，いくつかの前提の下，確認し，最適な所得再分配を考えよう．そのための第一歩として，本項では，パレート最適と社会的厚生関数との関係を見ていく．

　パレート最適は，現実の政策提示においても広く受け入れられている概念であり，資源配分の指針としての有効性は高い．しかし，パレート最適である配分は，数ある効用の個人間での配分において多数存在する．その多数存在するパレート最適な配分の組み合わせを示す軌跡が効用可能フロンティアである．今，図5-1には，特定の資源，技術の制約の下，KとJのみからなる世界において，両者に対する効用可能フロンティアがFFとして示されている．もちろんそれだけではないが，効用を得る現実的手段として，所得の影響が大きい

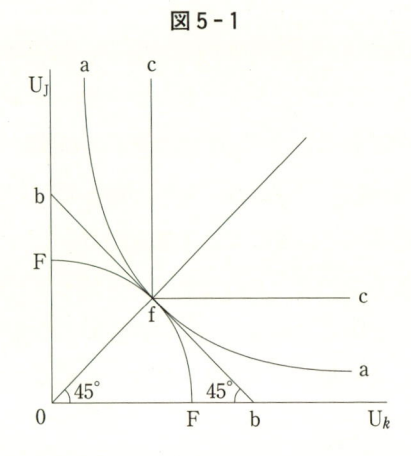

図5-1

第5章 再分配の視角

ことは明らかであるので,まずは,K,Jそれぞれが得られる効用の配分を各人の所得の配分としてとらえることにする.

なお,単純化された2者間でのモデルを起点とすることからもわかるように,本節で見る所得再分配の視角が問題としている公平性は,主に個人間での垂直的公平である.そして,ここで得られる示唆は,もちろんのこと多数の個人間に対しても適応が可能である.現実においては,多数の人々についての所得再分配,その結果としての垂直的公平を考えねばならないわけだが,さしあたり問題とする2者を,高所得者と低所得者の二つのグループと考えて,両者間での所得再分配を考えるならば,そこから多数の者に対する再分配の方向性を定める上で有効な基礎を得られる.2者間の議論は,まずは方向性を示すための基礎的な考察である.

では,再分配以前の分配はどのようにして決まるのか.市場を中心とした資本主義社会では,主に生産要素に応じた個人間への分配,生産要素の市場価格,あるいは賃貸料などに依存して決まると言える.しかし,現実においては,強制獲得による公的経済も営まれている.公的な経済において効率性を追求することによっても,所得分配は行われる.

このような様々な要因によって決まる所得の配分は,それがパレート最適を達成しているならば,図5-1の前提においては,FF曲線上のどれかの配分となり,パレート最適を達成していない場合には,FF曲線の原点側のどれかの配分となる.もちろんこの所得分配の結果は,時代とともに変化する可能性がある.つまり,様々な経済社会状況の変化に応じて資源や技術制約の状態も変動し,効用可能フロンティア全体がシフトし得るのである.しかしながら,様々な資源や技術の状態を考えることは可能であるとしても,各状態・各条件において決定される所得分配の状況は一つである.決定された所得の配分が,パレート最適を達成しているならば,その配分は効用可能フロンティア上のどれかの配分である.パレート最適が,資源配分上極めて有効な達成すべき基準であることはすでに周知している.数ある効用可能フロンティア上の組み合わ

せの中でいかなる点が選択されるべきであろうか．ここで選択されるべきもっとも最適な所得の配分を達成する，所得再分配の在り方について，いくつかの見解がある．以下では，これらの見解の基礎的な内容を概観していくことにしよう．

なお，ここでは，特定の資源，技術制約の下での効用可能フロンティアを想定し，効用可能フロンティア全体のシフトまでは考えないこととする．

2．天賦に基づく基準[2)]

人々は，自己の保有する生産要素の分配を受けて経済活動を営む．例えば生産要素が労働である場合，完全競争の下では，労働の所有者が受け取る賃金は，彼の労働がちょうど生み出したものに等しくなる．しかし，本人の責任によらない疾病，傷害，失業等の発生や相続あるいは教育機会の差異などの不公平には配慮しなければならない．すなわち各人の労働の質と量は，生まれながらの能力，教育レベル等といった，本人の努力や本人の労働に対する意欲によらないものによっても大きく影響を受ける．この時，これらの要因によってもたらされる不平等性に留意すべきとの判断が生まれる．すなわち，これらの個人的努力や自己の責任に帰されない要因により生み出された所得に対して，「それを修正すべき」との判断が成り立つ．もちろんのこと，これの厳密な修正が実行上，幾多の困難を伴うことも事実であり，どこまでが本人の努力によるもので，どこまでが外的条件によるものかといった点を，正確に示すことは不可能である．しかしながら，この困難にもかかわらず，一方で現実に，政府（地方政府も含む）が，税制や社会福祉サービスの供給によって所得再分配を行っているという側面がある．すなわち，上述の不平等の個別修正が困難な状況下，何らかの全体的な指針に従って再分配がなされ，上述のような公平性の問題への対応がなされているのである．次項以下では，この全体的な指針を考察する上で，有効と考えられる一つの視角を吟味していく．

3. 社会的厚生関数に基づく所得再分配[3]

　社会全体としての配分の指針は，一般に社会的厚生関数として示される．社会的厚生関数は，図5-1の前提においては，JとKそれぞれの効用に対する無差別曲線として示される．所得再分配も，基本的には，国民の効用を向上させることを目的に行われ，基本的に，社会的厚生関数と効用可能フロンティアとの接点において最適となる．つまり，図中の社会的厚生関数（aa, bb, cc）については，それとFFとの交点fが最適点である．念のため，財・サービスの公的供給に注目する本稿の性格を考慮して，図5-1の前提の下，公共財の供給が行われる場合の最適点を示そう．完全競争市場を前提とするならば，この最適点は，公共財，私的財の供給に際しパレート最適を達成し，かつ効用の最大化をなす所得再分配が達成されている状況である．各無差別曲線の社会的厚生をWとし，Xという私的財とYという公共財（等量消費される）のみがある単純化されたモデルにおいて，社会的厚生関数は，$W = W[U_J(X_J, Y), U_k(X_k, Y)]$ となる．このモデルでは，公共財と私的財の2財のみが存在する世界を想定しているので，私的財Xが所得水準を示していると考えることは可能である．効用を最大化する社会的無差別曲線と効用可能フロンティアとの接点では，以下のような最適条件が満たされている．すなわち，効用可能フロンティアの限界変換率は $\frac{\partial U_J}{\partial X_J} \cdot \frac{\partial U_k}{\partial X_k}$ であるから，最適条件は $\frac{\partial W}{\partial U_J} \cdot \frac{\partial U_J}{\partial X_J} = \frac{\partial W}{\partial U_k} \cdot \frac{\partial U_k}{\partial X_k}$ である．

4. 社会的厚生関数における再分配の指針

a．ベンサム的価値判断とロールズ的価値判断

　まず本項では，社会的厚生関数を定めるに際し，指針となる二つの有用な考え方を示そう．最初にベンサム的価値判断について示そう[4]．ベンサム（Jeremy Bentham）に代表されるグループは，社会全体の厚生を，社会を構成する人々の効用の単純な総和としてとらえる．そして，ある裕福な人の効用

が1単位増えて，ある裕福でない人の効用が1単位減った時，社会全体の満足は同じと考える．そのため，両者における所得の交換可能性において，弱者保護の考えがまったく生じてこない．その結果，最適な（社会全体の効用を最大化する）配分は，限界効用が逓減する状況を前提に，各人の所得に対する限界効用を均等化するように再分配を行うことによって達成される．すなわち，人によって限界効用曲線が異なる状況下，限界所得から効用を得る能力の大きい人に，その能力の少ない人よりも多くの所得を配分すべきことになる．

つづいて，ロールズ的価値判断について示そう[5]．ロールズ（John Rawls）は，「高所得者間の所得分配がどうであろうと，社会の最低に位置する人々の効用を引き上げるのが社会的厚生の最大化につながる」と主張した（マックスミニマムの原則）．つまりこれは，もっとも所得が低い人の効用にのみ注目し，その人の経済状態が改善されれば他の人の経済状態がどうあっても，社会的に望ましいという考え方である．この考え方は，どのような状態が将来自分に起こるか知り得ない状態，すなわち，「原初的無知のヴェール（original veil of ignorance）」（将来がヴェールにつつまれた状態）において人々が判断を下すことを前提に示されたもので，原初的無知のヴェールの下では，もしも自己が社会の最低クラスになった場合でも極端に生活水準を落とすことを回避できる所得再分配を人々は選択する，との考えに基づいて示されているのである．

b．社会的最適配分

社会的厚生関数を吟味する前に，まずは以下の点を踏まえたい．以下では，ハーサニー（Harsanyi, J.C.）を代表とする新功利主義と上述のロールズの両者による原初的無知のヴェールおよびそれに関する前提を，まずは問題とする全ての社会的厚生関数の前提として想定する[6]．つまり，社会的厚生関数が原初的無知のヴェールの下で選ばれることを想定し，その時に，起こり得る各状態での効用の評価が，各人共通であるという仮定をたて，かつ社会の構成員は各々の社会状態の下で，自分がどのような社会的位置にあるか全く不確実であると

いう無知のヴェールの下では，各状態での各人の効用の期待値も各人共通と考えるのである．ちなみに，この前提の下では，社会的無差別曲線が原点を通る45°線に対し左右対称となる．

上記の前提の下，前述のベンサム的な価値判断に基づく社会的厚生関数は，図5-1における前提において，45°の傾きを持つ直線（図5-1中 bb）で表され，ロールズ的な価値判断に基づく社会的厚生関数は，45°線に対して対照的なL字型の無差別曲線（図5-1中 cc）となる．

次にこのそれぞれの厚生関数の根底にある考え方の違いを端的に把握しよう．その場合，各厚生関数の効用の交換可能性に注目することが有効である．

ベンサム的価値判断の下では，一方の効用が1単位増えて，その代りにもう一方の効用が1単位減れば社会全体の満足は同じであるから，一方の裕福な人が余計に満足できれば，他方の貧困な人の満足がそれと同じだけ減っても，社会的に同程度望ましいとの評価がなされる（ゆえにこの価値判断の下での社会的厚生関数は，図5-1 bb のようになる）．これに対してロールズ的価値判断は，世の中でもっとも所得が低く，したがって効用のもっとも低い人の効用のみを改善するというものなので，このモデルでは，一方の裕福な人の満足が増えた時，それによるもう一方の貧困な人のいかなる犠牲も許されないことになる．（ゆえに，この価値判断の下での社会的厚生関数は，JとKの2人を考える図5-1では，左右対称な L 字型となるのである）．その結果，ベンサムの場合とは大きく異なり，個人間で効用を交換することは全くできないことになる．これに対して，効用の交換可能性は存在するけれども「ベンサムの場合のように完全ではない」とするのが，図5-1の社会的無差別曲線 aa である[7]．この社会的厚生関数では，原点を通る45°線上の効用の分配が平等な状況では，各人の効用はほぼ1対1に交換可能であるが，45°線からいずれかの方向へずれて不平等が高まるほど，裕福な人の効用増加と交換に，減少させ得る貧困な人の効用は少なくなるので，ロールズ的な価値判断が該当する．すなわち，このような，厚生関数を，先ほどの原初的無知のヴェールの下での意思決定と解

する時,この厚生関数は,より不運な状況での状態を幸運な状況での状態よりも相対的に高く評価した人々の最適化行動を示していると言える.つまり,原初的無知のヴェールの前提の下,ベンサム的な価値判断の社会的厚生関数が,貧困に陥るリスクをまったく評価していないのに対し,他の厚生関数は,人々の貧困に陥るリスクを評価し,その評価の程度が厚生関数間で異なっていると解し得るのである.

以上のような社会的厚生関数から導かれる,最適な所得分配を考える起点として,まずは以下の点に留意することが有効と思われる.すなわち,社会的厚生関数と効用可能フロンティアが,図5-1のように原点を通る45°線に対し左右対称であるならば,ベンサム的,ロールズ的および両者の中間的な価値判断のどれにおいても,各人の所得が均等となる配分が最適である可能性が高まる点である.図の状態は各社会的厚生関数が,各人の間での効用の交換可能性について異なる判断をしているとしても,原初的無知のヴェールの前提の下,それぞれの社会的厚生関数において,各人が各状態で得る効用と効用の期待値が各人共通という状況の下,限界所得から効用を得る能力が各人において等しく,効用の最大化のために,その能力が高いものへより多くの所得を分配する必要がない状況である.

原初的無知のヴェールと均等配分の正当性について,さらに理解を得るために説明を続けよう.図5-1と同様の前提の下,図5-2において,もともとの効用の配分は,功利主義の社会的厚生関数を最大にする A 点で与えられているとする.この状態から,均等な配分を示す B へと所得を再分配することによって,配分が変更されるとすると,J氏は,$ABDC$ の効用を失い,K氏は $ABEC$ の効用を得るので,社会全体としては,CDE だけ総効用が減少する.しかしながら.効用享受とは,各人の運否天賦に依存する.もしも逆の運命が訪れて,J氏とK氏が,反対の効用享受となった場合を考えてみよう.この場合は,J氏の限界効用は KK',K氏の限界効用は JJ' となり,もともとの配分 A は,B と対象的な A' となる.この時K氏は,$OJFA'$,J氏は,$O'KGA'$ の

第 5 章　再分配の視角

効用を得るから，A' から B への移行をもたらす所得再分配によって，K 氏は $A'FDB$ の効用を得，J 氏は $A'GEB$ の効用を失う．この時，社会全体の効用増分は，$GFDE$ であり，これは先ほどのケースの効用の減少分，CDE を上回っている．この時，先ほどの原初的無知のヴェール状況（2 種類の可能性が等確率で生じる状況）ゆえに，期待効用和の最大化に際し，常に B の均等配分となることが正当化される．

しかし，原初的無知のヴェールの前提がない状況では，たとえ社会的厚生関数を特定できたとしても，さらに各人の現実の効用享受能力の違いに配慮することが必要となる．つまり社会的厚生関数に従って，所得移転をするとしても，その結果が，効用享受能力の高い人に，より多くの所得配分となるような再分配を実施することを考えねばならない．すなわち，所得再分配を実施すべきことは明らかであるとしても，効用享受能力の低い者から高い者へ所得を移転する場合の方が，効用享受能力の高い者から低い者へ所得を移転するよりも，社会全体の効用を高めることとなる．この時，そこに社会的厚生関数の形状が配分額に影響を与えることは周知であろう．つまり，この場合の効用を最大化する所得配分は，社会的厚生関数と効用可能フロンティアの状況に応じて決定されることとなる．

効用可能フロンティアの異なりは，各人が限界所得から得る効用が大きいか

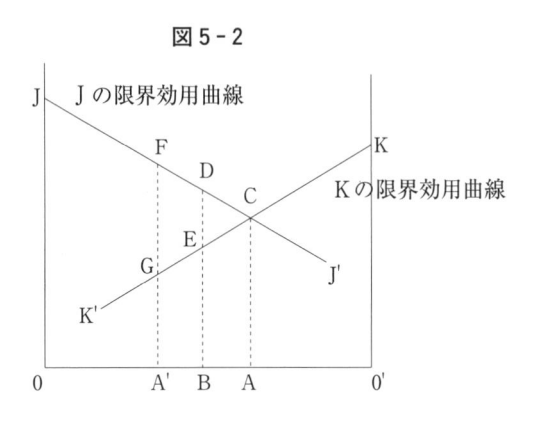

図 5-2

小さいかに影響を受ける.この状況を考慮するならば,ベンサム的な価値判断とロールズ的な価値判断による社会的厚生関数,あるいはその中間的性格の社会的厚生関数,それぞれに従って求められる効用を最大化する各人の間の配分状態は,それぞれ異なるものとなり,均等な所得の配分が必ずしも妥当とはなり得ない.それぞれの厚生関数が,各人の間での効用の交換可能性について異なる判断をしている状況下で,各人が効用を得る能力にも違いが生じているのだから,最適な所得配分額は必ずしも均等な配分とはならず,様々に異なるのは当然である.ロールズ的な価値判断に従う厚生関数ならば,低所得者の効用の増加のみに価値をおくわけであるから,この場合では,(つまり効用可能フロンティアの状況にかかわらず)通常はやはり均等配分が妥当となるが,ベンサム的,ベンサムとロールズとの中間的な価値判断による厚生関数の場合には,高所得者の所得が増加した場合でも,社会全体の効用が高まるという価値判断が行われているので,効用可能フロンティアに従い,限界所得から得る効用の大きいものへの配分を大きくすることが,社会全体の効用を高める上で有用となる.もちろん,この両社会的厚生関数では,高所得者と低所得者の所得増加に対する評価が,それぞれに異なるので,両関数が示す最適な所得の配分は異なるものになる.低所得者の所得の増加を,高所得者の所得の増加よりも高く評価する関数である方(つまりベンサム的な方ではなく中間的な価値判断の厚生関数の方)が,最適な配分は,より均等配分に近い可能性がある.すなわち限界所得から得る効用の大きい者への配分を大きくする一方で,低所得者の所得増加を高所得者の所得増加よりも高く評価する程度が異なるので,一方の所得が高くなる状態を最適とする程度にも差がでるのである.すなわち,両関数間では,限界所得から得る効用の大きい者への配分を大きくする,その程度に違いが生じるのである.

　社会的厚生関数と効用可能フロンティアが示す最適な所得再分配が,均等配分とはなり難いという現実は,所得再分配の決定が極めて困難であるという点を示唆している.

第5章　再分配の視角

　もとより，現実においては，人々のコンセンサスを得た社会的厚生関数を求めること自体容易なことではない．さらには，たとえ社会的厚生関数が求められたとしても，すぐ上で指摘したように，効用可能フロンティアの状況に応じて，求められる最適な配分は，社会的厚生関数の状態それぞれに対し異なり得るのである．つまり，各人への均等な配分が最適とならない可能性は高いのである．

　本来，人々が原初的無知のヴェールの前提が当てはまる状況にあるならば，当初においては，効用可能フロンティアについても，左右対称なものが妥当となる可能性がある．それゆえ，いかなる厚生関数が選ばれたとしても，均等配分が妥当となる可能性は高まる．しかし，各人は，現在の状況においても，将来の状況においても，すでに様々な情報を得ており，現実には，各人が原初的無知のヴェールの下で選好を表明することはできない．そして原初的無知のヴェールの前提なしで，社会的厚生関数について，人々のコンセンサスを完全に得ることは（それを目指す重要性は言うに及ばぬが）不可能である．このような現実の下，社会的厚生関数を特定することは困難である．つまり現実においては，たとえ将来の保険として社会的厚生関数をとらえたとしても，現実に各人がおかれている状況や各人の考え方は様々であるので，（もちろんのこと，社会的厚生関数と効用フロンティアが左右対称になる状況とはなり得ず），各人がおかれている状況や各人の考え方が様々であるゆえに，特定の水準に所得再分配を決定することも困難なのである．もとより，高所得者から低所得者への財源移転に関しては，給付を受ける低所得者の要望は強く，それに比べて高所得者の要望は低く，容易には意見の一致は得難い傾向ともなり得る．この時，異なる状況にあり，様々な考え方を持つ個人間での効用の比較は困難であり，それゆえに完全な意見の一致が見られる可能性も極めて低い．[8]

　また，効用可能フロンティアの特定についても，人々の意見を直接に聞いた結果を基礎におくことは困難である．各人は，自己に有利な配分を導くために，自らの選好や能力をいつわって報告する可能性があるからである．した

がって，効用可能フロンティアの特定に関しては，労働条件など客観的に把握した状況のみを基に特定する以外の方法によるべきではない．ゆえにこのフロンティアの状況に東西格差の要因を求める場合には，あくまで把握し得る客観的な状況のみに配慮すべきである．

政策決定における具体的な困難性として，また以下のような諸点にも留意が必要である．社会的厚生関数についても，さらに様々なケースが考えられる．例えば，現実に存在する利他主義者が，他の個人の効用が向上することによって，自己の効用も高まるという点を念頭におくならば，社会的厚生関数は，いままで想定してきたような左右対称のそれとはなり難い[9]．当然に左右対称でない社会的厚生関数は，左右対称である社会的厚生関数とは異なる配分を最適とする可能性がある．

もちろん，たとえ社会的厚生関数を特定できて，効用可能フロンティアを想定できたとしても，効用可能フロンティアと社会的厚生関数によって求められる最適な配分を達成するために，必要な再分配の額を具体的に達成していくことは至難の技である．社会的厚生関数と効用可能フロンティアによって示される最適な配分を達成するためには，初期の所得や富の分配を個人間で適切に再分配した上で市場を運用するといった行動が求められることになる．効用可能フロンティア内のどの点に所得の配分が決定されるかは，市場での様々な経済活動の状況に絶えず影響を受けるからである．この時，適切な再分配額の達成に必要な知識を政府が十分に持つことは不可能に近い．

加えて，現実に起り得ることとして，再分配をなすことで生じる非効率にも留意すべきである．つまり再分配が，社会の総効用を減少させる場合もある（例えば，労働供給における非効率等々）．つまり，財政による再分配が，図5-1における点 f のような社会的な効用の最大化を達成する保証はなく，たとえ社会的な厚生の増加が生じたとしても，所得再分配の結果生じた非効率によって，効用可能フロンティアの内側（原点側）での配分となる可能性があるのである．（この非効率の理論的追究および実状の解明は現代財政学の基本課題の一

つである).それどころか,再分配政策を極端に推し進める場合には,既述の非効率から生まれる厚生の損失が再分配から生まれる効用を上回り,社会的厚生が再分配政策を実施しない場合よりも低下する場合も考えられる.

社会的厚生関数と効用可能フロンティアによる再分配の決定は,進むべき方向性を示す指針を求める際には有効であるが,これらについて,完全な意見の一致を得て,具体的な水準を決定することは困難である.

■第2節　地方財政調整による特定水準達成■

1．特定水準の達成による地域間の公平性確保と効率性

前節では,所得再分配の在り方を考える上で,指針になる基本的な考え方を示した.本節では,地域間での再分配(つまり地方財政調整)の根拠について考察を加えたい.

パレート最適の達成から考えるならば,公平確保のための「地方財政調整による(つまり補助金による特定水準の達成によってなされる)」再分配は,非効率をもたらすことが多い.

もとより,地方団体による公的な財・サービスの供給における効率的資源配分が達成されるケースは,地方政府間の競争の下,効率的な生産が行われることを前提に,人々が,より効率的な公共サービスの生産が行われる地域へ移動していき,社会の余剰が最大となる状況を前提としていることが多い.しかし,この前提は現実的でない場合が多い.人々の移動は,地理的条件や金銭的,非金銭的理由によって常に制約を受ける.住所の変更が必要な住民移動は,友人,知人と別れるといった精神的苦痛などの理由,さらには,農林水産業に携わる人が,移動後に,次の職を得ることが,職業の専門性や地理的条件によって大きく制約される場合などの職業的理由など,様々な要因によって制約を受ける.このような現状では,公平確保のための地方財政調整(以下,財

政調整）が，その具体的なレベルに様々な議論を残しながらも正当化され実施されることになる．もしも，そうしなかったならば，移動が困難な人々が，著しく不利な状況に置かれることになる．

　上記の状況に対応し，財政調整が行われる場合，パレート最適な資源配分の達成からは遠ざかる事態も生じる．財源補填を受けた地域は，他の地域と同じ有利さで，公的な財・サービスを消費することが可能となるが，実際には，生産費そのものが低下したわけではないので，非効率な生産が温存される可能性がある．いわゆる公共部門のX非効率が助長され，さらには，財政規模についても，補助金交付によるモラルハザードといった問題が生じる可能性もある．また，生産費自体においても，多数の地域によるよりも，一つの地域に，全住民を集める方が，規模の経済性ゆえに，低費用での供給が可能であり，社会的余剰の最大化の観点から，そうすることが好ましい場合でも，財政調整がそれを阻むことになる．さらに，財政調整による厚生水準のロスは，次章第1節2.以下で，指摘するように，前節における所得再分配による効用最大化の観点においても生じ得る．その理由は，（一言で言うならば）財・サービスの供給および所得再分配のための財源が，財政調整によって，各地域ごとに各地域の住民によって，負担される状況とはならない点に求められる．

2．財政調整による特定水準達成の必要性と考察視角

　前項に引き続き本項でも，まずは特定水準の達成によって地域間での公平性を保つことの意義を追究していこう．

　地域間での公平性を保つことと，前節で見た各人間の最適な所得分配を考えることは，影響を与え合い重複する面を持ちながらも明らかに両者は完全には一致しない．それは，（再分配が，高所得者から低所得者へとなされる一般的傾向の下）地域間での公平性追究の結果，その恩恵が，高所得者にも及ぶことによる．ではなぜ，高所得者にも恩恵をもたらす地域間での再分配をなそうとするのか．その答えとして示し得る主な具体的解答の一つに，所得においては代替

できない，時間的な利便性への対応がある．保育所に子供をあずけるのに際して，時間的な弊害を生まない条件を全ての地域が備えているわけではない．老人ホームについても同様のことが言える．この点は，特定水準の達成を目指す地域間の再分配が，前節の再分配によっては対応し得ない格差に対応せねばならない点を示す重要な根拠である．もちろん，この問題に対応し，特定水準を達成することによって，地域間格差を是正した結果が，完全に公平な状態を達成するわけではない点は言うまでもない．高所得者と低所得者間の公平が十分に満たされるわけではない点はもちろんのこと，利便性についても，十分な公平性を保てるとの保障はない．各人について求められるあらゆる利便性の向上のための具体的な対策は，客観的に把握可能な環境や状況の違いのみでなく，各人が遭遇する，時々の環境や状況にも影響を受けるものである．ゆえに厳密に利便性について完全に公平な状態を達成することは極めて困難である．

　また，このような利便性についての公平性を確保するということに関連して，さらなる特定水準達成の意義を示すことができる．もとより利便性の向上は，政府が供給する，財・サービスのみによって果たされるものではない．民間の企業や個人によって果たされる面も非常に大きい．企業や個人が流出してしまった過疎地域では，生活に必要なものを購入する場も働く場も少なくなり，生活する上での利便性は低下する．こういった事態を抑止するためにも，大きな地域間格差を放置せず，財政調整によって特定水準を達成することが必要である．前項で指摘したように，移住が困難な一部の人々を救うためには，その地域に住む人々全体の利便性を向上させる必要があるのである．

　さらに，過疎の抑制（特定地域への人口集中の抑制）という点に注目するならば，これが，人口集中地域において生じる公害といった外部不経済に対応して，パレート最適を達成し得るという点からも，特定水準の達成の必要性を示すことができる．しかしながら，このような視点から，特定水準の達成の必要性について，地域間での相対的な格差が生じるか否かを追究することは，前章で見た各視点から，歳出水準の格差の妥当性を追究することにおおむね等し

い．利便性の違いへの対応についても，そのために必要な財・サービスの供給水準の地域間での相対的な違いは，パレート最適達成の視角，あるいは所得再分配による効用最大化の視角において追究し得るものである．

さらに，財政調整による特定水準達成の必要性，その根拠は，各地域における住民のコンセンサスの観点からも説明できる．例えば，民生費を中心とした様々な費用によってなされる低所得者の保護が，各地域住民のコンセンサスの結果，各地域において十分に達成される保障はない．前節のモデルからもそれは明らかである．モデルでは，高所得者と低所得者の二人のみの世界が想定されているが，現実には，多数の住民の判断に基づく社会的厚生関数に従うことが必要である．この時，コンセンサスを得ること自体が極めて困難である．また，所得再分配の決定が，ほんの一部の特定の人々の意向に従うものであってはならないし，さらに，低所得者が少数である場合では，コンセンサスの結果，十分な保護が行われず，公平な状況からは程遠い状況となる可能性もある．それゆえに，全国的に一定の水準を保障しようという地方交付税や国庫支出金による特定水準達成に有効性が生まれる．この点は，利便性の改善などを通して，地域間の公平達成に寄与する財・サービス全般の供給についても同様に言える．例えば，過疎化が進む状況下，移住が極めて困難な一部の低所得者を見捨てて良いということにはならない．もっともそのようなケースにおいては，たとえ地域内である程度有効なコンセンサスを得られても，その地域の人口自体が少ないことが，十分な保護や保障が行われない主因となることが多い．まさにこのような場合においては，移転財源によって定められた水準を達成していく意義が生じる．

続いて，達成すべき特定水準追究の視点を吟味しよう．現状のように，特定水準の達成のために，国からの移転財源に依存する状況では，その水準について，地域を越えた社会的コンセンサスを得ることが不可欠である．なぜなら，移転財源に依存する，ということは，ある特定の水準を他の地域の財源（いわば他人の財布）を使って達成する地域があるということだからである．そし

て，このようなコンセンサスを得る時に，ミニマムという考え方が有効となる．もとより達成すべきと考えられる特定水準を達成することに対して，各地域で十分に有効なコンセンサスを得られない状況は，その水準の達成を望むものがその地域に少ないという可能性を意味するわけであるから，達成を目指す時，最低限を達成するという考え方が，その水準を達成するということを，社会に対し説得していく上で有効となる．また，地域内でのコンセンサスを問題とする以前に，地域内の人口が少ないゆえに（あるいは高齢化によって）十分な保護が行われないケースでも，保護を行うための財源を，他の地域の人々の財源に依存しなければならない限り同様の有効性が生じる．

　もちろん，達成されるべき水準を，たとえミニマムとしたとしても，移転財源に依存する限り，（上述の理由から）達成される水準の格差が妥当であるか否かを，国民全般のコンセンサスの観点から追究することが必要である．そしてそのためには，すでに示してきたパレート最適達成の視角等，特に利便性の違いへの対応など，東西格差の妥当性を追究するための各種の視点から，東西格差が妥当であるか否かをも判断しなければならない．もとより，その結果，妥当だと判断される状況でなければ，国民全般のコンセンサスを得られる可能性も低くなり妥当性を見出すことは難しくなる．

　もちろん，特に国民全般のコンセンサスを得ずに，各地域でミニマムに違いが生じることを認め得る場合もあるが，それはあくまで，移転財源に依存せずに，各地域の地方財政が営まれる場合である（この点について，次章第1節を参照）．もとより，利便性の違いへの対応や，外部性の違いへの対応などによって達成すべき特定水準に地域間格差が生じるケースは，公平の観点から達成すべきと考えられる水準においても格差を生み得るものであり，かつ，そのような状況差は，地域住民全般に影響をもたらす可能性の高いものであるから，移転財源に依存しない状況でも，その格差が，各地域内でのコンセンサスを得た結果生じる可能性はある．しかし，このように格差が生じることに明確な妥当性を見出し得ないケース，つまり本稿で問題としている主観の違いによ

る格差を移転財源が支えているケースでは，その格差が，国民的なコンセンサスを得ていることが，その格差を妥当とする上で，より重要な条件となる．

　そして，このコンセンサスを得ることの重要性を明確に裏付けるために，さらに吟味しておきたいことがある．それは，最低限として水準を特定する際に，その具体的水準の特定に影響を与える人々の価値観についてである．その価値観の一つに，前節のモデルの考察においてすでに見たように，無知のヴェールの問題を人々がどのように評価するかという点があろう．また，さらにそこには，最低限を達成する価値観として，倫理的，道徳的な人々の考え方が影響していると考えられる．そしてまた，このような価値観が影響を与えざるを得ない状況ゆえに，財政調整によって特定の水準を達成する必要が生じている面がある．まずは，倫理や道徳が財政調整によって全国的に特定水準を達成することを促す面がある点を示唆しよう．もしも倫理や道徳といったものがまったく存在しない状況では，例えば低所得者となったことを，低所得者自身の責任に帰し得る可能性もあるので，高所得者が低所得者になった場合も含め，それが放置される可能性が高まる．低所得者となることを望むような，常識的には考え難い人を例外とするとしても，低所得者となってしまった原因を，その本人の責任とすることが完全に不可能なわけではない．もとより，誰もが低所得者になるなど，経済的，社会的に不利な状況に置かれる可能性がある中で，各人がその可能性を軽視するがゆえに，（つまり将来が不確実である点が必ずしも十分に重要視されないがゆえに）財政調整による特定水準達成が必要となる面があるわけであるから，その人が低所得に苦しむ状況を，自らが不利な状況に置かれる可能性を軽視した結果と解し，放置し得るケースも生れ得る．しかしそのようにせずに，ある特定の水準までは全員を保護しようとするところに，倫理的な価値観が影響を与えて（特定水準の達成を促して）いる可能性を見出し得る．そして，この倫理的な価値観による保護や保障は，つき詰まるところ，結果的に生じた不利な状況が，本人の責任であるか否かを明らかにし得ないがゆえに行われる面を持つ．もしもこれが明らかであるならば，低所

第5章　再分配の視角

得者の努力の度合いに応じて財・サービスの供給がなされる傾向になり，公平性を達成できる具体的な水準の達成が可能となる．けれどもそれは不可能である．例えば，高額年俸のスポーツ選手などの年俸について，どこまでが本人の努力によって得られたもので，どこまでが運否天賦によるものかを明らかにすることは不可能であろう．つまり各人の努力および運否天賦（置かれている環境等を含む）と所得状況等との関係を具体的に完全に把握することは不可能なのである．この状況が各人について明らかとならない限り，公平の観点から，不利な状況にある者を救うために具体的に達成すべき特定水準を定めることは不可能であり，ゆえに，達成すべき特定水準の決定においては，人々の倫理観や道徳心あるいは慈愛といった価値判断に頼らざるを得ない状況が生れる．

　地域間での利便性への対応など，低所得者の保護と間接的に結びつく問題に関しても，つまり，地域間の利便性の違いに対応して供給する財・サービス水準の最低限を保障しようという考え方についても同様である．不便な地域に住む人々のうち，そこに住まざるを得ない状況が，本人の努力とは無関係にもたらされたものか否かが明らかとなりづらく，その点を特定することは困難である．したがってその地域全般の利便性を改善させる必要が生じる．もちろん，たとえ特定の救うべき人が明らかとなったとしても，その一部の人の利便性を向上させるためには，その地域全体を活性化，あるいは過疎化防止を行う必要がある．そしてその場合でも達成しようとする具体的な水準の決定に，人々の倫理観が影響を与える傾向となる．もとより地域経済の活性化はもちろんのこと，過疎化防止を確実に進める財・サービスの供給を特定することは，容易なことではない．現実に，限られた財源の下，政府によって供給される財・サービスが地域を発展させるケースは稀である．過疎化の防止に関しても，公的な財・サービスの供給が，どの程度の防止効果を持つかは，実施以前においては未知数であることが多い．ゆえに，当然に，利便性の改善が，各人の所得状況に影響を与える実態を，正確に把握することも困難である．だから，政府による財・サービスの供給は，過疎化の防止やそれによる所得格差の改善などを念

頭に置きながらも,最低限これだけは行われるべきであると考えられる利便性の改善を行っていくことになり,その決定に際し,倫理観や道徳心を包含した国民の価値観がそこに反映されることになる.つまり,達成すべき水準の具体的状況を,客観的に特定することが困難であるがゆえに,不利な状況に置かれている国民を放置することができないといった倫理観,道徳心などによって,達成すべき水準が求められる状況が生まれるのである.言うまでもないが,ここでも,各人の努力と運否天賦に応じて利便性の差を完全に調整すること(つまり公平性を確実に達成することを前提に,具体的に達成すべき特定の水準を達成すること)は不可能である.

上記のように,倫理や道徳といった価値観が,達成すべき特定水準の決定に影響を与え得る状況では,問題としている東西格差の妥当性追究を進めるに際し,財政調整による特定水準達成の視角からは,特に以下のような追究が必要となる.もとより,民主的な現代社会における倫理や道徳というものは,ある程度の国民のコンセンサスがあってこそはじめて成り立つ面がある.さらには,保障すべき水準を達成する際に,移転財源が用いられるならば,地域を越えた社会的コンセンサスがより一層必要となる.つまり,他人にお金を出してもらって,ある水準を達成する状況では,そのお金を払ってくれる人の意見を聞き,その人たちのコンセンサスを得ることが明らかに必要なのである.つまり,財政調整によって達成すべき水準は,国民のコンセンサスを得ることが重要な条件となり,達成すべき水準の妥当性を判断するに際し,コンセンサスが得られているか否かを(完璧にとはいかないが,その傾向を)追究する必要が生じるのである.

東西間での(特に主観の違いによってもたらされている財政格差に関する)コンセンサスの問題は,一部地域の少数の人々が持つエキセントリックな倫理観を問題とするべき状況ではない.財政調整によって達成される特定水準に,東西格差を認めるか否かの問題は,税制度が東西で(国民間で)おおむね共通する状況下,公的な財・サービスの供給が相対的に西日本全般の人々に対して

第5章 再分配の視角

手厚いという状況の妥当性を，それに対する国民のコンセンサスを得られるか否かという点から追究すべきものである．ある程度のコンセンサスが得られない状況では，（それを放置するならば）より少ない給付しか受けていない，東日本の多数の地域において，不平不満が高まって，社会的な混乱が生じる可能性も皆無ではない．コンセンサスを求めた結果，東西の水準のどちらかに歩み寄って水準が統一される可能性も含めて，国民的なコンセンサスを得た水準を達成することが有効である．もちろんそれぞれの地域における住民の機会費用によってのみで財政を営む場合においては，（もしもそれが，倫理的な観点等から現実に可能ならば）達成すべき特定水準について，国民的なコンセンサスを得ずに，地域間で格差を認め得る可能性も皆無ではない（詳細は次章第1節2．を参照）．また，国民全体のコンセンサスの結果として，移転財源に依存する現状で，達成すべき特定水準に格差があって良いとの結論が得られる可能性も皆無ではない．その場合には，その状態（つまり現状）を認めることも可能かもしれぬが，問題としている東西格差に関しては，現状を国民的なコンセンサスの視点から，妥当だと考え得る可能性が低いことがすでに明らかにされている．すでに第2章の考察から明らかなように，東日本の各地域から納得を得る上で有効な，客観的に把握可能な東西状況の差を見つけ難い状況だからである．

ただし，このような追究を進めるに際して，次の点に配慮する必要があろう．すでに，財政調整がパレート最適達成の視角や，前節で見た所得再分配による効用最大化の視角から見て，厚生水準のロスをもたらす可能性がある点を指摘している．この時，最低限とは言えない水準を達成するために財政調整が行われるほどに，厚生水準のロスによるデメリットの比重は高まることになる．所得再分配による低所得者保護のための財・サービスの供給にせよ，利便性の改善を通じて過疎化を抑制し，移動が不可能な人々の生活の質を保障しようとする財・サービス供給にせよ．手厚い供給となればなるほど，倫理的，道徳的な観点からの供給根拠は弱くなるし，コンセンサスについても，様々な意

見の違いが生じてくると考えられる．それとともに，本節1．で示したような財政調整による厚生水準のロスが，増加した移転財源の大きさに応じて増加していく傾向になるし，低所得者の保護がもたらし得る外部経済（次章第1節1．を参照）や無知のヴェール（前節4．参照）の下で人々が所得移転を妥当と考え得る程度も弱まる可能性がある．もちろん，利便性についての相対的な公平性を保つための財・サービスの供給についても同様のことが言える．つまり，達成すべき水準が高いレベルになればなるほど，厚生水準のロスによるデメリットを重視しなければならない可能性が高まるのである．なお，このことはまた，ナショナルスタンダードではなく，ナショナルミニマムとして最低限の水準を財政調整によって達成しようとする理由の一つでもある．

3．財政調整とナショナルミニマム達成の方法

地方団体間での公平達成を，ブキャナンは，財政余剰という概念を用いて説明した[10]．財政余剰とは，地方政府によって供給される財・サービスの価値から，税負担額を控除した額として定義される．本来，財政における公平は，受益と負担の両者を総合して吟味した結果，達成されるものでなければならない．負担が平等であっても，受益に格差があればそれを公平とは判断できないし，逆に受益が平等であったとしても，負担状況に格差があれば，それを公平と断定することはできない．財政余剰の均等化は，受益と負担の双方に配慮し，財政的な公平を達成する上で極めて有効な指針である．わが国の財政調整が目指す各地域に暮らす人々の公平達成も，同一の税制度の下，おおむね以下で見るような財政余剰の均等化を目指すものと考えられる．

例えば，A，B，Cという3つの地方団体が存在する状況において，それぞれの団体内に3人ずつの住民がいると考えよう．まず，団体Aには，年所得1,000万円の高所得者，A1，A2の2人と，年所得100万円の低所得者A3の合計3人が住んでいるとする．同様にB地域にも，A地域と同じように，年所得1,000万円の高所得者，B1，B2の2人と，年所得100万円の低所得者B3

表5-1 財政余剰　　　　　　　　　　（単位：万円）

地域	住民	所得額	税額	税収総額	供給された財・サービスの価値	財政余剰
A	A－1	1,000	100		70	－30
	A－2	1,000	100	210	70	－30
	A－3	100	10		70	60
B	B－1	1,000	100		70	－30
	B－2	1,000	100	210	70	－30
	B－3	100	10		70	60
C	C－1	1,000	100		40	－60
	C－2	100	10	120	40	30
	C－3	100	10		40	30

の合計3人が住んでいるとする．また団体Cには，年所得1,000万円のC1と年所得100万円のC2，C3の3人が住んでいる．この時，各団体の政府が，ともに税率10％の所得税を徴収すると想定すると，団体A，Bの政府はそれぞれ210万円の税収を獲得し，Cの政府は120万円を獲得することになる．この時の，地方政府によって供給される財・サービスの総額を一人当り額で示すならば，A，Bでは，70万円であり，Cでは40万円となる．この場合の財政余剰の格差は，表5-1に示される通りである．

年所得を1,000万円得ている人については，A1が－30万円であるのに，C1は－60万円であり，30万円少ない．また，年所得100万円の人についても，同様に30万円の開きがある．この時，Cの地方政府に90万円の一般補助金を交付することによって，供給された財・サービスの価値とともに，各所得層の財政余剰は均等化することとなる．国庫から補助金を交付する場合と，財政余剰のレベルは異なり得るが，もちろんのこと，富裕団体から財源を徴収しそれを直接交付する方法でも，財政余剰を均等化することは可能である（地域A，Bそれぞれから，30万円ずつ税収を地域Cに移転することによっても，同様に各階層の財政余剰を均等化することが可能である）．

しかしながら，この財政余剰の均等化を現実に実施する場合の最大の問題点は，各人が得る「政府により供給される財・サービスの価値（つまりそこからの受益）」を，客観的に把握することが困難な点である．ここでは単純に財政支出額の住民一人当り額を問題としているが，周知の通り，公的に供給される財・サービスの評価は，地域ごとに多様な条件の違いに影響を受けて生じる人々の評価にもよる．現実にA，Bのように余剰が等しくなるケースは極めて稀である．もとよりリンダールメカニズムやボウエンの投票モデルといった公共財の評価を前提として示される最適供給のための理論の実践が極めて困難なことからも理解できるように，公的に供給される財・サービスの評価を特定することは，非常に困難であり，具体的に誰もが納得の行く状況で余剰を均等化するのは至難の技である．つまり，財政余剰の均等化と一言に言っても，具体的な水準の決定は極めて困難である．また，達成すべき財政余剰の大きさは，調整財源の総額に応じて，様々に考えられる．ナショナルミニマムは，この状況に際し，一定の上限として定められたものでもある．

 また，ブキャナンが示した表5-1の財政余剰の均等化の議論は，政府による給付とそれに対する人々の負担について，水平的公平を説くものである．しかし人々の間の垂直的公平についても，水平的公平とおおむね同方向の議論が可能である．

 そしてこれから示す，ある一定の水準を達成しようとするわが国の財政調整の原理は，ブキャナンの解く水平的公平と，さらには垂直的公平をも，同時に達成するようにある程度は機能するのである．各個人間による調整が，それぞれの地方政府に委ねられている状況下，一人当り額の水準（つまり人口に対する支出額の比率）が各地方団体間で等しくなることによって，一人当り額が等しくない状況よりは，確実に同じ所得層の個人間および異なる所得層の個人間の財政余剰ともに均等化される可能性は高まる．もちろん各地方団体の財政運営の結果，それぞれの地方団体ごとに，各人の財政余剰が，様々に決定される場合も考えられるが，各団体が極端な財政運営をしないことを前提とするなら

ば，一人当り水準が全国一律である状況は，少なくとも一人当り水準が各地域でバラバラである場合に比べると，財政余剰に見る水平的公平，垂直的公平ともに，地域間での格差がなくなる分だけある程度は達成される可能性が高まる．

では，わが国の地方財政調整に，原理的に近い財政調整の考え方を，単純化したモデルによって示そう．[11] すなわち，一定水準（具体的な水準は時代や人々によって異なる）の公的な財・サービスの供給が可能となるように，財源保障を行う場合である．ただし，これは上記のような各個人間での調整ではなく，地方政府間の調整を示すモデルである．しかし，たとえ財政調整をなす際に，目標とする単位を個々人とせず，地方政府として考えたとしても，個々人に対するナショナルミニマムの達成をなす上での，財政調整の意義が失われることはない．各個人間による調整は，それぞれの地方政府に委ねられていると考えれば良いのである．団体単位の財政調整の方が実行上はるかに容易である点などを考えるならば，この方式は十分に意義を持つ．

今，地方政府によって保障されるべき財・サービスの供給水準を Z としよう．この時，これら財・サービスの単位当り供給費用を C とすると，地方政府が必要とする財源総額 Y は，$Y = ZC$ である．また，税収を T，課税標準を B，税率を t（全ての団体に対し一律）とし，$T = tB$ とする．よって，Z を達成するために必要な補助金 S は以下の式で与えられる．

$$S = Y - T = ZC - tB \qquad (2-1)$$

さらに（わが国の現状がそうであるように）中央政府が，税率 t を決定しているとの前提の下，さらにその決定は，公的な財・サービスの供給費用と課税標準について，ある一定の基準値 C^*，B^* を想定し，この基準値において S がゼロになるように税率 t を決定していると仮定しよう．つまり

$$t = \frac{ZC^*}{B^*} \qquad (2-2)$$

このことから，以下の式を得る．

$$S = Z(C - C^*) + t(B^* - B) \qquad (2-3)$$

つまり，補助金額は，公的な財・サービスの供給費用，課税標準額が基準値とどれだけ異なるか，によって決まることになる．[12]

わが国の現行の財政調整（地方交付税）は，これとおおよそ同様の原理で，ある一定水準を達成することを目的に行われている．その結果，各地域の財政財源は特定の水準を保証されることになる．さらに地方交付税では，この特定水準が，各地域の人口数に応じて決定される傾向が強いため，調整の結果として，調整が行われない場合に比べ一人当りの受益は均等化される．

既述した通り，公的に供給される財・サービスの価値を，単純に歳出の一人当り額として示すことはできず，現実の財政余剰の算定には困難が多い．しかし，一人当り額による把握の意味がまったく失われてしまうわけではない．第4章で考察した通り，地方政府が供給する財・サービスは，必ずしも非排除性が完全にあるものばかりで構成されているわけではない．むしろ，各項目それぞれによって程度は様々であるが，地域人口数に比例して，供給費用が変動する項目も多い．非排除性が強く，外部経済が大きい財・サービスと言えども，純粋公共財でない限り，必要額は地域人口数に比例する可能性がある．

例として民生費と土木費について示そう．まず民生費について考えよう．民生費の多くは扶助費である．もとより扶助費は人口数に比例して支出される傾向の強い支出である．この各人が得る扶助費の額を，貨幣価値に大きな地域格差がないことを前提に，人々が得る主な受益と考えることは十分に可能である．この時，扶助対象となる人々の総人口に占める比率が各地域間で等しい場合には，各地域の住民一人当り額の格差を各地域間の受益額の格差として，各地域の財政余剰を考えることに大きな問題はない．もちろんのこと，弱者救済のための給付である民生費から受ける受益が，地域内の住民全てにおいて等しいということはない．しかし，扶助対象となるべき人々の比率に大きな地域間

格差がない場合には，一人当り額を問題とすることがむしろ妥当である．

　続いて土木費について考えよう．特に道路建設，整備に関しては，その必要性が地域人口数に影響を受ける程度は，他の財・サービスに比べて低い．まずは管轄区域の面積や観光スポットの多少など，地理的な条件に大きく影響を受ける．しかしその必要性が住民数に強く影響を受ける部分もないわけではない．国と地方の行政事務配分においても，大規模な道路ほど国の管轄となる傾向が強く，土木費によって供給される道路の中には，都市計画の中の街路建設，整備に該当するような，地域住民の生活に密着した道路も数多くある．河川，港湾の整備などは，極めて大きく地理的条件に影響を受けるが，一方で，都市計画費や住宅費の必要性は，地域人口に比例する傾向が強い．確かに，土木費は民生費あるいは教育費など他の歳出に比べると，人口に比例して変動する傾向が弱いので，その受益の程度を，地域人口一人当り額で計ることを適当としない性格が他の費用よりも強い．それでも，人口が経済活動を示す一つの指標となることを前提に，様々な文献において，地方歳出総額の受益水準を示す一つの指標として一人当り額が用いられるのは，土木費にも，上記のように確実に人口に応じて必要性が変化する部分があるからである．

　財政余剰の各所得階層間の均等化に際して，各地域の一人当り額を，（特に土木費に関しては概算であるが），各地域の人々の受益と認め得るならば，既述のような一定水準を達成する現行のわが国の財政調整は，住民が得る利益額の算定に問題をかかえながらも，おおよその傾向としては同じ所得階層の間の財政余剰を均等化する方向に機能する．

　しかし，わが国の財政調整が達成しようとする一定水準（基準財政需要）の算定には，人口以外にもいくつかの測定単位が用いられており，さらには補正係数によっても，各地域特有の財源の必要性に配慮する体系となっている．つまり財源を配分した結果，基準財政需要について，大方一人当り額が均等化される一方で，完全な均等化がなされないのは，このような各地域の特殊条件を配慮しているためである．すなわち，わが国の財政調整は，単純な一人当り額

としては把握できない受益にも配慮した一定水準の達成を意図しているのである．この一定水準に，前項で見た地域間の公平性を財政調整によって保つ根拠の視点等から考えて，格差が認められる場合には，達成すべき特定水準の視角から，現実の歳出にも格差があって良いということになる．しかし，第2章第1節で見たように，現行の基準財政需要の格差においては，そのような格差を見出すことはできない．基準財政需要に示された，現実の福祉関係の負担金や扶助費に比べ小さな西高東低格差は，主に密度補正によるものであり，格差の妥当性を示す根拠となるものではなかった．

注

1) Amartya Sen, *Inequality Reexamined*, Oxford Univ. Press, 1992(平4)．(池本幸生・野上裕生・佐藤仁訳『不平等の再検討―潜在能力と自由―』岩波書店，平成14年)．

2) R. A. Musgrave and P. B. Musgrave, *Public Finance in Theory and Practice*, 3th, ed. McGraw-Hill, 1980(昭55)．(大阪大学財政研究会訳『マスグレイブ財政学―理論・制度・政治―Ⅰ』有斐閣，昭和60年，pp. 108-113) および柴田弘文，柴田愛子『公共経済学』東洋経済新報社，平成10年，p. 221.

3) 社会的厚生関数に関する理論的示唆全般について，以下の文献を参照した．同上書，pp. 219-252および常木淳『公共経済学』新世社，平成7年，pp. 135-146.

4) ベンサム的価値判断については，J. Bentham, *The Principles of Morals and Legislation*, New York: Macmillan, 1948(昭23)，chap. 1, pp. 1-7，および前掲『マスグレイブ財政学』pp. 109-112, を参照．

5) ロールズ的価値判断については，John Rawls, *A Theory of Justice*, Cambridge: Belknap, 1971(昭46)．(矢島鈞次監訳『正義論』紀伊国屋書店，昭和54年) を参照．

6) ハーサニーについては，J. C. Harsanyi, "Cardinal Welfare, Individualistic Ethics and Interpersonal Comparisons of Utility", in E. S. Phelps, ed., *Economic Justice*, 1973(昭48)，pp. 266-285を参照．ロールズについては前掲『正義論』，第3章，原初状態，第4章，平等な自由，第5章，分配の正義を参照．

7) いわゆる，コブ＝ダグラス型の社会的厚生関数である．各人の効用を u と

し，$W = u_1^\alpha u_2^\beta \cdots u_n^w$ ただし，α, β, …, w は正の定数である．

8) この点は，A. センが行った，正統派の規範的経済学に対する批判でも示されている（鈴村興太郎・後藤玲子『アマルティア・セン─経済学と倫理学─』実教出版，平成15年，pp. 109-147）．

9) この議論は慈善ないし寄付行為の経済分析によるところが大きく，政府による強制的な所得再分配の議論としての色彩が，他の議論に比べ明確ではないため，ここでの詳細な言及は控えた．

10) J.M. Buchanan, "Federalism and Fiscal Equity", *American Economic Review*, Sept., 1950(昭25), pp. 583-599, および米原淳七郎「連邦主義と財政的公平」都市問題研究会『都市問題研究』第15巻第11号，昭和38年，pp. 98-107を参照．

11) ここで示すモデルは，米原淳七郎「マスグレイブ：政治的連邦主義の財政理論への接近」前掲『都市問題研究』第16巻第4号，昭和39年，pp. 72-90において提示されているマスグレイブによるモデルを基礎としている．米原氏は，以下の文献によって提案されたマスグレイブの7つの財政調整策モデルを示し，ブキャナンの調整策との比較を試みている（R. A. Musgrave, "Approaches to A Fiscal Theory of Political Federalism", *Public Finances : Needs, Sources and Utilization*, ed. by J. M. Buchanan, National Bureau of Economic Research, Princeton Univ. Press 1961〈昭36〉）．

12) 米原淳七郎『地方財政学』有斐閣，昭和62年，pp. 150-151を参照．

第6章

各視角からの考察の方向と留意点

■はじめに■

　本章では，民生費およびその負担金の東西格差について，各項目の性格を踏まえ，民生費およびその負担金の東西格差に対する，第4章，第5章の各視角からの東西格差妥当性追究のための考察視点整理と考察の際の留意点を示し，さらにそれぞれの考察視点から，東西格差の妥当性を裏付ける地域差（つまり，格差に応じた財・サービスの必要性を示す客観的に把握可能な状況差）の指摘が困難である点を示唆し，格差が主観の違いによってもたらされた可能性をさらに指摘する．他方，その過程で，県民性に加え得るいくつかの東西格差要因の存在可能性をも指摘する．その上で，県民性の違いといった要因によってもたらされる主観の違いが，問題の東西格差の要因である場合に，その格差の妥当性を追究する方向をも示している．さらには，東西格差の性格の下，現行の三位一体改革の流れが弊害をもたらす可能性とそれへの対応についても言及している．

■第1節　効率性と再分配の視角■

1．効率性の視角

　もとより，外部経済をもたらす財の供給も含めて，パレート最適の意味での最適性を満たす供給は，自らの負担による限られた財源の下での限界支払意欲によって示されるものであり（第4章第1節1.），移転財源に依存して供給がなされること自体が最適な水準からの逸脱可能性を高めている．

　わが国の地方財政構造は，福祉関係の負担金を筆頭に，国庫支出金が問題とする西高東低格差をもっとも示す状況の下，地方税には東高西低の東西格差が生じている．なお，地方税の格差は，おおむね地方交付税によって平準化される傾向であるので，地方交付税も明確な西高東低である．歳出における問題の西高東低格差は，国庫支出金に加え，地方交付税によっても支えられる状況にある．地方交付税の財源が国税で，国税収入の地域間格差もほぼ地方税と同様の傾向を示すことを前提とするならば，負担については東高西低で，歳出については西高東低という構造である．つまり相対的な西の歳出高水準を可能としているのは，東からの財源移転なのである．移転財源によって，負担状況が歳出水準とは異なる状況は，他者の負担によって，より高い水準を達成しようとの発想を生み，そこに上限は示されにくく，基本的に効率的な資源配分を達成し難い状況となり易い．すなわち移転財源に支えられた西日本の高水準は，移転財源の獲得にまつわるモラルハザード（地方自治体の補助金依存症）や，あるいは財政錯覚（フライペーパー効果等）が，東日本以上に生じる状況をもたらしている可能性も高めるし，さらには，一国全体の資源配分の最適性に注目すれば，次の点も問題となる．移転財源によって高水準となった西日本の厚生水準の上昇が，西日本へ移転する財源を用いて東日本がさらなる財・サービスの供給を行った場合の厚生水準の上昇を上回るとは限らず，効用の最大化から

第6章　各視角からの考察の方向と留意点

明らかに逸脱する状況をもたらす可能性も生まれる．パレート最適の意味での最適性の観点から，財・サービスの供給水準の東西格差を妥当とするためには，その格差が，各地域が移転財源に依存せず，自らの負担による自主財源に依存する状況でも生じることが明らかとならなければならない．

しかし本項では，所得再分配やナショナルミニマムの達成を担う中心的な項目である民生費の最適水準を追究するので，移転財源に依存する状況を前提として，民生費およびその財源となる国庫支出金の地域間格差の妥当性を追究している．もとより，民生費は大半が弱者保護のための支出であり，所得再分配やナショナルミニマム達成を意図して支出されるものが多く，所得再分配やナショナルミニマムの達成は，移転財源が必要となる主な要因である．それゆえ，民生費による財・サービスの供給については，もっぱら，移転財源に支えられることを前提に，所得再分配やナショナルミニマム達成の視角からの考察のみが行われるべきと考えがちだが，依然として，東西格差妥当性追究に際し，移転財源の存在を前提とした上での，いくつかのパレート最適達成の視角は有効である．ここでは，一般財源ではなく，特定財源の明確な格差によって民生費の地域間格差が生じている状況の妥当性追究を起点に考察を行おう．

民生費の大半が，国庫支出金を財源としている状況の下，一般補助金と比べた国庫支出金の非効率に関する視点から考察を加えよう．基本的にこの考察は，負担金によって歳出水準に地域間格差が生じている現状が，パレート最適を達成する上で妥当であるか否かを追究することであり，格差に応じた財・サービスの必要性を裏付ける状況差（例えば外部性に関する状況差等）を追究することが第一歩となる（第4章第4節1.参照）．この状況差が明確にならない限り，特定財源がもたらす代替効果による厚生水準のロスが，国庫支出金の格差に応じて生じている可能性は残り，国庫支出金および歳出の東西格差が妥当である可能性は低下する．つまり，一般財源として交付した場合，格差が解消され，厚生水準が高まる可能性が生まれる．

なお，モラルハザード等によっても同様の厚生水準のロスが生じる．例えば

一億円の財源があるときに,単独事業では一億円の事業しかできない.他方,例えば1/2の補助率の補助事業を行えば,2億円の事業が可能である.この時,地方政府が事業規模が大きいことのみを好み,補助事業か単独事業かを選択するならば,資源配分に歪みが生じる可能性がある.たとえ民生費の主な意義がナショナルミニマムの達成にあるとしても,本来達成しようと判断される水準とは異なる水準が国庫支出金によって達成され,他の有効な事業の実施が妨げられる可能性もある.これも,国庫支出金の代替効果によってもたらされ得る,厚生水準のロスをもたらす一例である.

しかし,上述の視点から国庫支出金を考察する場合には,国庫支出金の性格について注意しなければならない点がある.まず第一に,一般補助金に比べるところの,代替効果による特定補助金の非効率は,現実の国庫支出金の全ての状況を説明するものではない,という点である.例えば,国庫支出金総額中,20%前後を占め,数ある国庫支出金の中でも最大の項目である義務教育費国庫負担金について示そう.この負担金は,都道府県が支出する義務教育の教職員給与の1/2を国が負担するものであるが,支出すべき金額は,固定的であり,地方政府の判断が入り込む余地が少ない場合も考えられる.具体的に分析期間における制度を確認しよう.給与に関する規定として,地方公務員法(昭和25,法律261号)の24条においては,職員の給与は,生計費ならびに国および他の地方団体の職員ならびに,民間事業の従業者の給与,その他の事情を考慮して定めるものとし,その上で職員の給与は条例によって定める旨が明記されている.しかしさらに,教育公務員特例法(昭和24,法律1号)の25条の5においては,公立学校の教育公務員の給与の種類およびその額は,当分の間,国立学校の教育公務員の給与の種類およびその額を基準として定めなければならない点が明示されている.(もとより,わが国の地方財政における教職員人件費の東西格差は,他の経費に比べると小さい.さらに財源状況に応じて義務教育費国庫負担金の交付額に差を付ける制度の存在を考慮するならば,決して明確な東西格差が生じているとは言い難い状況である,第1章,表1-29).少なくともそこに給与

第6章　各視角からの考察の方向と留意点

水準に対する地方政府独自の判断が頻繁に変化した経緯は確認できない．ましてや教育公務員に関しては，特例法によって国家公務員の状況を基準とすることが明示されているゆえに，義務教育に携わる教職員の給与額は，さらに相当に固定的である可能性も生じる．すなわち，児童数やその他の義務教育を実施する上での条件に大きな変化が無い状況では，年々の教職員の給与への支出額は，地方政府の判断とは関係なく，つまり地方政府の判断が影響を与える余地がない状況で決定されているケースが存在する可能性も皆無ではない．もしもそのような状況があるならば，それは，あらかじめ決められた額を支出することが決定している状況下，義務教育費国庫負担金という補助金を国から与えられている状況である．この場合は，すでに見た国庫支出金の一般補助金に比べるところの非効率を問題とする意義は低下し，むしろ，国庫支出金交付の効果と一般補助金が交付された場合の効果とを分けて論じる意義が少ないケースも生じ得る．なぜなら，特定補助金の交付は，交付対象となる財の相対価格を引き下げる効果と並んで，地方団体の財源総額を増加させる効果を持つゆえである．さらに，上記の義務教育と同様のケースが，民生関係も含む他の行政領域においても存在している可能性も皆無ではない．もしそうであるならば，民生関係の負担金，支出ともに高水準な西日本の状況を，高水準の特定補助金を財源としているというだけで，非効率とすることはできない．

　また，すでに指摘した一般補助金に比べるところの特定定率補助金の非効率は，（基数的な効用分析の観点から考えると）問題とする財が上級財であり，同額の一般補助金と特定定率補助金が交付される，との条件の下，地方団体の選好の結果，（特定定率補助金の方が効率的となる可能性は低いにしても），効用水準の状況によっては（例えば特定補助金交付対象の財の効用が著しく高い場合等），両補助金が交付された際に達成される効用水準が非常に近い水準である可能性も否定できない．つまり地方団体が判断し得ない必要性に対応し，財の供給を増加しなければならないケースはもちろんのこと，たとえそうでない場合でも国庫支出金によって供給される財が本当に必要性の高い財であるな

171

らば,国庫支出金の交付が厚生水準のロスを生じさせない場合もあり得る.

すなわち,国庫支出金の東西格差に支えられて,歳出にも同様の地域間格差が生じる状況に際し,その格差の妥当性を判断するポイントは,国庫支出金を財源として供給される財・サービスの必要性に格差があるか否かである.国庫支出金を財源として供給される財・サービスの必要性に西高東低格差があると判断できるならば,一般補助金に対する特定補助金の非効率は大きな問題とはならない可能性が生まれる.また,必要性の違いが明確であるならば,移転財源に依存しない状況でも,支出水準に同様の格差が生じる可能性が高まる.しかし逆に必要性に格差が示されないと判断できるならば,移転財源に依存しない状況ではもちろんのこと,国庫支出金という特定補助金ではなく,一般補助金に依存した場合に,現状とは異なる格差が生じる可能性がある.その場合には,一般財源ではなく特定財源に依存している現状が,特定財源によってもたらされる代替効果によって非効率をもたらしている可能性は高まる.

パレート最適な水準達成の観点から,国庫支出金を財源とする財・サービスの必要性を示すものとして,第一に考えられるのは,国庫支出金を財源として行われる行政がもたらす外部経済の必要性である.民生費についても,民生費による行政が管轄外の地域に対して外部経済をもたらす,つまりスピルオーバー効果が生じている可能性は十分に考えられる.特にこのスピルオーバー効果については,各地方団体がその必要性に応じて,自力で対応することができないので,まさに国庫支出金の交付が有効となる.民生費の外部経済の存在は,例えばサロー(Lester, C. Thurow)が指摘する,貧富の拡大が,都市環境の悪化や教育・文化水準の低下,犯罪の激化など,外部不経済の源泉となり得るとの主張からも十分に示唆されている.[1]このような外部不経済に対応して生じる外部経済が,行政管轄区域を越えて波及するならば,その便益波及はスピルオーバー効果であり,この効果の必要性に応じて国庫支出金が必要となる.もちろん,バランスのとれた国土の発展の達成という,多大な外部経済をもたらし得る政策の一部として民生行政が機能する場合にも同様である.しか

第6章 各視角からの考察の方向と留意点

しながら，そもそもわが国の国庫支出金は，各項目ごとに様々な補助率が定められてはいるが，基本的にこの補助率が，同じレベルの政府（つまり都道府県や市町村というレベル）の内部で（例えば東京都と大阪府あるいは横浜市と神戸市の間で）大きく異ならない制度である[2]．よって，第4章第4節2.における補助金がスピルオーバー効果に対応するモデルから示唆されるように，それぞれに様々に異なる状況に応じて生じ得るスピルオーバーに対応して補助率を決定する，といったきめ細かな対応は行われていないのである（補助率に地域差がない点は，民生費については特に顕著である）．まずはこの点を踏まえて考察を進める必要がある．

　この視角からの考察範囲は，おおむね以下のように限定されることになろう．実は民生費関係の国庫支出金の地域間格差は，生活保護を筆頭に，主にそれによって供給される財・サービスの利用者数によってもたらされた可能性が高い（詳細は次々項にて指摘）．この状況下，考察すべきは，民生費による財・サービスの供給がもたらす外部経済を最適に保つ上で，西日本は東日本以上に多くの人々に対応し，東日本以上に多くの国庫支出金を得る必要性があったか否かである．可能性は皆無ではないが，しかしながら民生費の東西格差はあまりにも明確である（1章，表1-11〜22，1-30〜32参照）．少なくともこの観点のみから民生費の東西格差を説明することはできない可能性が高い．

　なお，もちろんのこと，外部経済については，地方団体間の境界を越えて影響が及ぶ状況ばかりを問題としなければならないわけではない．各地方団体内で有用な外部経済もあり，その外部経済も，国庫支出金によって供給される財・サービスの必要性を判断する上で，重要な要素である．ゆえに，各団体内での外部経済の必要性が，東西で異なるか否かを追究することも必要である．

　この時，スピルオーバー効果に対する国庫支出金による対応にせよ，各地方団体の域内のみで生じている外部経済に国庫支出金が対応している場合でも，外部経済によってもたらされる住民の効用に対する適確な（フリーライダーの生じない状況での）評価を把握することも大切である．つまり，国庫支出金と

歳出水準の地域間格差が妥当であるか否かを追究するためには，この評価が地域間で明らかに異なる状況を指摘しなければならない．そして，このような評価状況の違いの把握について，以下のことに留意すべきである．それは，スピルオーバー効果に対する国庫支出金による対応のケースと，各地方団体の域内のみで生じている外部経済に国庫支出金が対応しているケースにおいて異なる．スピルオーバー効果という外部経済は，その利益を得る住民が属する政府の管轄区域外の区域で，別の政府によって供給された財・サービスがもたらすものであるから，外部経済を最適にするためには，国庫支出金（特定補助金）の交付が不可欠となる．通常，各地方政府は，自らの管轄する域内のみを考えて判断を下すので，このケースでは，特定補助金によって財源の使途を特定することが必要となる．そして国庫支出金によって最適水準を達成するために，外部経済を被る区域の住民の評価を適確に把握することが必要となる．

一方の，各地方団体の域内でのみ生じている外部経済については，これを最適に供給する財源が，必ず国庫支出金でなければならないということにはならない．各地方団体の判断が適確であるならば，特に財源の使途を特定した国庫支出金を交付する必要はなくなり，むしろ，国庫支出金の交付による代替効果が，最適な資源配分を歪める可能性が生じる．したがって，このような域内でのみ生じる外部経済に対応するために，国庫支出金が必要であると判断される場合についても，それによって供給される財がもたらす外部経済までも含めた上での，その財の必要性が明確に裏付けられなければならない．もちろん，一言に裏付けると言っても，フリーライダー問題があるので，その必要性を住民に直接問うことは難しい．したがって例えば，県民所得状況といった様々な指標によって示される地域状況の違いから，必要性，つまり評価の違いを裏付けていくことが必要である．

なお，この時に，さらに配慮すべき点があるとするならば，それはその地域における政府の意思決定プロセスに問題があるケースである．一般補助金ではなく特定補助金による財源移転が，資源配分において有効であるということ

第6章　各視角からの考察の方向と留意点

は，地方政府が，外部経済について，住民の効用を最大化する妥当な供給水準を判断し得ないゆえであるかもしれない．このような意思決定の詳細に本論文は言及し得るものではないが，もしもこのような意思決定上の問題点が明らかであるならば，それは原因の究明と改善策を論じるべき重要な課題である．しかし，次のような状況である可能性もある．もとより一般財源である地方交付税の交付は，中央政府によって，交付総額および地域間での配分基準が定められており，そこに地方政府の判断が反映される余地は少ない．それに比べて，国庫支出金の獲得については，獲得に地方政府が熱心であるか否かが交付に影響を与える可能性が皆無ではないゆえに，現行の税制度の下，国庫支出金の地域間格差が民生費の必要性に対応して妥当に生じている部分がある可能性も皆無ではなくなる．いずれの場合があるにせよ，国庫支出金における現状の地域間格差に妥当性を認めるためには，財・サービスの必要性についての地域状況の違いが，国庫支出金の地域間格差に対応して生じていなければならない．

なお，注意しなければならない点は，上記の議論が，あくまで，税率まで含めた税制を国が決定している状況下でのものである，という点である．もとより，地方交付税や国庫支出金といった移転財源は，いわば他者による財源負担である．一般に，他者の負担によって達成したいと考える財・サービスの供給水準は，本章冒頭でも指摘した通り，非効率な水準となる可能性が高い．そもそも，その状況では，財・サービスの供給水準に上限自体が示され難い．人間の欲望には上限がない場合も考え得るからである．このような状況下で，もっとも効率的な資源配分を達成する財・サービスの供給水準は，自らの限られた財源の中で，身銭を切って必ず達成したいと考える水準を基準とすべきである．これこそが，パレート最適を達成する水準でもある．このことは，地域間での相対的な供給水準の違い（西高東低格差）についての妥当性を追究する際にも大きく影響する．すなわち，財・サービスの供給水準の西高東低を妥当と考えるためには，自らの負担のみによってその費用が賄われる状況で，財・サービスの供給水準が，なおも西高東低となるか否かが重要な視点となる．つ

まり，西高東低格差が，移転財源に依存しない状況で，課税権が地方政府に移譲された状況下，外部経済の必要性までも含めて，確実に西高東低格差となるほどに，財・サービスの必要性について明確な違いがあるか否かが問題なのである．もしも，そのように必要性についての格差が明らかである場合には，西高東低の歳出水準およびそれを支える国庫支出金の歳出水準の東西格差を認め得る可能性が高まることになる．

しかし現実は，課税権が地方にある状況にないわけであるから，結局のところ，パレート最適の達成の視角から妥当性を追究する上で，把握すべきは，現状の民生費およびその負担金に示されている東西格差を，住民の評価（つまり必要性）において裏付ける地域状況の違いがあるか否かである．追究すべき主要な項目として，県民所得の違いや，さらには，各所得階層の人口比率および人口の年齢構造の違いなどが考えられる（なお，この状況差の把握は，すでに考察した所得再分配の必要性についての地域状況の違いを指摘するためにも有効である）．すでに主な項目については，第2章にて考察を加えている．それゆえここでは，第4章における視角から，特に示唆される格差要因の存在可能性について示していこう．

東西格差の妥当性を裏付ける要因は簡単に見つけ難いと考えられるが，もちろん存在する可能性は皆無ではない．東日本の民生費による行政水準の低さをカバーする民間部門の存在には配慮する必要はあろう．この存在は，実質的な民生に関する公的な財・サービスの必要性を，西日本において高め得るものであり，この状況に地域差がある場合には，効率性の視角から，西高東低格差を妥当とできる可能性が高まることも十分に考えられる．もとより民生費によって供給される財・サービスの中には，道路などのように，もともとの性格として非排除性を有するものとは異なり，私的財としての供給が可能であるものがある．例えば，福祉行政については，地方団体が建設，運営する施設において，サービスを提供する一方で，民間の運営する施設に対し，サービスの供給を委託するパターンも行われている．

第6章　各視角からの考察の方向と留意点

　また，このことと関連して，前章のクラブ財の理論と，町村の中でも，特に小規模町村の状況から，以下のような格差要因の存在可能性を指摘し得る．分析期間において，西日本は東日本に比べて市町村全体に占める小規模町村の割合が町村数，町村人口ともに高い[3]．このことは，東日本に比べて西日本の方が小規模町村で生活する人の割合が大きいことを意味する．もとより，町村として行政区域を区分する必要性は，人々の交流が活発なエリア内では生じにくい．そして，地理的な状況差などにも影響を受けて，地方団体間での人々の交流が活発ではない状況では，クラブ財の供給における公的介入の必要性は高まる．つまり，小規模町村が相対的に多い西日本において，プールが一つの時には好採算だが，二つの時には両方とも採算がとれなくなる状況が多発する可能性がある．つまりこの状況は，一人当り費用を最小とする最適メンバー数が，それぞれのサービスレベルのクラブ財を需要する全人口よりも十分に少ないという最適条件に対して，クラブ財を需要する人口数に制限が加えられている状況を意味しており，これはそれぞれのクラブ財のクラブ最適メンバー数が，クラブ財を需要する全人口数よりも小さくなる可能性を低下させ得る状況である．つまり財政によるクラブ財の供給が妥当な状況が，東日本よりも西日本において生じている可能性も考えられる．確かにこのことは，もっとも明確に東西格差を示す都市の東西格差を説明するものではないが，町村と都道府県における東西格差を説明する条件の違いである可能性があり，パレート最適達成の観点において，東西格差を妥当とする一つの条件である可能性がある．周知の通り，町村の民生費が都市の民生費に比べて小さいのは，町村における民生行政を都道府県が行う傾向にあるためである．

　一方で，私的財と代替関係にある公的な財・サービスのほとんどがクラブ財であることから，上記の状態は，東日本におけるコミュニティー間での人々の移動が活発であるゆえに，例えば保育所に代る幼稚園のように，クラブ財が市場経済を通じて供給され，つまり公的に供給される財と代替関係にある財の供給条件に差があり，政府による供給の必要性が低くなっているという可能性を

示唆するものでもある.

　なお,念のため指摘しておくと,民生費はおおよそ40%が扶助費であり,民生費の格差は扶助費によるものであるが,民生費がこれだけ明確な西高東低格差を示す状況下,民生費の普通建設事業費部分についても,同様の傾向が生じている可能性が十分に考えられる.民生費中の普通建設事業費部分の地域状況は,現時点では明らかでないが,普通建設事業費支出金が明確な西高東低格差を示す状況とともに,普通建設事業費中の補助事業費が西高東低格差となることはすでに指摘されている.この状況下,民生費については,民生費総額の東西格差と扶助費の東西格差およびそれぞれの規模から見て,扶助費以外の部分が問題としている西高東低格差を示すことがほぼ確実であり,この観点からも民生費によるクラブ財の供給が西高東低である可能性があるのである.[4]

　また,この点に関して,すでに第2章において見た委託料の状況に留意する必要があろう.確かに,示された委託料の状況は,民生費に対する委託料のみを表すものではないが,福祉行政において,特に児童福祉については,通常の保育から,乳児保育に至るまで,これらに関する様々な事項の委託が行われる傾向にある.確かに委託料の格差は,民間経済状況とは無関係に決まる地方団体が目指す財政運営の違いを示すものである可能性もある.しかしながら,委託料の東高西低格差から,東日本が西日本よりも,人口に比べ,委託対象となっている主体数あるいは委託による事業規模が大きい傾向は明らかであり,この状況が,例えば受け入れ可能な企業数そのものの違いといった民間経済状況の違いを意味するものであるならば,この状況差と,先ほどのクラブ財供給に関する条件の違いとの関係をも否定できない.いずれも検証の意義がある課題である.

　以上のような,民間経済主体の状況差が明確に生じている場合には,公的な財・サービスの必要性の違いを,問題とする東西格差が反映している可能性が高まり,民間経済の状況差を,パレート最適達成の視角から西高東低格差を妥当とする要因と考えることが可能となる.

第6章　各視角からの考察の方向と留意点

　さらに上記のような可能性に加え，例えば，家族形態の違いといった状況差によって，福祉に関するクラブ財そのものの必要性に違いがある可能性なども考えられる．一般的に核家族化が進むほどに社会福祉施設の必要性は高まると考えられるからである．しかし，第2章第4節で考察したように，近年の核家族世帯に大きな格差は示されていない状況であった．今後はさらに，6歳以下の，あるいは児童手当の対象となる児童のいる核家族世帯の状況など，より具体的な追究が必要となる．

　なお，念のため，以下の点を指摘しておきたい．問題としている民生費以外の歳出が，民生費に代替する機能を持ち，それが民生費全般の東西格差に影響を与えている可能性も皆無ではない．しかし，民生費以外の歳出の東西格差も，大局的には西高東低であることから，少なくともその点が民生費の明確な西高東低格差に対応し，民生費の東西格差を妥当とする，民生費格差の主要因とはなり得ない．しかし，（その金額の大きさから，主因とはなり得ないが），唯一考え得るものとしては，児童福祉費における保育所関係の支出が教育費における幼稚園費によって代替されている可能性がある．まさにこれは，先ほど指摘したクラブ財に関する状況差を示唆するものでもある．

　しかしながら，上記のクラブ財に関する一連の東西格差要因の可能性が，民生費の東西格差の主因である生活保護費に象徴される扶助費の東西格差を十分に説明し得ない点に留意する必要がある．また，クラブ財に関する地域間での状況の違いを，地理的条件の違いといった客観的に把握し得る状況差によって完全に説明し得ない限り，クラブ財の供給状況の違い自体に，本論文が想定する各地域における主観の違いが影響を与えている可能性があり，依然として，県民性が格差要因である可能性は残る．

2．再分配の視角

a．考察の起点

　考察を進めるに際し，まず意識する必要があるのは，すでに見た，社会的厚

生関数と効用可能フロンティアによって示される効用最大化理論の実態状況への適応である．国民の多様な選好の下，社会的厚生関数や効用可能フロンティアを用いて，効用最大化水準を特定することが，極めて困難である点はすでに指摘した．しかし，そのような中でも，各人が理想とする社会的厚生関数は存在するわけであるから，多様な人々に対応し，多様な社会的厚生関数を追究することによって，生活保護をはじめとする所得再分配に資する支出について存在している特徴的な東西格差に，東西で異なる社会的厚生関数あるいは効用可能フロンティアが影響を与えている可能性を追究することは無意味ではない．

異なる社会的厚生関数をもたらすものは，人々がおかれている環境およびそれによって影響を受ける考え方や，価値判断の違いである．将来の可能性について，人々は自らが持つ様々な判断基準に基づいて判断を下す．各人の考え方や価値観が様々な状況で，効用を最大化する再分配のレベルを特定することは，明らかに困難であるが，もしも東西において，この考え方や価値観に影響を与え得る状況差を確実に把握できるならば，それに配慮する必要がある．

もとより，制度上は，東日本，西日本ともに，同様のしくみが適応されているので，課税状況にのみ注目するならば，納税者の水平的公平，垂直的公平について，明確な東西格差があるとは考え難い．しかし，明らかに西日本は，税収入の割に低所得者への給付が大きく，東日本は，税収入の割に低所得者への給付が小さい状況である．この状況が，東西間での社会的厚生関数や効用可能フロンティアの違いから説明できるか否かを追究するのである．つまり社会的厚生関数と効用可能フロンティアが示す最適水準の方向性が，再分配に関する支出に現実に生じている東西格差を，説明し得るか否かをまずは考えるのである．

ここでは，妥当性追究に際し，あくまで東西間での相対的な格差に注目することを前提に，まずはすでに示された2者間での所得再分配モデル（前章第1節）を指針として考察を進める．それゆえ，各人の詳細な負担状況の違いまでも考慮に入れることはない．つまり，東西それぞれが低所得者保護のために得

第6章 各視角からの考察の方向と留意点

た（低所得者を保護するための支出を賄うために得た）税収入とそれによってなされる低所得者保護のための支出における東西格差のみにまずは注目するのである．もちろん，現行の税には，低所得者保護を目的とする目的税があるわけではないので，ここで言う低所得者保護のために得た税収入とは，税収入総額のうち低所得者保護のために支出された額にちょうど一致する税収入額を単に意味するものである．つまり徴収された税収入総額の中で，それだけの額が低所得者のために使われたという事実にのみ注目するのである．すでに指摘したように，上記の低所得者保護のために用いられる税収入の東西格差は，現行税制の下，各個人に適応される税率が東西で異なるといった税制度の違いによってもたらされるものではない．また，ここで，問題としている税収入が，全税収入ではないことからもわかるように，低所得者保護のために用いられる税収入についての各個人の税負担が東西間でどのように異なるかを示すことなどはできない．このことはすなわち，第5章第1節におけるモデルをそのまま適応することはできないことを意味している．つまり指針としている2者間での所得再分配を論じるモデルは，再分配される所得が所得の再分配を受けない一人の高所得者の所得であるという前提であるのに対し，現実においては，様々な税ごとに様々な税負担が課され，そこから得られた税収入の一部が低所得者保護に向けられている．この状況に際し，低所得者保護に向けられる税収入の各人の負担状況について，東西間での違いを厳密に考慮することは困難なのである．このようなモデルと現実のギャップに対応して，ここでは，負担状況の違いについては，さしあたり，考察を進める便宜上，次のようなとらえ方をしたい．すなわち，低所得者への支出が西高東低であることに応じて，その財源としての，低所得者保護のために用いられる税収入も西高東低であると考え，西日本は東日本以上に，（人口一人当りで見て）低所得者保護のための機会費用を負担している状況と解するのである．低所得者保護のために用いた税収入は，それに用いられない場合には，当然に他の財・サービスに用いられることになる．つまり裏を返すならば，低所得者保護は，他の財・サービスの供

給を犠牲にし，なされているともとらえ得るのである．しかし，現実には低所得者保護のために用いられる税収入水準の東西格差が西高東低とはなっていない．財政調整がなされているため，低所得者保護のために用いられる税収入は（財政調整の結果，財源がどのように移転されているかに配慮すると）東高西低である．

　財政調整の問題には，後に言及することとして，ここでは，低所得者のための支出が西高東低であるという点のみにまずは注目しよう．そして，低所得者のための支出に関する負担については，（考察プロセスを明確にするための便宜上）さしあたり財政調整の存在は考えず，西高東低の支出に応じて，負担の東西格差も，先程示したような形で西高東低の格差であると考えるのである．言い換えるならば，このことは，財政調整が行われない場合にも，西日本の方が，東日本に比べて高い低所得者保護水準であり，そのための負担を，西日本が（主に西日本の高所得者が）東日本（主に東日本の高所得者）よりもしている状況となると仮定することでもある．

　もしも，社会的厚生関数および効用可能フロンティアについて，東西で明確に差があることが明らかであるならば，この仮定は真実となり得て，支出水準の東西格差が妥当である可能性は明らかに高まる．

　しかしながら，もとよりこの最適水準を示す社会的厚生関数と効用可能フロンティアを，住民の意見を直接聞くことによって特定していくことはできないので，ここで指摘すべき社会的厚生関数や効用可能フロンティアの違いは，まずは両者を東西間で異なるものとする客観的に把握し得る状況の違いに裏付けられなければならない．

　効用可能フロンティアについては，労働条件等についての東西格差があるか否かといった点を調査する必要があることをすでに示唆した．しかし現実に生じている生活保護費をはじめとする福祉関係費のあまりにも明確で特徴的な東西格差を，効用可能フロンティアに相違をもたらす客観的に把握可能な状況差のみによって説明することはできない可能性は高い．一方の社会的厚生関数の

第6章　各視角からの考察の方向と留意点

視角についても，現状を妥当とするためには，すでに前章で述べたように，現実に人々が，原初的無知のヴェールの状況下に置かれることがないことを念頭に，社会的厚生関数が明確に異なる点を示さねばならない．この時，社会的厚生関数を異なるものとする考え方や価値観の違いは，県民性の違いと深い関わりを持つ可能性がある．そしてその場合には，県民性の違いをもたらす具体的状況差を追究し，そこで得られた結果と社会的厚生関数との関係を考えることによって，社会的厚生関数を異なるものとする具体的な地域状況を指摘できるかもしれない．しかし現時点では，そのような段階に至っていない．もちろん，産業としての保険の状況や，気候条件などが影響している可能性も皆無ではない．しかし，極端に明確で特徴的な東西格差を説明する上で，産業としての保険の状況が社会的厚生関数の違いを通じて与える影響が，格差の主因とはなり得ないことは自明である．また，気候条件の影響を解明することは，社会科学の領域のみでは対応できない可能性を持つ難解な問題である．さらに，各人の置かれている状況における，生活を営む上での様々な条件についての相対的な平等性から，社会的厚生関数の違いを示すことも極めて困難である．各人がおかれている条件の違いを考える上でもっとも重要な機会の平等は，往々にして，結果の平等としてとらえざるを得ない性格であり，結局のところ機会の平等性は，実際にやってみなければ明らかとはならないことが多い性格だからである．[5)]つきつまるところ，行い得る追究は，何らかの客観的に把握可能な状況の違いを，東西間について地道に指摘し，その指摘と問題としている東西格差との関係を追究することに絞られる．しかしこれがまた困難な点はすでに指摘してきた通りである．

このような状況下，所得再分配による効用最大化の視角から，東西格差を妥当と判断できるか否かは，県民性と社会的厚生関数との関係解明の結果に，大きく左右されることとなろう．もとより，県民性とは，人々の考え方や行動パターンを総括する概念であるから，これが人々の再分配に対する考え方に影響を与える可能性は十分に考えられる．

しかし，この点を考えるに際し，さらに考慮しなければならない重要な問題がある．すでに指摘した財政調整の存在である．もとより，社会的厚生関数と効用可能フロンティアが示す所得再分配は，財政調整による財源移転のない状況を想定した議論である．これまでは，考察プロセスにおける便宜上，財政調整が行われていない状況を想定し，考察を進めてきた．しかし，現実において財政調整は行われている．東西で社会的厚生関数が異なるとの判断は，財政調整が行われていない場合に，負担状況にも，低所得者への支出に応じた明確な東西差があることが確実であるとの裏付けを必要とする．これが明らかであるならば，個人間の所得再分配による効用最大化の観点からは，民生費に関する各項目の地域間格差を妥当と判断できる可能性が高まる（もちろん，そのように単純に判断し得ない点は，すでに前章第2節において，地域間での公平性を達成する根拠として示されている）．また，さらに現実的な問題として，現状がモデルが示す状況と同じ状況とは，そう簡単にはなり得ないことに，十分に留意する必要がある．なぜなら，すでに西日本の人々が，財政調整による相対的に高い公的な財・サービスの供給水準に依存して生活する状況は，定着しているからである．つまりここでの議論は，すでに前章においても指摘した通り，あくまで方向性を示すものである．すなわち，移転財源だけではなく，地方債にも依存することのない，モデルのような財政運営を実施することは不可能であるので，たとえ若干であっても，西日本の人々が高負担，高給付といった選択肢を選ぶか否か，その程度とその程度が変化していく可能性があるか否かを問題とせざるを得ない．特に，主観の違いが影響して生じている財・サービスの供給水準の格差について，西日本の人々が，長期的な視点から，高負担高給付を受けいれるか否かが焦点となろう．あるいは，この点の追究を，職員一人当り給料に対する共済組合負担金比率の格差といった各項目ごとに対して行うということも意義を持つことになろう．

b．所得の再分配としては説明し得ない再分配への配慮

　他方で問題となるのは，所得格差の是正を必ずしも意図しない地域間での再分配である．財政余剰の均等化は，これらの財・サービスの供給によっても行われる．

　前章で示した所得再分配についての議論と地域間の再分配のもっとも大きな目的の違いは，所得再分配が，国民間での所得再分配を問題とするもので，地域間での再分配が，各地方政府による給付とその負担についての格差を論じるものであるという点である．しかし両者は相互に大きく影響を与え合う．前章での財政余剰の均等化についての考察から示されるように，ある一定水準に達成すべき水準を特定し，各地域間の財政余剰を均等化することは，一国全体の大局的な傾向としては，高所得者から低所得者へ，所得を再分配する側面を持つ．どのレベルに達成すべき水準が定められようと，少なくとも，民生費に対する財政支出について，ある特定の水準を達成するために財政調整が行われるならば，行われない場合よりも，個人間の所得格差が縮小する可能性は高まる．さらに，民生費に限らずいかなる財政支出であっても，利便性の改善などを通して同様の傾向が生じる可能性がある．もちろん生活保護以外の民生費における弱者保護のための支出にも，生活保護ほどには明確でないが，所得再分配機能が見られる．もとより，過疎地域における道路建設のようなケースは，低所得者も高所得者も同様の恩恵を受けるという可能性に生活保護費とは異なる特徴がある．しかしその状況も，高所得者から低所得者への所得再分配の機能を有する．現行の地方税体系は大局的に累進的であり，同様の恩恵を受ける状況では，その恩恵が少なくとも各人の所得にプラスに働くことを前提に，所得は再分配されることになる．そして，特に生活保護費以外の民生費（土木費における住宅費も同様の傾向）は，財・サービスの供給に際し，低所得者ほど手厚く給付をなす体系を持つものもあり，それらはそうでないケースに比べて，所得再分配に寄与する[6]．このようなそれぞれのレベルに応じてなされる所得再分配をも考慮して，すでに示した所得再分配における効用最大化の各視点

から，最適な分配を追究することが必要である．

　また一方で，地域間の再分配が所得再分配による効用の最大化に反する分配を行う場合も生じ得る．代表的な例は，先ほどあげた過疎地域における道路で，それを主に高所得者が利用するケースなどがあるが，一部過疎地域における老人介護施設や児童福祉施設の整備への支出についても，必ずしも低所得者のみが恩恵を被るわけではないという性格であり，同様の状況となる可能性がある．つまり，これは，どの地域においてもある程度のレベルまでは，行政サービスを保障しようとの再分配である．当然に，このような再分配は，ブキャナンの言う財政余剰の均等化を通じて，国民間での所得分配の水平的公平に寄与するものではあるが，生活保護のように，低所得者のみに直接に給付するものに比べて，国民間での所得分配の垂直的公平の達成度は弱い．生活保護のための支出が，地方政府によって，低所得者のみに支出されるのに対して，例として示した過疎地域の老人介護施設や児童福祉施設による財・サービスは，必ずしも低所得者のみに恩恵をもたらす状況にはないからである．つまり，問題としてきた所得再分配による効用の最大化とは必ずしも完全に一致しない再分配が，財政調整による特定水準の達成を通じて行われている（なお，過疎地域に住まない人々が，このような財・サービスの供給を評価する可能性は限られたものとなる．すなわち，その供給によって自らに及ぶスピルオーバー効果など，外部経済の必要性が明らかではない場合には，第4章で示したような効率性の観点から，このような，高所得者にも恩恵をもたらす財・サービスの供給根拠を，端的に説明できる可能性は低い）．

　したがって，特定水準達成のための財・サービスを供給する根拠は，社会的厚生関数や効用可能フロンティアとは異なる観点からも説明されねばならない．その根拠とは，特に全国民に特定レベルまでの生活上の利便性を保障しようとの考え方である．すでに，前章で指摘した通りである．現実に金銭給付による所得再分配のみでは，全国的に保障しようとする財・サービスの供給によって達成される条件に代替する条件を達成できない．老人ホームにせよ，保

第6章 各視角からの考察の方向と留意点

育所にせよ,そこには,所得によっては代替できない時間的な利便性の問題が生じる.遠方の保育所に子供をあずけるのに際して,時間的な弊害を生まない交通機関の整備された地域ばかりではない.所得が十分にあることによって,このような時間的な不利を解消できるケースもあるが,それでは解消できない格差も存在し得る.この時,過疎化が進む可能性の下,その地域に住まざるを得ない人々に,精神的,肉体的な弊害が生じる可能性も生れる(なお,本論文が特に問題としている,扶助費の妥当性を追究する時にもこの視点は有用である.もちろんのこと,扶助費の給付自体が利便性の問題を直接に改善するわけではないが,一方で,利便性に差がある状況の下,扶助のあるなしが,利便性の格差を緩和する可能性もあるからである).

　もしも地域間の再分配によって,地域間での利便性(生活する上での有利不利)がまったく等しい状況が確保されているならば,その状況で,生活保護をはじめとする扶助費に,所得に応じて格差をつけることによって,地域間の再分配と個人間の所得再分配の両者が,ともにある程度目的を達成することになる.しかし,現実には,地域間の再分配によって,どの地域も同じ利便性が保たれるような状況にはなく,地域間に差が存在する.つまり最終的には,所得再分配による効用最大化を追究するために,地域間の再分配がもたらす利便性の改善を通じた間接的な影響にも配慮する必要がある.もちろんのこと,この間接的な影響には,すでに,前章第2節2.で示した,人口流出の抑制による,民間経済の「維持(あるいは発展)」による利便性の確保という点も含まれる.この点は,扶助費や民生費を含む全ての財政支出がもたらし得るものである.道路や保育施設が整備されることによって,生活の利便性が高まり,時間とともに生活費用が節約されたり,時間を得ることが,働くことを可能にするといった間接的な所得再分配の成果に加えて,民間経済の発展による利便性の向上がもたらされるという状況も,同様の成果を生む可能性がある.けれども,これらの間接的な影響を具体的に把握することは極めて困難である.この困難性は,機会の平等を達成すること,あるいは機会が平等であるか不平等で

あるかを判断することが極めて困難であることと，多くのケースにおいて重複している．この点は，利便性が，地理的条件をはじめ各人が置かれているあらゆる環境の違いに影響を受けることからも理解されよう．環境は逐次変化しており，こういった一連の変化全てを考慮し，所得への影響を完全に明らかにすることは不可能である．したがって，完全な効用最大化や厳密な公平性の達成も困難であり，利便性の改善については，この点と，過疎をくい止めるために，その地域全体の利便性を保障する必要がある点などから，高所得者まで含めた，国民全体に対する特定水準達成を目指すことになるのである．しかし，財政調整がもたらす間接的な所得再分配の成果把握の可能性が皆無なわけではない．そしてまた，このような再分配の成果の必要性が，東西間で異なる状況にある可能性もまったくないと断言はできない．しかしながら，基本的に，これらの再分配の必要性の違いの追究は，前章第2節2．で指摘した通り，つまりは，各地域におけるパレート最適達成の各視角等から見た財・サービスの必要性の違いを追究することにおおむね等しい．本稿のように，具体的な水準特定ではなくて，相対的な地域間格差の妥当性を追究するというスタンスの下では，まさにそうである．そして，民生費における問題の東西格差については，利便性の違いに関することも含めて，パレート最適達成の各視点から，格差の妥当性を裏付ける客観的に把握可能な状況差を十分に指摘できない可能性がすでに指摘されている．なお，民生費以外の支出についても，所得再分配，特定水準の達成に影響を与える支出は多数あるが，ここでも，(p.179の8行目以下で効率性について示したことと同様の理由から)，他の歳出の影響が，民生費の明確な東西格差を妥当とする格差の主要因とはなり得ない．民生費の各細目はもちろんのこと，他の歳出についても東西格差は西高東低であり，様々な歳出間で，所得再分配による効用最大化，特定水準達成のための機能を補い合う状況には無いと考えられるからである．

　さらにここで，上記のパレート最適達成の条件を同時に満たし，最適な所得再分配を達成する際に，全国的に妥当な水準を達成しようとの観点から，達成

第6章 各視角からの考察の方向と留意点

しようとする水準が，地域ごとに異なることを認め得る可能性にも留意しておきたい．その留意点を示すために，まずは各地域における，所得再分配に関するコンセンサスの問題を考える必要がある．すでに，前章第2節2．で，各地域において，所得再分配についてのコンセンサスを得ることが，困難である点を指摘した．このことが財政調整によって特定水準を達成する根拠の一つでもあった．もとより，所得再分配における低所得者に対する最低限の生活保障としてのナショナルミニマムは，このような各地域ごとのコンセンサスを経た上での決定により，十分な保障をなすことが困難であることから生じてきた議論である．しかし，だからと言って，そのようなコンセンサスを得ることが，（極めて困難ではあるが）完全に不可能というわけではない．将来が不確実な状況を強く意識して，所得再分配の必要性を主張する人も生じるかもしれないし，すでに指摘したように，所得再分配が外部性によって多くの人々に利益をもたらす可能性も考えられ，さらに，そのような状況下，高所得者が十分利他的である可能性も皆無ではない．現実に，この点に配慮する状況で展開される所得分配モデルも存在している．ポーリーによって示されたモデル（以下，ポーリーモデル）である[7]．

　このモデルは，利他的な高所得者を仮定して構築されている．そして高所得者も低所得者も移動が不可能との前提の下，所得再分配政策は，地方公共財とみなされる．つまりある地域の高所得者は，地方政府による所得再分配政策による便益を全員等量消費できると仮定している．したがって，所得再分配政策においても，地域によって高所得者の再分配政策に対する選好が異なる時，地方ごとの政策を実施した方が社会的に好ましいという結論が導かれる．このモデルでは，高所得者が所得を再分配する目的が，低所得者の厚生水準が上昇することによって，自身の厚生をも高めることにあると仮定され，高所得者は低所得者の状態を自分の効用関数の中に含み，低所得者の効用の増加は高所得者の効用の増加を生み出すことを前提としている．

　このモデルの前提を総括すると以下のようになる．

1. エッセンスを明確に示すため，地域は J，K の 2 地域でそれぞれの地方政府を考える．
2. 住民は移動できず，全国の住民数は一定に与えられているとする．
3. 政府は高所得者の効用を最大化するように，所得再分配政策によって低所得者の所得水準を決定する．ただし，所得再分配政策は，低所得者の再分配前所得水準 Y_p を最低所得水準 W にする政策として定義される．
4. 利他的な高所得者を仮定し，高所得者の効用は低所得者の所得水準の増加関数となっている．
5. 高所得者の再分配前所得が高いほど，望む W の水準は高い．
6. 高所得者は，低所得者の人数が増加すればより低い W を望む．
7. 所得再分配政策の資金は，高所得者に対する比例所得税によってまかなわれる．

この状況下，J 地域の高所得者 i の効用関数は，次のように定式化される．

$$U_i = U_i(Y_i, \ W_J, \ P_J)$$

ここで，P_J は，J 地域の低所得者数で，住民移動はできないという仮定によって，一定に与えられている．Y_i は高所得者一人当りの再分配後所得，W_J は，J 地域の地方政府が選択する低所得者一人当りの所得水準である．したがって，Y_P^J を均一な低所得者一人当りの再分配前所得とすると，低所得者一人当りの所得移転額は，$W_J - Y_P^J$ である．J 地域の地方政府は $U_i = U_i(Y_i, W_J, P_J)$ で示される高所得者の効用水準を最大化することを目的として W_J の水準を決定する．

この時，地方政府の予算制約式は以下のようである．

$$\sum_{i \in J} y_i = \sum_{i \in J} Y_i + P_J(W_J - Y_P^J)$$

ここで，y_i は高所得者 i の一人当りの再分配前所得で，左辺は高所得者の再

分配前所得合計額を表している．右辺第一項は，高所得者の再分配後所得地域合計額，第二項は，低所得者への所得再分配合計額を表している．

この時，効用最大化のための，J, K 地域それぞれの一階の条件は以下のようである．

J 地域： $\sum_{i \in J} \dfrac{U^i_{W_J}}{U^i_{Yi}} = P_J$

K 地域： $\sum_{i \in K} \dfrac{U^i_{W_K}}{U^i_{Yi}} = P_K$

これは，いわゆる公共財に対するサムエルソンの条件である．所得再分配政策について，利益が地域間でスピルオーバーすることがないことを前提とすれば，各地域の政府が一階の条件を，各地域で達成するように再分配政策が行われる時，国全体での最適な状態が達成される．[8]

各人の効用享受能力の違いについての詳細な配慮に加え，このモデルの前提は，前章で見た所得再分配による効用最大化のモデルとは大きく異なる．しかし，どちらのモデルも地域ごとに異なる水準が，効用を最大化することがあり得る点を示している．特にポーリーモデルは，地域間での選好の違いが最適水準に影響を与え得る点を明確に指摘するモデルである．

移転財源に依存しない状況の下，十分な保障，保護を行い得るレベルの達成について，各地域の人々のコンセンサスを得ることは容易ではないが，民主的なプロセスを経て，大きな混乱なく，利便性の改善による，所得分配への影響にも考慮した結果として，十分な保護，保障を達成できる可能性も皆無ではない．その場合には，厚生関数の違いに基づく，効用最大化の観点から，低所得者保護のための，支出の格差に妥当性を見出し得る可能性は高まるという点が，モデルにおいて示されている．

続いて，現在，財政が保障しようとする水準が，ナショナルミニマムではなく，ナショナルスタンダードであるとの指摘に留意しておこう．つまり，憲法25条に関わるような最低限の公共サービスのみを保障しているというわけでは

なく，むしろ，全ての地方団体に，富裕地域なみの供給水準を保障しているとの指摘である[9]．

しかしながら，たとえ，現在の水準がナショナルスタンダードであるとしても，そのスタンダードに地域間格差があってよいとする状況差の追究が，ナショナルミニマムの達成に際し，地域間格差の妥当性を追究する基礎となると考えられる．

前章第3節で財政余剰に関して指摘したように，ナショナルミニマムにせよ，ナショナルスタンダードにせよ，具体的な水準（どこまで供給水準を保障するか）を特定することは非常に困難である．しかし，ナショナルミニマムについても，ナショナルスタンダードについても，地域間で相対的にそれが異なる水準となることを妥当とする客観的に把握可能な状況差を追究すること，および格差が主観による違いによってもたらされたものである場合に，その違いが十分に各地域の人々のコンセンサスを得た上での社会的厚生関数が異なる結果生じるものであると判断し得るか否か，およびその格差が，社会的なコンセンサスを得て，国民から認められ得るものであるか否かを追究することは重要である．

特に，財政調整による特定水準達成の視角からは，どの程度の水準を達成すべき水準とするかについて，地域を越えた社会的コンセンサスが不可欠である（前章第2節2．）．もちろん，各地域ごとに，自らの負担する機会費用のみによって全ての支出が賄われる状況では，必ずしも，一国全体のコンセンサスを得られずとも，ミニマムが各地域ごとに異なることを，上述のポーリーモデルが示すごとく必ずしも否定し得ない．しかし，現状のように，移転財源に多くを依存する状況下では，社会的なコンセンサスが不必要ということには決してならない．本稿では，そのようなコンセンサスを得られる水準であるか否か等の視点からの，達成すべき具体的水準については言及せず，あくまで，東西間での相対的な条件の違いに注目するというスタンスで考察を進めてきた．そのことを踏まえて，改めてここで次の点を認識する必要があろう．すなわち，他

の視角からの妥当性追究において行われてきた，東西間でその水準に開きがあって良いと判断し得る客観的に把握可能な状況差の追究は，同時に，ナショナルミニマムといった財政調整によって達成される水準としての東西格差について，国民に対し，コンセンサスを得ることを可能にする（国民的容認の根拠となる）状況差の追究でもあったのである．ゆえに，得られた結果からは，現在の財政調整により達成される水準格差について，妥当性（国民のコンセンサスを得られること）を裏付ける状況差を見つけ難いという結論となるのである．もちろん，この指摘は，達成すべき水準がナショナルスタンダードである場合にも有効である．

3．生活保護費―具体的な考察の起点として―

　以上の認識を念頭に，次に，もっとも明確でかつ問題の西高東低格差の特徴を如実に示す生活保護費について，特に前項の考察視点から，より詳細に考察を加えよう．生活保護費は，もっとも如実に問題の東西格差の性格を示す項目ゆえに，その東西格差の妥当性追究は，主観による東西格差の妥当性追究を意味していると考えることができ，妥当性追究の結果，客観的に把握可能な状況差の指摘が困難な点がさらに明らかとなり，格差が県民性の違いの影響を受けた結果である可能性を認識することができる．また，生活保護の考察は，程度には差があれど，いずれも弱者保護の意図を持つ生活保護費以外の民生費項目における格差の妥当性追究についても，多くの示唆を示すこととなる．

　そもそも生活保護費の格差は，生活保護対象者数の違いによるものか（ただし人数の差といっても，ここで問題としているのは，東西間での民生費水準の格差であるから，正確には，総人口に占めるサービスを受ける人数の比率の差である），あるいは同じ条件にあり保護を受けていながら，その保護のレベルが異なる状況にあることによって生じるのか，どちらであろうか．他の扶助費についても，それが低所得者への再分配である限り，同様の状況把握が必要である．

　生活保護費は，昭和29年度から，いわゆる福祉元年と言われる昭和48年度ま

での間に，東の各地方（北海道，東北，関東，北陸，東海）が水準下降という共通の性格を示し，西の各地方（近畿，中国，四国，九州）は上昇へと共通の動きを示す状況である．特に関東，東京圏は確実に下降への動きを示しているが，近畿と大阪圏は昭和40年代に入って下降を止めて，反転上昇を示しており，そこに東西間における性格の違いの典型が示されている．水準の高低についての東西それぞれにおける共通性に加え，このように，動向においても，広い範囲に対し明確な共通性が見られる状況は，より一層，端的な指標では説明できない格差要因の存在を示唆している．現状の県民所得格差や利便性の違いが，現在の生活保護費の地域間格差を説明し得ない可能性に加え，さらにその変化についても，県民所得の状況や生活上の利便性に関する状況が，上述の変化に対応して変化しているとは考え難い．特に県民所得については，先駆の研究がこの点を明示している[10]．県民所得の状況差が，昭和48年度にかけて，東西それぞれに足並みを揃えて強まったことを裏付ける事実は見つけ難い．

県民所得の地域間格差の大きさ，および上記のその動向から，西高東低格差の主因は，現実の低所得者数の状況ではなく，給付を受けるために，役所の窓口へ向かう人数の差（つまり生活保護を受けるべきか否かについての住民の判断の違い）である可能性が高い．東でもっとも高い水準の地域が，西でももっとも低い水準の地域を大きく下回る状況で，東西の低所得者数に2倍もの開きがあるとは考え難いからである．

さらに，次のことに留意する必要があろう．一言に，住民の判断の違いと言っても，それが住民そのものの意識や考え方の違いを意味するものなのか，あるいは住民の考えや状況とは無関係な地方政府の判断に影響されるものなのか，についても配慮が必要である（この点は，民生費全般について配慮すべき点である）．住民自体の判断の違いによってもたらされるケースでは，社会的厚生関数の異なりや，あるいは効用可能フロンティアの状況に格差が存在する可能性が高まる．もとより，住民とはまったく無関係な地方団体の判断が，水準格差の主因とは考え難いが，該当し得る状況が皆無ではない．例えば，民生

第6章　各視角からの考察の方向と留意点

委員の活動量や活動内容の違いなどである．地域によって，民生委員が生活保護対象者を増やさない方向（生活保護を受けずに自立する方向で指導する等）で活動する場合や，積極的に保護を受けさせる方向で活動する場合などの違いは生じ得る．そして，この違いが対象者数の差に結びついている可能性も考えられる．さらに，これらの状況差をもたらす要因を追究する必要があるわけだが，まず考えられる要因として，地方団体の財政状況がある．民生委員の方針は，地方団体の財政状況に影響を受け得る．しかしながら，財政状況の厳しい団体ほど，自立支援を奨励する可能性も考えられる中，生活保護水準の高い西日本は，むしろ東日本に比べて，地方債水準が高い状況である．

そこに地方団体の判断がどのように関わっていようとも，低所得者数の違い以外の要因で受給者数に格差が生じている状況は，生活保護費の東西格差は，サービスを受けることが可能であるにもかかわらず，サービスを受けない人が，西日本に比べて東日本に多いために生じている可能性を示している．この状況と社会的厚生関数および効用可能フロンティアとの関係を具体的に明らかにしていくことが最終的には重要である．その際，まず追究すべきこととして，サービスを受けられる可能性があるにも関わらず，それを受けない東日本の該当層は，根本的にサービスを望まないのであろうか．それとも，望んでいるのではあるが，それが財政支出に反映されないだけなのであろうか，という点があろう．制度上は，上記のような東日本においてサービスを受けない人々が，望みさえすれば，サービスを受けることが十分に可能である．

もとより同じ人間である限り，同じ生活条件におかれた東日本と西日本の人々の間での生活を苦しいと思う状況に大きな差があるとは基本的に考えにくいのではなかろうか．あるいは県民性の違いがその差を生んでいるのであろうか．また，可能性として，東西格差の現状が，多くの人によって，認識されるならば，東日本の人々が水準を上昇させるように行動するとの見方もできる．もしそうであるならば，効率性の観点において言及した，情報不足による便益に対する財政錯覚と類似の状況が，東日本において生じている可能性もある．

同じ生活条件におかれた東日本と西日本の人々の間での生活を苦しいと思う状況に大きな差がない場合には，生活保護だけに限らず民生費によって行われる行政全般に関して，西高東低である現状に，再分配における効用最大化の視角からも明確な妥当性を見出せない可能性が高まる．もちろん上述の考察は，再分配の具体的水準を特定するレベルに至るものではないが，少なくとも，東西格差について，東日本の人々がさらなるサービスを望む状況ならば，格差が是正されなければならない可能性は高まる．このことは，つまりコンセンサスを問うことの重要性を示すものでもある．問題の東西格差が国民のコンセンサスを得て生じるものか否かを追究することは，財政調整による特定水準達成の視角に限らず，各モデルが示す効用最大化の視角から，格差の妥当性を追究することにもつながるのである．

　もちろん，生活保護費以外の民生費支出についても，各人の所得水準に与える影響は大きく，したがってそれらも生活保護と同様の諸点に留意し考察する必要がある．しかしその際に，生活保護以外の民生費の場合には，以下のようなケースが多い点に留意する必要がある．本来，所得再分配のみを考えるならば，生活保護対象者への給付のように，金銭給付の方が効率的な可能性があるが，しかし，消費者選択が，例えば不十分な情報に歪められる場合などは，現物支給などによる矯正的な措置が有効となる場合もある．いわゆるメリット財として，財・サービスが供給されるケースなどである．しかし，いずれにせよ，民生費が社会的弱者保護の性格の強い支出であり，ゆえに低所得者への所得移転の性格を有することは明らかである．

　いかなる視角から妥当性を追究するにしても，気候条件，地理的条件といったものまで含む，人々の生活に影響を与え得る，あらゆる条件，状況の違いを追究する必要がある点は明らかだが，現段階では，その状況の差の存在を明確に指摘し得ない．確かに，地域間の利便性の違いは数限りなく存在するが，問題としている東西格差に即して利便性に差がある状況は指摘し難い．数限りない要因が重なり，問題としている東西格差が生じているとのとらえかたは不可

能ではないが，それにしても東西での格差は大きく明確で，固定的であり，かつ，多数の項目についてそれが同方向で生じるという特異性をもっていることから，東西それぞれに共通する格差要因が存在する可能性を見出し得る．特に民生費関係の項目に注目するならば，その格差は，最大の格差要因と考え得る県民所得状況や家族構成の格差によっても，十分には説明できない可能性が高く，たとえそこに利便性の違いといったような諸要因が重なったとしても，十分な説明をなし得ないレベルの明確で固定的な格差である．

なお，福祉施設の地域格差が利便性に対応している場合には，それは前項で示したクラブ財供給の必要性の違いを意味する可能性がある．クラブ財の平均費用逓減に関する性格により，パレート最適を達成できない状況は，民間経済主体によるクラブ財の供給が困難な状況を意味する．この状況に差があり，西で，民間によるクラブ財供給が困難な状況が頻繁で，その弊害を被る人が多いならば，所得再分配や特定水準達成のための支出水準が，相対的に西日本において高水準となることを認め得る可能性も考えられる．

しかし民生費の格差をもたらす主因が，すでに見た生活保護をはじめとして扶助費にある点を忘れてはならない．民生費によって供給される代表的なクラブ財であり，かつ負担金等を財源として建設，運営される老人ホームや保育所への支出を含む老人福祉費や児童福祉費についても，総額中に扶助費が占める割合は高い．老人福祉費は分析期間を通して，おおむね30％で，児童福祉費がおおよそ40％前半で推移している（全地方団体単純合計）．確かに，クラブ財の多少に応じて，扶助費が変動する傾向があり，特に老人福祉費に関してはその傾向が強い点が，制度的にも明らかである．しかし，生活保護を筆頭に，民生費中の扶助費には，クラブ財の状況にかかわらず交付される性格のものもある．このような扶助費の性格が，東西格差要因が各地域の主観の違い，それをもたらす県民性の違いに求められる可能性を高めている．また，現状では，クラブ財の供給状況の違い自体に，県民性の違いが影響を与えている可能性があることも忘れてはならない．もとより，利便性や地理的条件の違いという点な

どだけで，これほどに大きな民生関係項目の東西格差を説明できるとは考え難い．もちろん，各地域間における生活の利便性の差に応じて生じる生活費用の違いがある可能性もあり，この違いが効用可能フロンティアの状況に影響を与える可能性も皆無ではない．しかし，たとえ地理的条件などが影響し，このような状況があったとしても，それのみによって，劇的とも言える扶助費の東西格差を正当化することはできない．さらには民生費における普通建設事業費部分が西高東低となる状況が続いている可能性から，すでに利便性についてある程度の対応が行われている可能性があるにもかかわらず，扶助費の東西格差は，長期にわたって続き，戦後最大級の好景気である平成景気の下でも明確な格差が保たれている．つまり，利便性への対応によって扶助費の東西格差要因を説明できない可能性は高いのである．

さらに以下の点にも留意が必要である．財政調整によって特定の水準が達成される状況では，国民全般のコンセンサスを得ることが重要である点はすでに述べた．生活保護に示された極端な西高東低格差についても，この点を追究する必要があるが，その際に留意すべき点がある．

生活保護を受けるか否かは，基本的には本人の申し出によって決定されるところが大きい．確かに民生委員の活動など行政の姿勢が影響を与える部分もあるが，基本は，全国的に共通の基準の下，本人の申し出によって保護が認められる制度である．この時，明確な生活保護費の東西格差についての国民のコンセンサスと一言に言うが，すでに，各人が保護を申し出るか否かを判断する際に，コンセンサスの問題は解決していると考え得る格差部分も存在する可能性がある．それゆえ，生活保護費の東西格差に関するコンセンサスの問題は，民生委員の活動に違いがある場合に，それによって格差が生まれている部分に対してなど，生活保護費全体ではなく，さらに限定された部分の格差について問われねばならない問題である可能性もある．しかしながら，生活保護費以外の民生費については，依然として，国民のコンセンサスの追究は重要な課題である．児童福祉費中の扶助費にせよ，老人福祉費中の扶助費にせよ，扶助総額

第6章　各視角からの考察の方向と留意点

が，老人ホームや保育所といった施設数に応じて増加することが制度的に明らかであるからである．つまりこれらの扶助は，施設に入ることによって得られる傾向となるのである．この前提の下での，扶助費の格差は，生活保護を受けるか受けないかといった本人の直接的な判断とは異なる，地方政府の福祉サービスに対する姿勢の違い（それが県民性の違いに影響を受けている可能性もある）の影響を大きく受けて決定されることになる．したがって，これらの支出については，扶助費を含む福祉費全体の東西格差についてのコンセンサスの追究が必要となる．当然にこの場合には，施設に入り扶助を受けることを望む人が，施設に入れないがゆえに扶助を受けられない可能性も考えられるわけであるから，その状況差についてコンセンサスを問わねばならない人が多数いる可能性は十分に考えられる．したがって，扶助費そのものの格差についても国民全般のコンセンサスを追究する意義が生じる．そして，地方政府の姿勢が，上記のしくみにより扶助費の格差に影響を与えている場合には，その姿勢の違いと扶助費の格差の妥当性を裏付ける客観的な状況差（例えば，既述したクラブ財の，特に東西格差の大きい都市における必要性の違い等）の存在が求められよう．それがないならば，財政調整による特定水準達成の視角からも（当然に国民的なコンセンサスを得られる可能性も低く）格差を妥当と判断できない可能性が高まる．

■第2節　県民性と西高東低型構造の妥当性■

1．考察の方向性

すでにこれまでの考察によって，県民性の相違が，問題としてきた西高東低格差の要因である可能性は示されている．本節では，県民性の相違という，主観の違いによってもたらされる格差（つまり客観的な状況差によって妥当性を裏付けられない格差）が存在し，それが，問題の西高東低格差をもたらす主因

である状況を想定し，その場合の格差妥当性追究の方向性示唆を試みる．すでに前節にて，各視角からの追究の方向性や留意点を示唆するとともに，生活保護という，もっとも明確な西高東低格差を示す項目で，かつもっとも主観の違いによって生じたと考えられる項目に注目し，追究すべき重要な視点が具体的に検討されている．本項では，再度，総合的な観点からもっとも重要な柱となる追究の方向性を要約する．

　西高東低型構造の特徴は，特に国庫支出金や歳出水準（特に民生費）の東西格差に示され，その特徴は東日本と西日本それぞれの全般的なものとして西高東低を示す点である．本論文では，このような格差の要因を，客観的，具体的な財・サービスの必要性の違いとして把握することが，極めて困難である点を論じ，県民性という格差要因に注目することの意義を示してきた．

　また，この県民性をもたらす要因に関する仮説として，すでに第2章第5節にて，歴史的な経験の積み重ねによる考え方や行動パターンの特徴に違いが生じていて，それが要因となっている可能性を指摘している．もちろんこの点は仮説以外の何者でもないが，他に明確な要因を指摘し得ない現状では，考察対象とする意義を持つ．東西格差が東西それぞれに共通する傾向で明確に生じている状況下，直接的に財政需要に影響を与える状況差を把握し，それによって東西格差を説明することは困難であるという現実がある．また，財政錯覚（第4章第5節1.）の中でも，特に情報不足による，公的な財・サービスの便益についての錯覚が，もしも東西格差の一要因であるならば，各地域の人々が情報の獲得に積極的であるか否かについて，東西差が生じている可能性もあり，これは公的な財・サービスについての関心度の違いとも関係している可能性を持つ．その場合にも，政府との距離感に結びつく歴史の違いによる県民性が格差要因である可能性が高まることになる．

　県民性の違いによって生じる東西格差の妥当性追究においても，パレート最適の達成，所得再分配による効用最大化，財政調整による特定の行政水準達成の視角から考察を加えることが必要である．しかし，すでに，財・サービスの

第6章　各視角からの考察の方向と留意点

必要性について，問題の東西格差の妥当性を裏付ける客観的に把握可能な状況（格差の客観性）を指摘し難い点は，明らかである．この状況下，各視角から妥当性を追究する際には，特に次の点に注目すべきである．それは，財政調整による移転財源の存在である．すでに，パレート最適の達成や，所得再分配による効用の最大化を示す各モデルが，移転財源のない状況を前提とするものである点は指摘されている．つまり，考察すべき点は，移転財源に支えられて生じている歳出水準の東西格差が，（客観的に把握可能な，東西格差の妥当性を裏付ける状況差を指摘し難い状況下でもなお），移転財源のないモデルにおける状況においても保たれるか否かである．つまり，地域間での主観の違いによる東西格差が，移転財源のない状況下（自らの機会費用のみによって支えられる状況下）でも生じる性格であるか否かである．

　なお，財政調整による特定水準達成の視角からは，問題の格差が，国民のコンセンサスを得られるものか否かを追究しなければならない．もとより，主観の違いから生じる財・サービスの供給水準の格差自体が，国民のコンセンサスの結果として容易に認められるものではない可能性を持つが，コンセンサスを問うた結果によって，たとえ現状が否定される場合でも，それが妥当なナショナルミニマムを求める第一歩となるし，さらには地方分権の推進とともに，財政的な地方分権（自主財源のみによって財政が営まれる状況）へ近付き，東西で達成すべき水準が異なる状況を認め得る可能性が示されるかもしれない．

　もっとも懸念される事態は，コンセンサスを問わないままで，現在のような構造格差が続く時，不平不満が生じ，それが社会的混乱に結びつくケースである．確かに，国庫支出金によって支えられてきた西高東低型は，30年以上も大きな混乱をもたらすことなく続いてきた．しかし昨今の地方分権進展の下，問題の国庫支出金は削減される方向にある．この状況下，なおも国庫支出金以外の移転財源（例えば地方交付税）によって西高東低型が多少でも維持されるならば，改革の過程において，国民が，限られた財源をいかに政府が用いるかに注目する中で，コンセンサスを問わないことの問題点が表面化する可能性も皆

201

無ではない（さらなる具体的詳細は，本章第4節を参照）．

しかし一方で移転財源のない状況でも（各モデルのように，自らの機会費用のみにより財政が営まれる状況でも）明確に東西格差が生じる場合には，財政調整を必要としない可能性も高まるわけであり，その場合には地域を越えた社会的なコンセンサスを問う必要性も低下する．そうならば，主観の違いによる格差を，国民全般のコンセンサスの観点からも，限られた財源の下での効用最大化の観点からも認め得る可能性は高まる．もちろんのこと，現状がそのように変化していく可能性を考える時，西日本がすでに長期にわたり，多大な移転財源を得てきたことから考えて，急激な変化は決して望めない．それゆえ，この視角からの追究は，現状においては，東西の人々の基本的な考え方や姿勢を問うものとならざるを得ない（この点を明らかにし得る客観的な状況差を東西について指摘できないからである）．しかしその姿勢が三位一体改革の流れの中で，変化する可能性もあろうから，既述の独立的な財政運営に各地方政府の財政が中長期的に近づく状況下，その過程で，東西格差が明確な西高東低となり，東西格差を認め得る状況となるか否かを問う必要はある（その際には，次節2．における，住民移動の可能性に配慮せねばならない）．

2．三位一体改革と東西格差の妥当性

西高東低型構造における特徴的な東西格差に妥当性を見出せるどうかは，その格差を正当化できる東西での地域状況の違いが存在するか否かにかかっている．考察すべき主な地域状況の違いとして，すでに二つの可能性を示唆した．コミュニティー間での人々の交流状況の差，つまりクラブ財供給に関する状況差を含む，民間経済状況の違いと県民性の違いである．このうち，民間経済状況の違いについては，存在が明らかとなれば，東西格差の妥当性を裏付ける要因となり得るが，一方の県民性については，たとえそれが要因であるという可能性があるとしても，明確な結論には至れない可能性が高い．

もとより，本書で提示した要因は，どれも仮説の域をでない．特に県民性に

第6章　各視角からの考察の方向と留意点

ついて述べるならば，各地域において歴史的な背景に差があることは明らかであるが，それと県民性との詳細な関係は未だに明確とはなっていない．また，県民性の違いが各財政水準に影響を与える具体的状況についても同様である．

多くの解明されるべき課題を持つ県民性と財政との関係であるが，この解明の一助として注視すべきものとして，県民性による公的な財・サービスへの需要の強さの違いをあげ得る．もちろんその把握のためには，県民性によって生じる公的な財・サービスへの欲求の性格をさらに追究する必要があり，さらにそのためには，県民性をもたらす要因を詳細に指摘することが必要となるのであるが，このような具体的な要因の解明を待たずして，県民性による需要の強さの違いについて有用な情報を得られる可能性がある．それは，現行の地方分権，三位一体改革の流れの中，移転財源の減少が進む状況下，歳出水準に明確な西高東低格差が生じるか否かを見ることにより，財・サービスへの欲求の強さに関する東西格差の性質の一端が明らかとなる可能性である．

三位一体とは，地方税，地方交付税，国庫支出金を一体として，地方分権化を進めることを意味する[11]．「経済財政運営と構造改革に関する基本方針」（経済財政諮問会議，2003年6月）において取りまとめられた具体的な改革案としては，①補助金を4兆円削減した上で，②義務的事業費の削減分については全額，その他の事業費の削減分は8割程度に相当する財源を国から地方に税源移譲すること，③税源移譲にあてる税源は「基幹税」とし，④地方交付税の総額の抑制をはかるものとした．削減対象になる補助金としては，義務教育国庫負担金などがあげられている．

「経済財政運営と構造改革に関する基本方針」では，地方交付税への依存を低下させるべく，財源保障機能を全般的に見直して縮小することが明記された．特に，基準財政需要に対する地方債元利償還金の後年度算入措置を見直すことが明記されている．これは，財・サービスの供給が自らの負担に基づかないことにより生じる資源配分上の無駄を抑制するという意図を持つ．特に地方債の元利償還金を地方交付税で補填する場合には，安易な地方債の発行による

財・サービスの供給が助長され，効率的な資源配分を達成する上で弊害となる可能性が高い．さらに，国庫支出金については，明確に削減の方向が打ち出されている．国庫支出金は，中央政府が使い道を決めて交付する特定財源であることから，地方の自主性や個性を阻害し，厚生水準を低下させる性格を持つ．戦後において，明らかに財・サービスが全国的に不足する状況では，国がリーダーシップを発揮し一律に供給を進めることが，供給コストの削減を進めることにもなり有効であった．しかし最近は，社会資本基盤がある程度整備されてきたため，住民の選択によって社会資本の利用を決定する行政サービスの割合が増加している．民生費関係の負担金についても，同様の傾向が生じる可能性がある．このような状況の下，行政サービスにおける財・サービスの供給が画一的であることによる住民の厚生ロスは極めて大きくなることが予想される．今後さらに具体策を詰める必要があるが，三位一体改革は方向性として望ましい．

　三位一体改革は，上記のように移転財源への依存を縮小することから，現実を，第4章，第5章で用いた各モデルの前提に近づけるものである．もちろん，両者の間には，依然として大きなギャップがある．しかしながら，今後の地方分権の推進状況によっては，東西それぞれの地方政府が，移転財源への依存を前提としない本論文の各モデルの前提が示す状況に，近い状況に置かれることもあるかもしれない．その時になおも，支出水準が西高東低ならば，つまり，主観の違い，県民性の違いによって生ずると考えられる格差が強固なものであるならば，その格差が妥当である可能性が高まる．

　しかし現時点では，モデルの前提と現実とのギャップは大きい．まず地方分権が進む状況において，必ずしも移転財源が大幅に減額される保障はない．現状では，国庫支出金については，ある程度の削減の方針が明確に示され実行される状況にあるものの，特に問題としている民生費に関する国庫負担金については，可能性はあるが，削減が決定されたわけではないし，地方交付税については，見直しが主張されるも，削減の継続が保障される状況にはない．すでに

第6章　各視角からの考察の方向と留意点

　第1章にて指摘したように，問題の西高東低格差は，基準財政需要によっても支えられている．国庫支出金の削減が進んだとしても，もしも，地方交付税といった代替財源が増額される（あるいはさらなる別の財源移転がなされる）場合には，西高東低格差が移転財源によって支えられる，というパターンに大きな変化が生まれないとの可能性もある．また，移転財源の削減に際しては，その削減方法にも留意すべきである．ある削減の結果，西に比べ東の方がより多く国庫支出金を削られる状況となるならば，移転財源の削減による東西間での相対的な格差の変化に注目する意義はなくなる．しかしながら，過去の経緯から考えるならば，その可能性は低い．国庫支出金の削減は，国庫支出金項目の廃止ないしは補助率の一律削減によると要約できるからである．項目によって，程度には差があるが，国庫支出金は全般的に西高東低であるから，今後，民生費に関する負担金も含め，国庫支出金が一律に削減されるならば，結果として，西日本の国庫支出金水準が相対的に多く低下することになる．特に明確な民生費関係の負担金が削減される場合には，この傾向は顕著となる．

　なお，もっとも可能性が高いと考えられる地方債の増加に関しては，最終節にて，西高東低型構造の下での補助金削減の問題点の指摘とともに言及する．

■第3節　今後の考察課題と留意点■
―特に県民性について―

1．課題と留意点

　今後の課題は，県民性の考察についてのみにあるわけではない．もとより示された各視角からの考察の全てが，東西格差の妥当性追究に際し，さらなる追究を必要とするものである．この状況の下，特に県民性について今後の課題を示すわけは，他の格差要因に比べ，県民性については，妥当性追究に際し検討すべき具体的事柄をほとんど示唆し得なかったからである．

県民性の相違といった主観の違いによって公的な財・サービスの供給水準が異なる状況に際しての，基本的な課題の一つは，その格差についての国民のコンセンサスである．歳出の西高東低格差が，移転財源の西高東低格差によって支えられている限り，相対的に高い西日本の水準は，東日本から西日本への財源移転によってもたらされている．つまり，自らの機会費用によって裏付けられることのない財・サービスの供給を受けている地域が生じているわけであるから，移転財源によって達成される特定水準は，地域の範囲を超えた全国的なコンセンサスを必要とする．

　もとより，移転財源によって特定水準を達成しようとの考え方は，自主財源による財政運営によっては，域内で生じる外部性あるいはスピルオーバー効果への対応も含む，財・サービスの必要性についてのナショナルミニマムを達成できないゆえに，移転財源に依存してそれを達成するという考え方で，ミニマムな水準の達成を目指すことを重要な目的としている．それゆえに，全国的なコンセンサスを得ることによって他地域の財源を充当することを認め得ることになるのである．

　しかしながら，移転財源によって達成する水準が，ミニマムではなく，それ以上の水準となる状況（つまりナショナルスタンダードと解し得る状況）では，この考え方は通用しなくなり，財・サービスの供給が，自らの負担する機会費用に裏付けられないことによる非効率が問題となり得る．ナショナルミニマムを具体的にどの水準に定めるかを特定することは，極めて難しい問題であるが，昨今は，移転財源によって達成している水準が，ナショナルミニマムではなく，その水準を上回り，ナショナルスタンダードであるとの指摘も多い．その場合には，例えば，次のような弊害に留意する必要が生まれる．移転財源によって，ナショナルミニマムを超える水準が達成される状況は，他者の負担によってより高い水準を達成しようとの安易な発想に支配された状況をもたらし得る．少なくとも，そこに上限は示されにくい状況となり，より少ない費用で，まったく同じ成果を確実に上げ得るという，明らかに無駄と判断し得る支

第6章 各視角からの考察の方向と留意点

出が頻繁に行われる状況ともなりえ，国民を苦しめる結果のみをもたらす財源負担が生まれる可能性を高める．したがって，本稿が指摘した財・サービスの供給水準における東西間での相対的な格差についても，ナショナルミニマムとしてコンセンサスを得られるか否かとともに，移転財源によって達成される特定水準が，各地域が移転財源に依存しない（すなわち，自らの機会費用によって支出が賄われ，そのことを住民が十分に認識している）状況において各地域住民の効用を最大化する，財・サービスの供給水準から逸脱するものであるがゆえに，弊害を生む状況にないか，との観点からも，格差の妥当性を追究すべきである（つまり前節1.の前半で示した視角からの考察が有用となる）．そもそも，移転財源によって達成された特定水準の地域間格差が，その格差の妥当性を明確に裏付ける地域状況の違いに応じて生じている状況ならば，その水準の地域間格差については，コンセンサスを得ることができる可能性が高まる．そして，ここで言う格差の妥当性を明確に裏付ける状況とは，つまりは，上記の移転財源に依存しない状況において，各地域住民の効用を最大化する財・サービスの供給（低所得者への給付も含む）の水準においても同様の格差が示される状況を，おおむね意味している．しかし本稿で考察対象としている西高東低格差は，そのようなコンセンサスをもたらし得るような地域状況の違いを端的には示し得ない状況にあり，したがって，全国的なコンセンサスを得られるとも限らず，かつ移転財源に依存して達成される水準が，ナショナルスタンダードである場合には，弊害の大きい，無駄な支出を賄うための無駄な負担を生んでいる可能性もあり，その点にも配慮する必要が生じるのである．もちろん，移転財源によって達成される水準が，たとえナショナルミニマムの範囲内にあると判断できる状況であったとしても，だからと言って，東西格差を妥当だと判断できる明確な根拠なしに，この格差を放置してよいということにはならない．当然に，そのような格差となる妥当性を裏付ける根拠がない場合には，全国的にコンセンサスを得ることはできない．

　もとより，県民性の違いが東西格差の要因であるという点も（可能性は十分

にあれど）仮説である．加えて，県民性ゆえに，西日本が東日本に比べて高い歳出水準となる理由，すなわち，県民性の違いと公的な財・サービスの供給水準との関係が，十分に具体的に明らかとなっていない現状である．これに対し，両地域の歴史の違いが影響している可能性を指摘した．すなわち経てきた歴史の違いが，人々の意識の違いを生み，西日本が東日本に比べ，高水準を達成するとの主張である．しかしこの指摘も妥当性を追究する上では不十分である．歴史的な背景が，県民性に影響を与えるという点は，すでに広く認められている事実であるが，今後，本項の前頁にて示された視点から，県民性による東西格差の妥当性追究を進めるためには，そのような意識の違いが，歳出水準に影響を与えているのか否か，与えているならば，その主観の違い（各地域における意識の違い）がどのような性格であるのかについての詳細を明確にする必要がある．この影響の存在および影響を与える具体的な状況，影響を与える具体的プロセスが明らかにならない限り，県民性による東西格差の妥当性追究は，前節で示した方向性と配慮すべき諸点の下，地方分権とともに移転財源が明確に減少する状況を観察するなど，今後の動向を観察していくこと以外に成果を得る方法を見出せず，方策は制限されることになる（当然に，妥当性追究の基本課題とも言える，国民のコンセンサスの状況を，個別研究のレベルで詳細に追究することは，困難である）．しかしそれでも，すでに示したように，将来的に，現実の地方財政が，パレート最適や効用の最大化を達成するモデルが示す前提に近い状況となる可能性はあり，その場合には，モデルを指針に，現実の状況を観察し，格差の妥当性を判断し得る可能性もあり得る．加えて，各地域の人々の財政に関する意識の違いを把握していく途も完全に閉ざされてしまったわけではない．高負担によって高水準のサービスを望むか，低負担で低水準を望むかに関するアンケート調査などを解明の一助とする方法も考えられるし，あるいは特定地域の個別の財・サービスについては，高負担高水準，低負担低水準のどちらを住民が望んでいるかが明らかになるケースもあり得る．例えば公的な料金水準とサービス水準との関係を追究することによって，若干の

第6章 各視角からの考察の方向と留意点

可能性を得られるかもしれない．これら一つ一つの成果を統合することによって新たな示唆を得ることができる可能性はある．また，県民性の違いが，東西格差の要因であるならば，問題としてきた特徴的な東西格差に即し，東西で異なる現象が，財政以外の社会現象にも生じている可能性もある．今後は，それら一つ一つの状況を地道に追究し，その状況とさらにその状況をもたらす要因を追究し，その要因が公的な財・サービスの需要にどのような性格を与えるのかを追究する必要がある．その際に，まず最初に認識すべき事柄を一つ述べておきたい．それは，「個人差の存在を忘れてはならぬ」という点である．この点について，祖父江考男氏の見解を示そう[12]．祖父江氏は，県民性の存在を十分に認めた上で，以下のように指摘している．「その県に特有だと言われる性質が，実はある特定の職業や階層だけに存在する，あるいは比較的少数の人々にだけ見られるといった県と，個人差がむしろ少なくて，県固有の特質をほとんど全員が平均的に備えているといった状態の県と2種類に分け得るように思う．ところが実際にこうした点はつい忘れがちで，「彼は××県人である．××県人はこれこれの性格を持つそうだから，彼もこれらの性格であるにちがいない」などと断定してしまったら，人種偏見の場合と同じ危険をおかすことになってくるし…中略…こうした見方のことを，心理学的にはステレオ・タイプ（固定観念）と呼んでいる．つまり個人差を無視して，そこの集団の全員に，ある特徴を拡大して押しつけてしまう考え方をこう称するのだが，県民性の場合もステレオ・タイプ的な見方におちいらないよう，いつも用心する必要がありそうだ」．この点は，県民性を追究する上での最重要な注意点である．

なお，この点について，さらに具体的な状況を指摘することは，県民性の違いが歳出水準に与える影響やそのプロセスを具体的に把握することにつながる可能性があり，県民性の違いがもたらすと考えられる主観の違いによる，公的な財・サービスへの需要の性格解明にも有効である．社会には様々な組織やグループがあり，それらの集団に属する各人が共通の意識を持っている可能性は十分に考えられる．そこに慣例やしきたりといったような，県民性を表してい

る可能性の高い様々な要因が影響を与えている．この時，そのような集団間で，財政に与える影響が異なっている可能性も十分にあり，これに配慮することは，県民性の違いがもたらすと考えられる主観の違いが生む，公的な財・サービスに対する需要の違いに関する性格を解明する上で有効である．問題の東西格差が，30年以上も明確で，広い領域の項目において生じ，それが継続していることから，可能性は低いと考えられるが，もしも仮にある程度限定された範囲の組織やグループの影響力が，財政の決定に大きく作用しているならば，財政の決定プロセスの変更によって，格差が容易に変わり得るといった事態ともなり得る．

2．住民移動の可能性への配慮

次に，住所の変更による住民移動についても若干配慮した考察を示しておきたい．考えるべきは，住民移動の可能性に配慮した上での，県民性と財政との関係である．

もとより，本論文の考察全てに共通の前提として，住民移動の可能性については，いかなる場合でも，それが大きくは生じないとの前提で考察を進めてきた．ゆえにこの問題は，当然に県民性に関する考察においてのみ配慮すれば良いというものではない．考察してきた視角全てにおいて配慮しなければならない問題である．

もちろんのこと，最適性を判断する上で不可欠な，移転財源のない状況を想定するに際しても（それが中長期的に達成されていく可能性の下で），住民移動の可能性に配慮する必要が生じる．なぜなら，現在の状況が，移転財源があるがゆえに，住民移動が生じない状況である可能性も考えられるからである．つまり，西高東低の財・サービスの供給水準を示す現状において，課税権が十分に地方政府に認められ，移転財源がなくなった状況下，西高東低の財・サービスの供給水準が示されるか否かを考えるに際し，移転財源がなくなったことによって，（あるいは課税状況が変化することによって）生じる住民移動がも

第6章　各視角からの考察の方向と留意点

たらす影響に配慮する必要が生じるのである．

　移転財源のない状況が実現する際に起こり得る変化を，民生費について考えよう．考えられる主なパターンとして次の4つのパターンを示したい．

　一つ目は，民生費水準の西高東低格差が保たれ，それに応じて地方税水準の格差が大きく西高東低に変化する．二つ目は，民生費水準の西高東低格差が保たれ，地方税水準の格差よりも地方債の西高東低がより一層強まる．三つ目は，民生費の東西格差が解消し（東西均衡となり）地方税，地方債ともに格差を示さないか，あるいはどちらかが西高東低でどちらかが東高西低となる状況．四つ目は，民生費の格差が東高西低となり，地方税，地方債ともに，あるいはどちらかが東高西低となることにより，民生費の格差を支えるという状況である．一つ目と二つ目は，なおも西高東低格差が保たれるケースであり，三つ目と四つ目は，西高東低格差が解消されるケースを要約的に示したものである．

　ここで，例えば，次のように考えよう．西高東低の財・サービスの供給水準を示す現状において，課税権が十分に地方政府に認められ，移転財源がなくなる状況下，それぞれの地方政府が，それぞれに，以下のいずれかを選択し，その方向性の下，財政運営を進めているとしよう．つまり今まで通りに財・サービスの供給を保ち，その財源を地方税に依存するか，地方債に依存するか，あるいは今までよりも財・サービスの供給水準を下げて，それに応じて地方税，地方債への依存を決定するかである．その結果，最終的に東西の財政構造が，一つ目から四つ目のどのパターンに収束するかは，住民移動が生じる場合と生じない場合とでは大きく異なることになる．つまり地方税負担の増加や財・サービスの供給水準の変化は，各地域において人々が得る効用水準を変化させ，住民移動をもたらし得るのである．

　本来は，このような住民移動がもたらす可能性にまでも配慮して，民生費水準格差の妥当性を追究する必要がある．この時，念頭におくべきものの一つとして，住民移動の結果，どのケースに収束する傾向にあろうとも，住民移動に

まで配慮するならば，その結果達成される状況が必ずしも妥当であるとは限らないという点がある．東京への一極集中が，多大な外部不経済をもたらしているという事実に象徴されるように，住民移動が，様々な資源配分上の非効率をもたらし得るからである．また，低所得者と高所得者の移動状況によっては，各地域において所得再分配を行うこと自体が，地方分権化の流れの中，困難となる可能性もある．この場合には，これらの弊害をもたらす住民移動を，国から地方への移転財源が抑制していたと判断できる場合もあり，このような観点から，現状の移転財源に支えられ生じている民生費の西高東低格差が妥当であると判断できる可能性も生じる．

もちろん，移転財源が減少していく状況の下での住民移動を予測することは極めて困難であるし，実験的に行うということも容易ではない．住民移動の可能性にまでも配慮した格差の妥当性追究は，容易ならぬ課題である．この点は，県民性という格差要因に注目する時，より一層増幅されることになる．県民性に注目する場合には，住民移動が県民性という格差要因に及ぼす作用という点が重要な解明すべき課題となる．もとより，県民性以外の格差要因による財・サービスの必要性の異なり，つまり財・サービスの客観的な必要性の違いについては，いかなるパターンの住民移動であろうとも，その影響を予想することがある程度可能である．しかし，住民移動によって，県民性の違いによる財・サービスの必要性の違いがどのように変化するかを予想することは非常に困難である．格差の妥当性は，この変化した地域状況の格差に対し，今まで論じてきた各視角から再び追究されねばならない可能性もある．

■第4節　東西格差の性格に見る三位一体改革の課題■

すでに，本章第2節2.で見たように，現行の三位一体改革は，東西格差の妥当性を追究するに際し，多くの留意点を持つ．しかし，移転財源が減少する傾向は明確であり，その場合の格差の動向には留意すべきである．本節では，

第6章 各視角からの考察の方向と留意点

昨今の三位一体改革の流れがもたらし得る問題点とそれに対する対応について示唆し，本論文を締めくくりたい．

まずは，西高東低格差の固定性が，景気変動下でも基本的に維持される傾向にあった点を思い出すべきである．平成景気の下，東日本，西日本ともに税収水準が高まる状況下で，国庫支出金の東西格差は維持されているのである．特に注目した福祉関係の負担金についても，生活保護を除き，各負担金ともに物価水準を上回り金額が増加する状況の下，格差は保たれている．財・サービスの過不足に応じて財政水準が決定されるならば，総額増加によって，西日本の財政需要が満たされ，西日本の水準上昇が頭打ちとなって，一方で東日本の水準が，西日本の水準に追いつくといった形で，格差が縮小する可能性もあったはずである．しかし，そのような状況とはならずに，格差は維持された．この事実から，東西格差は相当に根強い性格であるとともに，東西格差が，東西がある程度の支出水準を満たすことによって解消される性格ではない可能性が示唆されている．なお，この点は，表1-1において示唆されるように，国庫支出金全体についての傾向であり，決して福祉関係の特定の負担金のみに限定されて示される状況ではない．西高東低格差は，一部の地域の普通建設事業費を除き，大きな変化を示さない傾向にあった．

このような性格の国庫支出金を主因とし，長年にわたり，相対的に高い財政水準であった西日本の水準（長年にわたり高い水準の下で経済活動を営んできた西日本の状況）を，現行の三位一体改革の方向性の下での補助金削減によって急激に変化させ，東日本の水準と同程度とすることは困難である．ましてや，その格差要因が，県民性の違いといった点に影響を受けるものならば，それはなおさらである．この状況下，現行の改革は，次のような状態をもたらすと考えられる．もとより，国税，地方税ともに住民一人当り額の格差が，東高西低となる傾向の現状から考えて，いかなる税制となろうとも，税収入を明確な西高東低格差である移転財源に代替し得るような格差にすることは，税率に格差を付けない限り困難である．この時，もともと急激な歳出水準の低下をなすこ

とが，東西ともに困難である中で，国庫支出金の削減に対応して，過去の推移から考えて，そう簡単には変化しないと考えられる歳出水準の西高東低格差を，税率の引き上げによって支えることは，特に西日本において容易ではない．したがって，住民の移住など大きな変化が生じないことを前提とするならば，減少する方向で改革が進む地方交付税（あるいは他の移転財源）が，相当に明確な西高東低とならない限り（改革によって国庫支出金が全国的に一律に削減された結果），地方債の増加によって西高東低格差が継続する可能性が高い．

すでに第3章において見たように，現状の固定的な財政構造の下では，地方債残高水準の西高東低格差が継続する点は明らかである．そしてもしも同様の歳出水準の西高東低格差が，移転財源が減少する状況でも生じる場合には，b（歳入総額中の地方債収入比率）の格差の拡大をもたらす傾向になる．また，西高東低格差が非常に明確な，民生費に関する負担金が，一律に削減される場合には，その傾向はより一層顕著になり得る．その結果，移転財源の減少により，厳しい財政状況となった西日本が，東日本以上に，地方債残高を小さくする要因を有する可能性は低いと考えるべきである．むしろ，地方債残高の東西格差がさらに拡大する可能性が高いと考えられる．義務教育費負担金と並び生活保護費負担金が削減の対象として論じられる状況の下，移転財源，特に民生費関係の負担金削減が進む際には，このような可能性にも十分に留意する必要がある．

そして，この時，依然として西高東低格差が，移転財源によってもたらされる状況であるならば，そこにさらに厳しい財政事情が重なるなどして，問題の東西格差についてのコンセンサスが問題となる（すなわち，東日本の各政府および住民が，相対的に高い西日本の水準についてコンセンサスを示していないことが混乱をもたらす）可能性も残されている．しかしながら，各地方政府およびその住民の意識が向く方向は，まずは自らの財政であり，他の地域との比較が行われるにしても近隣地域の政府の財政に主な関心があると考えられるから，問題としている西高東低格差が重要視されることはないかもしれない．だ

第6章 各視角からの考察の方向と留意点

がしかし，だからと言ってまったく無関心にこの格差を放置して良いということにはならない．移転財源に依存して，長期的に保たれてきた西高東低格差は，一方で，前節1．の冒頭（P.206以下）で示したような，無駄な支出を賄うための負担（あるいは，地方債依存が高まることを念頭に置くならば，それと共に生じる財政錯覚による非効率や，地方債残高の累増による財政硬直化による非効率）を，住民に課するという状況となり得るためである．その負担は，移転財源が削減される状況では，移転財源に依存する場合に比べ，財源の乏しい地域の住民により一層ふりかかり，大きな弊害をもたらすこととともなり得る．しかしながら，このような弊害は，改革が進むにつれて，解消される可能性もある．三位一体改革の下，移転財源の削減が進む状況下，財源のウエイトが地方債に移るにしても，税金に移るにしても，中長期的には，税負担とあるべき財政支出水準との比較衡量が進み，妥当な負担と歳出水準が達成される可能性があるからである．しかし，たとえそうだとしても，この過程において生じ得るトラブルをより少なくし，妥当な水準を達成する上で，地域間格差の現状を認識し，その格差について，国が国民のコンセンサスを求めることが有効である．すなわち，地域間格差の実態を明確に認識し，格差の現状について，国が，国民にコンセンサスを問うて，その結果を踏まえ，あるべき状況を追究し，少しでも説得力のある妥当な水準および妥当な地域間の相対的な格差を達成していくことが，地方財政を安定的に効率化する上で有効である．

　そもそも，達成すべき移転財源の地域間格差について，国民のコンセンサスを追究するということは，その格差が，移転財源のない（自らの機会費用によって支出が賄われ，そのことを住民が認識している）状況下で効用を最大化するものであるか否かを追究することに資する可能性がある．（もとより西高東低格差が，上記の移転財源に依存しない状況においても，各地域の住民の効用を最大化するものであるならば，この東西格差について国民のコンセンサスを得られる可能性も高まると考えられるわけであるから，コンセンサスを問うことによって，効用最大化のための重要な情報を得ることができる可能性があ

る).特に東西格差に関しては,格差の明確さと,格差の妥当性を容易には裏付け得ないという格差要因の存在可能性が,国民にこの格差の現状についてコンセンサスを問うことの必要性を,より一層高めている.すなわち,東西格差の要因が,公的な財・サービスの妥当な必要性に応じた供給水準の格差をもたらすと明言できない性格であるがゆえに,より一層,この格差についてのコンセンサスを問うことが,妥当な状況を達成していくために有用となるのである.結果として,仮に東西間でコンセンサスは得られず,かつ問題の西高東低が,上記の移転財源に依存しない状況下で,各地域の人々の効用を最大化するものではないという傾向が明らかになったとしても,そのことを踏まえることによって,さらに国民の理解を得る形で,達成すべき水準およびその水準の地域間での相対的な格差について,国民に対し,より説得力のある,妥当な水準を目指すことができる可能性が高まる.

そして,このような段階をまったく踏まずに,移転財源の減少を全国一律に強引に進めるならば,地方債が財政錯覚を伴ない増加するなどして,既述のような弊害の大きい負担を,たとえ一時的であるにせよ生む可能性がある点に加え,特に移転財源によって,相対的に高い歳出水準を達成している西日本において,増大した地方債の返済のための負担増をも含む,あらゆる負担の増加や,あるいは従来高水準にあった歳出水準の低下に対し,不平不満のみが強く生じ,そのことが改革の進展を阻む可能性も生まれる.

注

1) L. C. Thurow, "The Income Distribution as a Pure Public Good" *Quarterly Journal of Economics*, vol. 85(2) May, 1971(昭46) pp. 327–336. および一河秀洋『比較財政論―予算・支出・租税構造の国際比較による検討―』白桃書房,昭和50年, pp. 54–72を参照.
2) 確かに,近年は,補助率に差を付けることにより,国庫支出金の機能が地方交付税の機能に近づく傾向が生じている.例えば,交付税の不交付団体については,富裕団体であるとして,負担割合を下げている.また,公共事業費補助について,財政力指数の低い都道府県の補助率を通常より引き上げる差等補助金の形

第 6 章　各視角からの考察の方向と留意点

態をとり，新産業都市建設など市町村で採用されることとなった．しかしながら，各国庫支出金の制度および普通建設事業費支出金とそれを財源とした補助事業費の地域間格差の乖離状況（第 2 章参照）から，総括的には補助率の差が，問題とする東西格差に大きな影響を与えていない点は明らかである．

3）西村紀三郎「町村財政構造分析追補(1)—西高東低型構造の解明—」駒澤大学経済学会『経済学論集』第23巻第 2 号，平成 3 年 9 月，pp. 3 - 9. および，西村紀三郎「町村財政構造分析続論—西高東低型構造の解明—」駒澤大学『経済学部研究紀要』第56号，平成10年 3 月，pp. 63 - 71.

4）第 1 章注 8 ）の文献を参照されたし．

5）佐藤俊樹『不平等社会日本』中公新書，平成12年，pp. 136 - 178.

6）このような財・サービスは，マスグレイブの言うメリット財にも多く含まれている．メリット財として供給される財・サービスの供給根拠となる社会的価値判断は，多様な性格である．マスグレイブも指摘するように，所得再分配や外部性を根拠に，説明しづらい部分が存在する．例えば，リンカーンメモリアル維持のための支出などもある（R. A. Musgrave and P. B. Musgrave, *Public Finance in Theory and Practice*, 5th ed., New York : McGraw-Hill, 1989（平元），pp. 41 - 58）．

　なお，ここで言う人々の所得への影響に，次のようなケースは含まれない．政府が行った事業（財政支出による財・サービスの供給）が，乗数効果およびその乗数効果による雇用の改善によって，所得状態を変化させるケースである．この部分については，ここで言う所得再分配には含めないこととしたい．政府が行う事業によって供給される財・サービスには，その財・サービスそのものの必要性に応じるという本来の目的があるはずであり，この本来的な目的を軽視して，上記のような乗数効果による所得状況の改善に期待することの弊害可能性を考慮するゆえである（この弊害について吉田和男『地方分権のための地方財政改革』有斐閣，平成10年，pp. 89 - 103を参照のこと）．このような所得改善に期待することが妥当か否かについては意見が分かれるが，昨今は特にその弊害が強まっていると考えられる．

7）モデルについて，M. V. Pauly, "Income Redistribution as Local Public Good" *Journal of Public Economics*, vol. 2, 1973（昭48），pp. 35 - 58. および堀場勇夫『地方分権の経済分析』東洋経済新報社，平成11年，pp. 92 - 96を参照．

8）なお，ここで次節以下で見る地方分権の効率性に認識を深める一助として，モデルが前提とする状況では，水平的公平に配慮し，国が全国一律で所得再分配を行った場合に，地域ごとに供給が行われる場合よりも，パレートの意味で効率的

とはならない点を示唆しておこう．

　一般に国は，全国的な観点から，一国全体の最適性を得るために，次式を満足させる所得再分配を行う傾向にある．

$$\sum_{i \in J} \frac{U_{W_N}^i}{U_{Y_i}^i} + \sum_{i \in K} \frac{U_{W_N}^i}{U_{Y_i}^i} = P_J + P_K$$

　この式を，先のケースと比較すると，必ずしも同じ所得再分配が行われるとは限らないことがわかる．全国一律となる低所得者の所得再分配を W_N とすると，仮に各地方自治体の高所得者が全て同質でかつ同数の時，P_J，P_K が異なれば，W_J，W_K ともに W_N とはならない．このモデルの前提の下では，所得再分配機能を国が担うことは，必ずしも効率的とは言えないのである．

9) 地方交付税によって無駄な支出が助長される点を指摘し，基準財政需要の削減を主張するものとして，前掲『地方分権のための地方財政改革』pp. 111–134を参照．他方で，基準財政需要がすでにナショナルミニマムを超えているという点を否定するものとして，重森曉「地方交付税改革と分権的税財政システム」重森曉・関野満夫・川瀬憲子共著『地方交付税の改革課題』自治体研究社，平成14年，pp. 34–62がある．

10) 西村紀三郎『地方財政構造分析―西高東低型構造の解明―』白桃書房，昭和63年，県民所得についてはpp. 18–23，生活保護についてはpp. 102–105を参照のこと．要約して示すならば，昭和35年から昭和47年における，生活保護費の西高東低格差が明確となる過程において，県民所得の東高西低格差は縮小している．

11) 拙著「地方税」速水昇編著『政府の役割と租税』学文社，平成17年，pp. 267–268．

12) 祖父江孝男『県民性』中公新書，平成6年，p. 9．

索　引

あ　行

委託料　68, 70, 72, 73, 178
一向宗徒　10, 81
一般補助金　158
一般道路　111, 112
一般廃棄物　16
一般補助金　125, 126, 127, 170, 171, 172, 174
医療　29, 65
　——サービス　66
衛生　16
X非効率　150
江戸時代　81
オイルショック　2, 51, 94, 96

か　行

外交　112
介護保険　29, 46
外部経済　108, 109, 110, 111, 113, 115, 116, 117, 119, 128, 158, 162, 168, 172, 173, 174, 176, 186
外部性　153, 189, 206
外部不経済　110, 172, 212
核家族　179
　——化　179
　——世帯　78, 79
鎌倉時代　81
元本償還　96, 98, 99, 100
慣例　66, 80, 81
寒冷補正　57, 60
機会の平等　183, 187
基準財政需要　3, 26, 53, 55, 56, 57, 58, 59, 60, 62, 63, 64, 73, 74, 163, 164, 204
義務教育　112
　——国庫負担金　28, 42, 170, 171, 203, 214
給料　64, 66, 68, 77, 80, 84
教育公務員特例法　170
供給曲線　120

競合性　104, 111
共済組合負担金　64, 65, 66, 73, 77, 80, 84
共済組合負担比率　184
行政事務配分　1
共同消費　104, 112, 115, 116
クラブ財　12, 118, 119, 120, 121, 122, 123, 124, 177, 178, 179, 197, 199, 202
経済財政運営と構造改革に関する基本方針 203
経済財政諮問会議　203
下水道　16
結果の平等　183
限界効用　105, 127, 142, 144
限界代替率　105, 110, 126
限界費用　105, 110, 114, 116, 120, 122, 123, 124
　——価格形成原理　116
限界便益　105
限界変形率　105
原初的無知のヴェール　142, 143, 144, 147, 183
　——状態　145
県民所得　3, 4, 7, 74, 75, 76, 145, 174, 176, 194, 197
県民性 4, 5, 6, 7, 12, 51, 62, 80, 81, 82, 84, 135, 179, 183, 193, 195, 197, 199, 200, 202, 203, 204, 205, 207, 208, 209, 210, 212
公園　112
公債費　3, 49, 90, 91, 100
公債累積モデル　11, 88, 89, 91
高度経済成長　2, 95
高度成長期　94, 96, 99
効用可能フロンティア 138, 139, 140, 141, 144, 145, 146, 147, 148, 149, 179, 182, 184, 186, 194, 195, 198
効用関数　109, 110, 111, 113, 115, 117, 120, 190
高齢者単身世帯　78

219

高齢者夫婦世帯　78
高齢者保健福祉費　54, 55, 56, 58, 60
国防　103, 111, 112
国民所得　88, 91, 92
国庫支出金　1, 2, 8, 10, 12, 16, 17, 18, 21, 23, 25, 28, 31, 32, 40, 50, 51, 63, 64, 77, 82, 84, 91, 92, 94, 100, 117, 124, 125, 127, 128, 130, 168, 169, 170, 171, 172, 173, 174, 175, 176
混雑現象　113, 115

さ 行

災害復旧事業費支出金　29
財政硬直化　91
財政錯覚　130, 131, 132, 134, 135, 168, 196, 200
財政余剰　158, 160, 162, 163, 185, 186
在宅介護　178
サムエルソン, P.A.　104, 106, 107, 108, 109, 190
サロー, L.C.　172
三位一体改革　8, 12, 202, 203, 204, 213
指定都市　16, 19, 23, 30, 31, 33, 34, 35, 37, 38, 39, 41, 44, 45, 60, 62, 71
自動車税　25
児童福祉施設　74, 186
児童福祉費　32, 34, 46, 60, 61, 74, 179, 197, 199
児童保護費負担金　4, 28, 32, 34, 55, 61, 74, 75, 76, 79, 82
社会的厚生関数　138, 141, 142, 143, 144, 145, 146, 147, 148, 149, 152, 179, 180, 182, 183, 184, 186, 192, 194, 195
社会的無差別曲線　141, 143
社会的余剰　105, 115, 116, 149, 150
社会福祉事務所　16
社会福祉費　54, 55, 56, 57, 58, 60
需要曲線　105, 120, 121, 132
準公共財　111, 112, 113, 114, 115, 116, 118, 119
純粋公共財　103, 104, 107, 108, 109, 110, 112, 113, 118
上級財　125, 171

小都市　20, 64, 69
消防　16
所得効果　67, 74
所得再分配　12, 138, 139, 140, 142, 144, 146, 148, 149, 150, 152, 157, 169, 176, 180, 183, 184, 185, 186, 187, 188, 189, 191, 200, 201, 212
人件費　3, 49, 66, 72, 84
垂直的公平　139, 160, 180, 186
水平的公平　160, 180, 186
スピルオーバー効果　127, 128, 172, 173, 174, 186, 206
生活保護　185
――費　3, 9, 29, 31, 46, 50, 53, 54, 55, 56, 57, 58, 59, 60, 61, 72, 81, 84, 179, 182, 185, 193, 194, 195, 196, 198
生活保護費負担金　3, 9, 28, 29, 31, 54, 55, 61, 72, 73, 76, 82, 214
生活保護法　16
税源移譲　203
セン, A.　137
測定単位　56, 57, 73, 163
租税価格　106, 107, 130, 132, 134
「その他」の国庫支出金　28, 40, 51, 82
祖父江孝男　208

た 行

代替効果　124, 169, 170, 172, 174
態容補正　57, 60
ダウンズ, A.　132, 133, 134
たばこ税　25
多目的ホール　115
段階補正　58, 60
単独事業　49, 98, 170
――費　47, 49, 94
地方公共財　118, 119, 189
地方交付税　25, 26, 73, 91, 92, 94, 117, 124, 162, 168, 175, 201, 203, 204, 205
地方公務員　170
地方債元利償還金の後年度参入措置　27, 89, 90, 91, 94, 95, 96, 98, 99, 124, 134, 135, 184, 195, 203, 211

索　引

地方債残高　11, 12, 90, 91, 95, 96, 97, 98, 99, 100
地方税　17, 24, 25, 26, 27, 91, 94, 95, 96, 98, 124, 168, 185, 203, 211
地方税制度　126
地方道路　119
地方分権　201, 203, 208
中核都市　16
中都市　20, 64, 69
超過負担問題　74
デイサービス　178
東国武士　81
道徳　154, 155, 156, 157
投票モデル　107
等量消費　104, 105, 107, 109, 110, 111
特定補助金　124, 125, 126, 127, 130, 171, 172, 174
特別区　19, 21, 23, 30, 31, 33, 34, 35, 37, 38, 39, 41, 44, 45, 62
特別区財政調整交付金　21
特例都市　16
都市計画　16
ドーマー, E.D.　88, 91, 92
共働き世帯　78, 79

な 行

ナショナルスタンダード　5, 11, 12, 82, 158, 191, 192, 193, 206
ナショナルミニマム　5, 8, 11, 12, 63, 82, 158, 169, 170, 189, 191, 192, 201, 206

は 行

排除性　104, 111, 113, 114, 115, 116
ハーサニー, J.C.　142
パレート最適　5, 6, 8, 11, 68, 109, 103, 104, 105, 107, 109, 110, 111, 114, 115, 116, 117, 119, 122, 126, 127, 130, 134, 135, 138, 139, 141, 149, 150, 151, 152, 153, 157, 168, 169, 172, 175, 176, 177, 188, 197, 200, 201, 208
非競合性　103, 104, 112, 114, 115, 116, 118
ビックリー, W.　131
非排除性　103, 104, 108, 112, 114, 115, 116, 118, 119, 162, 176
費用逓減産業　116
ブキャナン, J.M.　132, 134, 158, 160
扶助費　3, 4, 43, 46, 47, 49, 50, 59, 60, 73, 74, 162, 164, 178, 179, 187, 193, 197, 198, 199
普通建設事業費　2, 3, 27, 37, 40, 47, 50, 178, 198, 213
　　──支出金　2, 28, 37, 39, 40, 47, 49, 82, 178
物件費　3
ブビアーニ, A.　131
フライペーパー効果　168
フリーライダー　104, 107, 114, 133, 173, 174
平均費用逓減財　116, 122
平成景気　17, 21, 26, 44, 50, 73, 94, 95, 96, 99, 100, 198, 213
平成不況　26, 27, 94, 100
便益錯覚　132
ベンサム, J.　141
ベンサム的価値判断　141, 143, 144, 146
保育所　177, 179, 186, 197, 199
ボーエン, H.R.　107
保健　16
補助事業　170
　　──費　37, 39, 40, 49, 63, 94, 99, 178
補助費　60
補正係数　57, 163
ポーリー, M.V.　189
ポーリーモデル　189

ま 行

密度補正　55, 57, 58, 59, 60, 64, 164
民生委員　195, 198
民生費　2, 3, 4, 5, 43, 44, 46, 47, 50, 51, 57, 58, 59, 66, 72, 74, 76, 82, 152, 162, 169, 170, 172, 173, 176, 177, 178, 179, 184, 185, 187, 188, 194, 196, 197, 198, 200, 204, 205, 211, 212, 214
無差別曲線　127, 141, 143
　　──群　126
メリット財　108, 196
モラルハザード　130, 131, 134, 135, 150, 168, 169

221

や 行

有料道路　113

ら 行

ラグラジアン（ラグランジュ関数）　110, 129, 130, 131
リンダール均衡　104, 105, 106, 130, 131
倫理　154, 155, 156, 157
老人介護施設　186
老人福祉施設　74
老人福祉費　34, 36, 46, 61, 74, 79, 197, 199
老人保護費負担金　4, 28, 34, 36, 55, 61, 74, 75, 79, 82
老人ホーム　151, 186, 197, 199
ロールズ, J.　142
ロールズ的価値判断　141, 142, 143, 144, 146, 146

わ 行

ワーグナー, R.E.　132, 134

【著者紹介】

青木　一郎（あおき　いちろう）

昭和40年6月4日生
平成6年　駒澤大学大学院経済学研究科博士後期課程
　　　　単位取得満期退学
同　年　富士大学経済学部講師
現　在　富士大学大学院経済・経営システム研究科，
　　　　経済学部助教授

西高東低型地方財政構造研究序説

平成18年5月30日　第一版第一刷発行

著　者　青木一郎
発行所　㈱学文社
発行者　田中千津子

〒153-0064　東京都目黒区下目黒3-6-1
電話(03)3715-1501(代表)　振替 00130-9-98842
http://www.gakubunsha.com

落丁，乱丁本は，本社にてお取り替え致します。
定価は，売上カード，カバーに表示してあります。

印刷／東光整版印刷㈱
＜検印省略＞

ISBN 4-7620-1551-2
© 2006 Aoki Ichiro　Printed in Japan